EL CAMINO DE SANTIAGO

EDITORIAL EVEREST, S. A.

MADRID • LEON • BARCELONA • SEVILLA • GRANADA • VALENCIA
ZARAGOZA • BILBAO • LAS PALMAS DE GRAN CANARIA • LA CORUÑA
PALMA DE MALLORCA • ALICANTE — MEXICO • BUENOS AIRES

Agradecemos a la Secretaría de Estado de Turismo su cooperación al ceder gratuitamente el material gráfico para la publicación de este libro.

Textos y mapas: Elías Valiña Sampedro y equipo

Cartografía: CIBESA Y EVEREST

Fotos: Archivo S.E.T.
Archivo Everest

Dibujos: J. Ruiz Navarro

PRIMERA EDICIÓN

Segunda reimpresión

ISBN 84-241-4200-4
Depósito Legal: LE 698 – 1985

Editorial Evergráficas, S.A. - Carretera León-La Coruña, km 5. LEON (ESPAÑA)

Esta «Guía del Peregrino» ofrece una nueva y peculiar aportación dentro de la numerosa bibliografía jacobea.

Por primera vez se ve plasmada, en exhaustiva cartografía —73 mapas—, la ruta medieval del Camino de Santiago.

En su redacción se prescinde de todo tipo de escala, arbitrariedad que ofrece múltiples dificultades técnicas. Pero así se dispone de libertad para reducir espacios en trayectos claramente viables y, libremente, acrecentarlos en zonas que ofrecen un verdadero laberinto para el peregrino.

Para lograr descifrar esta ya milenaria ruta de multitudes fue necesario correr y recorrer, repetidas veces, los mismos trayectos de Camino y, en muchas ocasiones, recabar la certera ayuda del «campesino guía».

La Secretaría de Estado de Turismo pone el «Codex Calixtinus», la gran Guía medieval del Camino de Santiago, la primera Guía de Turismo, adaptada a nuestros días, al servicio del peregrino o turista que, siguiendo las huellas de nuestros mayores, se dirige a la tumba del Apóstol.

El debido agradecimiento a don Elías Valiña y a su equipo por los esfuerzos que han afrontado para redactar esta valiosa Guía del Peregrino.

EQUIPO DE REDACCION

Aragón:
Juan Francisco Aznárez y Elías Valiña Sampedro.
Navarra:
Javier Navarro. Colabora: Elías Valiña Sampedro.
La Rioja:
Felipe Abad León.
Burgos:
Elías Valiña Sampedro. Colabora: Fr. Valentín de la Cruz.
Palencia:
Elías Valiña Sampedro. Colabora: Angel Sancho Campo.
León:
Antonio Viñayo González.
Galicia:
Elías Valiña Sampedro.

Dirige:
Elías Valiña Sampedro.

EL CAMINO DE SANTIAGO

LA PEREGRINACIÓN JACOBEA

El descubrimiento del sepulcro del Apóstol Santiago constituye uno de los acontecimientos básicos de la Edad Media.

Las masivas peregrinaciones a Compostela aunarán y vitalizarán las diversas manifestaciones de la sociedad: cultura, arte, religión, economía, etcétera.

La influencia de la peregrinación jacobea no se concretará a un ciclo o período determinado, desbordará las fronteras medievales, proyectándose con vitalidad a través de siglos posteriores.

La peregrinación jacobea es el gran legado de la cristiandad medieval en pro de una Europa de variados pueblos aunados por comunes principios de fe y amor.

El fenómeno peregrinatorio al «Finis Terrae», a la tumba del Apóstol Santiago, surgió espontáneamente del pueblo, de las masas, que, sin distinciones sociales y sin fronteras, han contribuido eficazmente a la unión y fraternidad de los pueblos.

Compostela se convierte, junto con Roma y Jerusalén, en uno de los tres centros de peregrinación de los pueblos cristianos. La misma Roma verá con recelos el apogeo de la sede compostelana, cada día más en auge por las masivas peregrinaciones. El embajador de Alí ben Yúsuf escribirá: «Es tan grande la multitud de los que van y vuelven —a Santiago—, que apenas deja libre la calzada hacia Occidente.»

QUIÉNES PEREGRINAN

Gotescalco, obispo de Le Puy, es uno de los primeros peregrinos de los que tenemos noticia. Se dirige a Compostela, en el año 950, al frente de una gran comitiva. Cesáreo, abad de Montserrat, lo hace en 959. En 1065 llega a Compostela una gran peregrinación desde Liège. El conde de Guines y el obispo de Lille peregrinan a Compostela en 1084.

En el siglo XI las peregrinaciones se han ncrementado notoriamente. Alfonso VI su rime el portazgo del castillo de Auctares, a a entrada del reino de Galicia, en 1072; lo hace «en favor de los peregrinos que de España, Francia, Italia y Alemania se dirigen a Compostela».

El siglo XII marca el apogeo de las peregrinaciones. El mismo Papa Calixto II es gran simpatizante de Compostela. El sacerdote de Poitou, Aymeric Picaud, nos lega-

rá una valiosa *Guía* de su peregrinación a Compostela, así como una compilación de documentos jacobeos que él, por prestigio del Apóstol, atribuye al Papa Calixto II, de ahí la denominación de «Codex Calixtinus.»

En medio de las multitudes de peregrinos hallamos frecuentemente insignes personajes: obispos, magnates, reyes, santos, etcétera. El mismo Francisco de Asís peregrina en medio de estas confusas y, a veces, turbulentas masas: «Per sua devozione andó a San Giacome di Galizia.»

CÓMO PEREGRINAN

Los peregrinos, generalmente, salían en grupo para mutua protección. Reunidos, en el lugar de partida, Arles, Le Puy, Vézelay, Orleáns, etcétera, les despedía el pueblo con un solemne acto religioso, imponiéndole, bendecidos, los atributos o prendas de la peregrinación. El sombrero para el sol; la esclavina para el frío y el agua; el morral para la comida; la calabaza para el agua; el bordón para defensa y apoyo.

La concha, «vieira», que los peregrinos llevaron de Galicia, pronto se ha convertido en símbolo de la peregrinación jacobea.

AÑO SANTO

El privilegio de Año Santo Compostelano se remonta a los tiempos del Papa Calixto II, gran devoto de Santiago. Es Año Santo siempre que la festividad del Apóstol coincide en domingo, día del Señor.

LA COMPOSTELA

Los peregrinos que certificaban ser verdaderos peregrinos, no maleantes o vagabundos, recibían acogida en el gran Hospital de los Reyes Católicos. Todavía hoy se conserva esta tradición.

Tú, peregrino, debes ir prevenido de «carnet jacobeo», o de cualquier otro documento con la firma y sello de algunas parroquias, municipios o monasterios.

Llegado a Santiago, te presentas en la secretaría de la catedral. Comprobada tu condición de peregrino, se te prestará orientación y ayuda, «la Compostela».

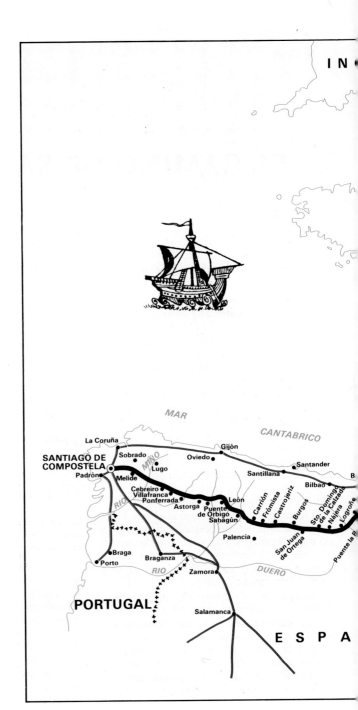

CAMINOS A COMPOSTELA

Los mismos peregrinos han sido los que han trazado su camino, utilizando las dos únicas entradas seguras de los caminos romanos en los Pirineos occidentales. La ruta de Port de Cize (Ibañeta), que facilitaba el paso a la gran vía de Bordeaux-Astorga, o la ruta de Somport para la vía de Bordeaux-Dax-Jaca-Zaragoza.

En los primeros años de la peregrinación, el Camino ha sufrido varias modificaciones. La retirada de los invasores árabes y la formación de los nuevos reinos contribuyeron a ello.

Sancho el Mayor, en Navarra (995-1035);

Alfonso VI, en Castilla y León (1065-1109), y Sancho Ramírez, en Navarra y Aragón (1076-1094), contribuyen a fijar definitivamente la ruta de los peregrinos a Compostela.

Delimitado y concretado el Camino jacobeo, Aymeric Picaud lo recorrerá en el primer tercio del siglo XII, dejándonos en su *Guía* un valioso testimonio de los hitos más interesantes de esta histórica ruta, la que nosotros seguiremos.

a) Caminos franceses

Las ciudades de Arles, Le Puy, Vézelay y Orleáns marcan los puntos de partida de las

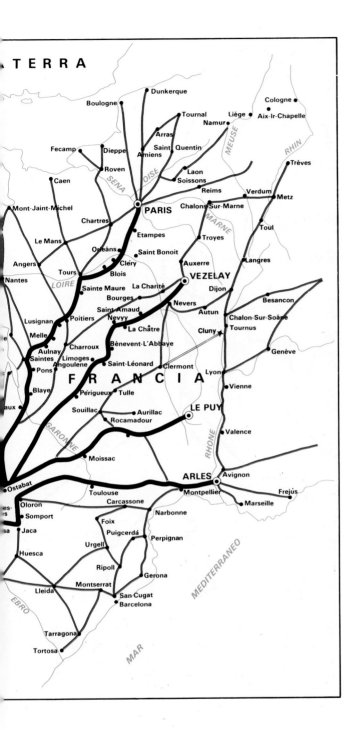

cuatro rutas jacobeas francesas que se dirigen a España.

Los peregrinos que seguían la ruta de Arles, Toulouse, Oloron salvaban los Pirineos por el puerto de Somport.

Las otras tres rutas se fusionaban a la altura de Ostabat, para ascender luego al puerto de Cize (Ibañeta).

b) Caminos españoles

Aymeric Picaud señala las dos principales rutas de acceso a España, puertos de Somport y Cize.

En la ruta de Somport señala tres etapas: 1.ª Borce-Jaca; 2.ª Jaca-Monreal; 3.ª Monreal-Puente la Reina, donde se fusiona con la ruta de Cize.

En la ruta de Port de Cize, la que Picaud sigue, señala las siguientes etapas hasta Compostela:

1.ª Saint-Michel -Viscarret; 2.ª Viscarret-Pamplona; 3.ª Pamplona-Estella; 4.ª Estella-Nájera; 5.ª Nájera-Burgos; 6.ª Burgos-Frómista; 7.ª Frómista-Sahagún; 8.ª Sahagún-León, 9.ª León-Rabanal; 10.ª Rabanal-Villafranca; 11.ª Villafranca-Triacastela; 12.ª Triacastela-Palas do Rei; 13.ª Palas do Rei-Santíago.

Nosotros te acompañaremos a seguir fielmente, en este «Codex Calixtinus 1982», la histórica ruta de Aymeric Picaud, compilada en el «Codex Calixtinus» del siglo XII.

¡Amigo Peregrino y compañero de viaje! En
este mapa te ofrezco el itinerario que en la primera mitad del siglo XII ha seguido, y luego re-
dactado, el peregrino Aymeric Picaud.

Picaud es clérigo francés, de Parthenay-le
Vieux. Peregrina a Compostela hacia 1123.
Luego escribe, en cinco libros, una interesantí-
sima obra sobre el tema jacobeo, finalizada al-
rededor de 1139.

Para mayor prestigio y honor del Apóstol
presenta la compilación de estos cinco libros
como obra del Papa Calixto II, gran devoto del
Apóstol. De aquí la denominación de **Codex
Calixtinus.**

El Libro V, «Liber Sancti Jacobi», el que a nosotros más afecta, enumera los puntos de partida de las cuatro rutas jacobeas en territorio
francés, que salvan los Pirineos por los puertos
de Somport y Cize, fusionándose en un solo
Camino en Puente la Reina. Enumera las etapas del Camino de Santiago desde los Pirineos
a Compostela, con valiosa reseña de toponí-
micos, hospitales y benefactores del Camino.
Da una reseña de las aguas de los ríos, de los
alimentos, de los peculiares caracteres de las
gentes, etc.

En el mapa te presento todos los toponími-
cos que Picaud enumera a lo largo del itinerario, así como las etapas o jornadas que él reseña, y que tú y yo, con la ayuda del Apóstol, nos
disponemos a recorrer...

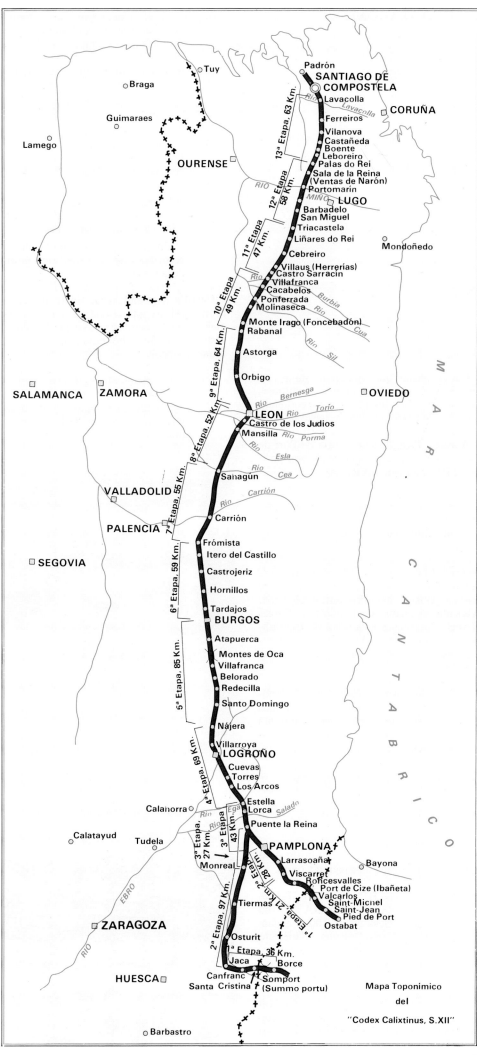

Tuy
Braga
Guimaraes
Lamego
OURENSE
Padrón
SANTIAGO DE COMPOSTELA
Lavacolla
CORUÑA
Ferreiros
Vilanova
Castañeda
Boente
Leboreiro
Palas do Rei
Sala de la Reina (Ventas de Narón)
Portomarin
LUGO
Barbadelo
San Miguel
Triacastela
Liñares do Rei
Mondoñedo
Cebreiro
Villaus (Herrerías)
Castro Sarracin
Villafranca
Cacabelos
Ponferrada
Molinaseca
Monte Irago (Foncebadón)
Rabanal
Astorga
Orbigo
13ª Etapa, 63 Km.
12ª Etapa 58 Km.
11ª Etapa 47 Km.
10ª Etapa 49 Km.
9ª Etapa, 64 Km.
SALAMANCA
ZAMORA
OVIEDO
LEON
Castro de los Judios
Mansilla
Sahagún
VALLADOLID
PALENCIA
Carrión
Frómista
Itero del Castillo
Castrojeriz
Hornillos
Tardajos
BURGOS
Atapuerca
Montes de Oca
Villafranca
Belorado
Redecilla
Santo Domingo
Nájera
Villarroya
LOGROÑO
Cuevas
Torres
Los Arcos
Estella
Lorca
Puente la Reina
Calahorra
Calatayud
Tudela
Monreal
PAMPLONA
Larrasoaña
Bayona
Viscarret
Roncesvalles
Port de Cize (Ibañeta)
Valcarlos
Saint-Michel
Saint-Jean
Pied de Port
Ostabat
Tiermas
ZARAGOZA
HUESCA
Osturit
Jaca
Borce
Canfranc
Santa Cristina
Somport (Summo portu)
Barbastro
SEGOVIA
8ª Etapa, 52 Km.
7ª Etapa, 55 Km.
6ª Etapa, 59 Km.
5ª Etapa, 85 Km.
4ª Etapa, 69 Km.
3ª Etapa, 43 Km.
3ª Etapa, 27 Km.
2ª Etapa, 21 Km.
1ª Etapa, 28 Km.
2ª Etapa, 97 Km.
1ª Etapa, 36 Km.
RÍO MIÑO
Burbia
Río Cua
Río Sil
Bernesga
Torío
Río Porma
Esla
Río Cea
Río Carrión
Río Ega
Riaza
Salado
EBRO
RÍO

MAR CANTÁBRICO

Mapa Toponímico
del
"Codex Calixtinus, S. XII"

9

CAMINO ARAGONÉS

Juan Francisco Arnárez
Elías Valiña Sampedro

Los peregrinos que seguían la ruta de Arles, Saint-Gilles, Montpellier, Toulouse, Oloron salvaban los Pirineos ascendiendo por el valle bearnés del Aspe hasta la frontera del Somport, el «summus portus».

Aymeric Picaud sigue la ruta de Port de Cize. Señala tres etapas en la de Somport, desde Borce a Puente la Reina.

«Codex Calixtinus»
1.ª Etapa: Borce-Jaca, 36 km.

Borce es el Borcia medieval y el Borsa bearnés. El Camino sigue la calle principal del pueblo y la ribera izquierda del río Aspe hasta el poblado de Urdós, último del valle. Asciende al pueblo de Fondería o Forges d'Abel. Continúa por la selva de Espelunguera, cruza el río de Aspe y se dirige a las rampas de Peiranera, ganando la cumbre fronteriza del Somport.

Somport también recibe la denominación de **Aspe**, la cumbre más elevada. Esta zona de alta montaña está poblada hoy por numerosos hoteles.

Candanchú. En la vertiente de la frontera española hallas el poblado turístico-deportivo de Candanchú. Las nuevas edificaciones y desmontes de tierras han cegado en parte tu Camino.

Pronto cruzas el río Astún, que con el arroyo Candanchú forman el gran río Aragón, que da nombre a esta región y reino.

Edelweiss H**, 152 plazas. Teléfono 37 32 00. Pirineos RA***, 160 plazas. Teléfono 37 30 00. Candanchú H**, 90 plazas. Teléfono 37 30 25. Tobazo H**, 98 plazas. Teléfono 37 31 25. Somport H*, 13 plazas. Teléfono 37 30 09.

Santa Cristina. A la izquierda, en el ángulo que forma tu Camino y río Astún con la carretera, se ubicaba este histórico y casi legendario centro hospitalario.

En el «Codex Calixtinus» figura como uno de los tres hospitales más importantes del mundo: el de Jerusalén, Mont-Joux y Santa Cristina, «quod est in Portibus Aspe», «al servicio de pobres y peregrinos».

En 1226 dependían de este Hospital y priorato 14 iglesias en Francia y 30 en Aragón.

Los reyes Pedro I, Ramiro II y Pedro II son sus grandes benefactores. Así como los Papas Pascual II y Eugenio III.

Blanco de luchas religiosas y políticas, iniciará su decadencia. En 1569 ya cerrará sus puertas.

Un crucero o algo similar debía recordar hoy este histórico jalón de la ruta jacobea.

Castillo de Candanchú. En tu descenso pronto avistas una colina rocosa, a la izquierda; en su cumbre estuvo emplazado el castillo de Candanchú, para defensa del camino europeo.

Los viejos sillares de este castillo, como los de Santa Cristina, se han empleado en el siglo pasado para levantar los muros de la carretera internacional.

Candanchú. Paisaje del Somport, el "summus portus".

Candanchú. Estación de deporte invernal.

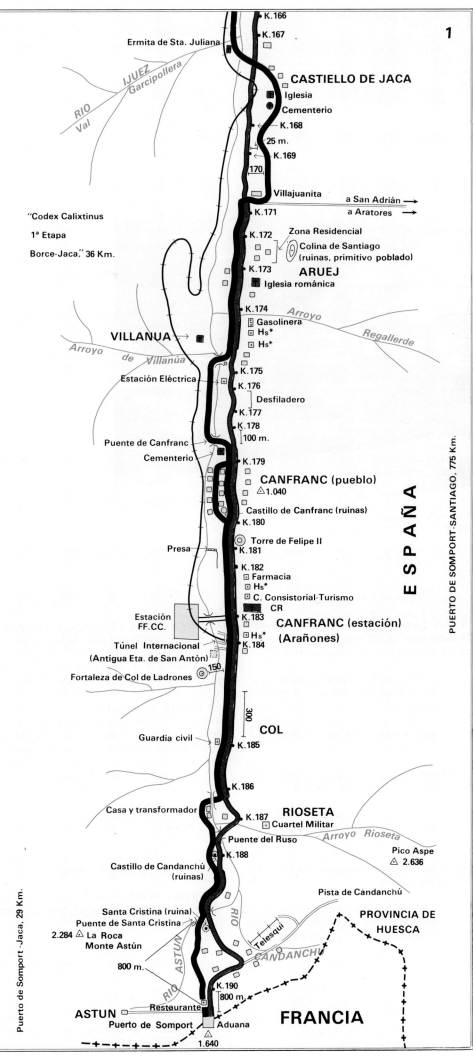

1

K.166
K.167

Ermita de Sta. Juliana

RIO Val IJUEZ Garcipollera

CASTIELLO DE JACA
Iglesia
Cementerio
K.168
25 m.
K.169
170

Villajuanita
K.171

a San Adrián →
a Aratores →

"Codex Calixtinus
1ª Etapa
Borce-Jaca," 36 Km.

K.172   Zona Residencial
Colina de Santiago
(ruinas, primitivo poblado)
K.173   ARUEJ
Iglesia románica

K.174   Arroyo

VILLANUA →   Regallerde

Arroyo de Villanúa

Gasolinera
Hs*
Hs*

Estación Eléctrica
K.175
K.176
Desfiladero
K.177
K.178
100 m.

Puente de Canfranc
Cementerio
K.179

CANFRANC (pueblo)
△1.040

Castillo de Canfranc (ruinas)
K.180

Torre de Felipe II
Presa
K.181

K.182
Farmacia
Hs*
C. Consistorial-Turismo
CR

Estación
FF.CC.
K.183   CANFRANC (estación)
Hs*   (Arañones)
K.184

Túnel Internacional
(Antigua Eta. de San Antón)
Fortaleza de Col de Ladrones
150

300

COL

Guardia civil
K.185

K.186

Casa y transformador
K.187   RIOSETA
Cuartel Militar
Arroyo Rioseta

Puente del Ruso
K.188
Pico Aspe
△ 2.636

Castillo de Candanchú
(ruinas)

Pista de Candanchú

RIO ASTUN   PROVINCIA DE
HUESCA
Santa Cristina (ruina)
Puente de Santa Cristina
2.284 △ La Roca   Telesqui
Monte Astún   CANDANCHU

800 m.

K.190
800 m

ASTUN   Restaurante
Puerto de Somport   Aduana   FRANCIA
△
1.640

PUERTO DE SOMPORT-SANTIAGO, 775 Km.

E S P A Ñ A

Puerto de Somport - Jaca, 29 Km.

11

*Candanchú. Moderno poblado
surgido en la ruta jacobea.*

Col de Ladrones. A la altura del puente del Ruso sobre el río Aragón abandonas la carretera y sigues la ribera izquierda del río.

El abierto y espléndido paisaje de las alturas del Somport se reduce ahora a la angosta cuenca del río Aragón, por la que descienden, apretujados, Camino, carretera, ferrocarril y río.

Muy elevado, a tu izquierda, se yergue la fortaleza de Col de Ladrones, bien cuidada.

Su etimología: latrones, ladeado.
Su fin: defensa del camino europeo.

Arañones. Es el primer barrio de Canfranc, con estación internacional de ferrocarril y varios hoteles.

Su etimología: Aragón, Arangones, Arañones. El nombre de Arañones está siendo suplantado por el de Canfranc, pueblo limítrofe.

Villa Anayet H**, 125 plazas. Teléfono 37 31 46. Ara H*, 54 plazas. Teléfono 37 30 28. Internacional H**, 50 plazas. Teléfono 37 30 11. Casa Marraco H*, 74 plazas. Teléfono 37 30 07.

Entre Arañones y Canfranc, a la derecha, se eleva el castillo de Felipe II, buena defensa del acceso a Aragón y del Camino jacobeo. Es obra de T. Spanochi, 1592. Se conserva íntegro el torreón y parte del foso.

Canfranc. «Campo franco», se extiende a lo largo del Camino y carretera. Las obras de la estación y embalse han afectado al Camino. Pasado el embalse, todavía se perciben, a la izquierda, las huellas de la primitiva ruta, que puedes volver a seguir.

Canfranc es pueblo moderno, de mediocre edificación. El anterior poblado se quemó totalmente en 1940. Se conservan restos de su castillo-fortaleza, derruidos para facilitar el paso de la carretera.

Villanúa. «Villa nova». El Camino cruza el río sobre puente medieval, fusionándose con la carretera.

El poblado antiguo queda a la izquierda del río. El moderno, a la vera de la carretera, con hoteles y chalets.

Roca Nevada H*, 63 plazas. Teléfono 37 80 35. Reno HR*, 34 plazas. Teléfono 37 80 66.

Aruej, con humilde iglesia románica de ábside semicircular, sin bóveda interior. Portada de sencillas arquivoltas.

Castiello de Jaca. A la altura de la casa «Villajuanita», el Camino se aparta de la carretera, entre campos y prados, y asciende al pueblo de Castiello.

Conserva vestigios de un antiguo **castillo**, que da nombre al pueblo. Templo románico, con reformas del siglo XVI. Valioso cofre con reliquias autentificadas.

El Mesón H**, 56 plazas. Teléfono 36 11 78.

Puente de Torrijos. El Camino desciende bruscamente desde Castiello, cruza la carretera y el río. Sigue a la izquierda, junto a las ruinas de la ermita de Santa Juliana, por el barranco de Garcipollera, hasta Torrijos, donde se une con la carretera.

San Cristóbal. En las cercanías de Jaca, el Camino abandona la carretera para acercarse a la ermita de San Cristóbal.

Esta ermita es de institución medieval, cuidada por un clérigo, el «fratre» de San Cristóbal.

Hospital de la Salud. Ya en los extramuros de la ciudad de Jaca. Un capitel románico es el único testimonio de la ubicación de este Hospital, destinado al cuidado de leprosos.

Canfranc. Vista general.

Esquí en Candanchú.

Jaca. Catedral. Lateral sur.

JACA. Final de la 1.ª Etapa: Borce-Jaca. Los peregrinos entraban en la ciudad por la puerta de San Pedro. Su primera visita se dirigía a la catedral para orar ante la imagen del Apóstol y reliquias de la mártir Santa Orosia, Patrona de la ciudad.

Jaca, la ciudad ansiada por los peregrinos, en el remanso de los Pirineos, les ofrecía los Hospitales de San Pedro y Santa Orosia, Sancti Spiritus y San Juan Baustista.

La catedral es el monumento principal de Jaca. La debes visitar detenidamente. Presenta notorios avances en el campo arquitectónico y escultórico. Se inician sus obras en el reinado de Ramiro I (1063), que deja en su testamento un legado para la iglesia de «Sancti Jacobi, in Galletia».

En el claustro y otras dependencias se halla instalado el Museo Diocesano, con buenas pinturas románicas.

En el pórtico se conserva una buena talla del Apóstol, siglo XVI.

La Ciudadela es fortaleza construida en tiempos de Felipe II, con poderosa muralla de planta pentagonal y foso. Pieza única, en su tipo, en Europa.

Iglesia de Santiago, sufrió dos restauraciones, en 1088 y en el siglo XVIII.

Jaca es urbe acogedora, limpia y bella; complejos deportivos, campings y buen número de plazas hoteleras.

Gran Hotel HR***, 140 plazas. Teléfono 36 09 00. Conde de Aznar H**, 41 plazas. Teléfono 36 10 50. La Paz HR**, 66 plazas. Teléfono 36 07 00. Pradas HR**, 73 plazas. Teléfono 36 11 50. Mur H*, 141 plazas. Teléfono 36 01 00. El Abeto HR**, 36 plazas. Teléfono 36 16 42. París HR*, 37 plazas. Teléfono 36 10 20. Casa Sanz HR*, 19 plazas. Teléfono 36 03 30. Galindo HR*, 31 plazas. Teléfono 36 13 67. Victoria HR*, 24 plazas. Teléfono 36 03 23.

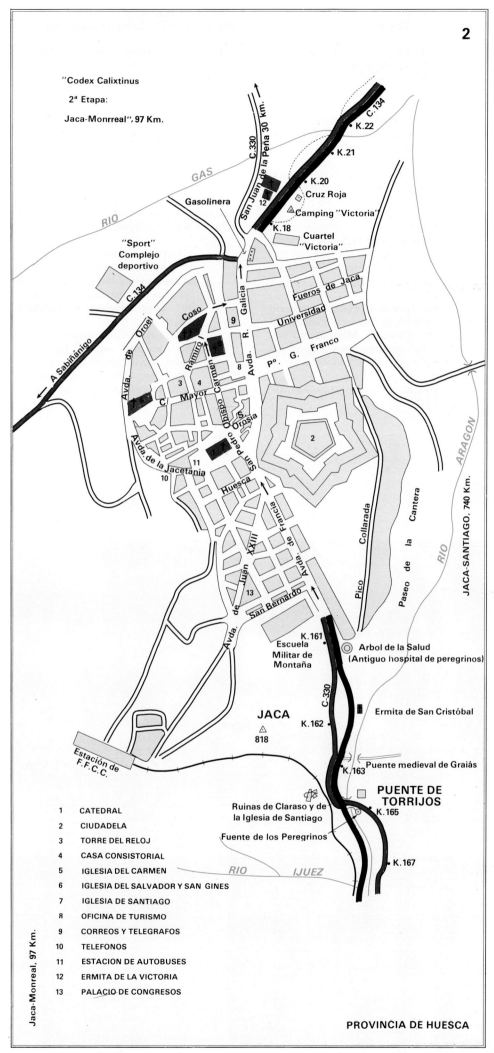

2

"Codex Calixtinus
2ª Etapa:
Jaca-Monrreal", 97 Km.

C.330

San Juan de la Peña 30 km.

C.134

GAS

RIO

K.22

K.21

K.20

Cruz Roja

Camping "Victoria"

K.18

Cuartel "Victoria"

Gasolinera

"Sport" Complejo deportivo

C.134

A Sabiñánigo

Avda. de Oroel

Coso

Ramiro

Galicia

R.

Avda.

9

Fueros de Jaca

Universidad

Pº. G. Franco

8

Obispo Carmen

San Pedro

S. Orosia

C. Mayor

3

4

Avda. de la Jacetania

11

10

Huesca

Avda. de Francia

Juan XXIII

Avda. de

San Bernardo

2

Collarada

Pico

Paseo de la Cantera

ARAGON

RIO

JACA-SANTIAGO, 740 Km.

13

K.161

Escuela Militar de Montaña

Arbol de la Salud (Antiguo hospital de peregrinos)

C.330

Ermita de San Cristóbal

JACA

818

K.162

Puente medieval de Graiás

K.163

Estación de F.F.C.C.

PUENTE DE TORRIJOS

K.165

Ruinas de Claraso y de la Iglesia de Santiago

Fuente de los Peregrinos

K.167

RIO

IJUEZ

1	CATEDRAL
2	CIUDADELA
3	TORRE DEL RELOJ
4	CASA CONSISTORIAL
5	IGLESIA DEL CARMEN
6	IGLESIA DEL SALVADOR Y SAN GINES
7	IGLESIA DE SANTIAGO
8	OFICINA DE TURISMO
9	CORREOS Y TELEGRAFOS
10	TELEFONOS
11	ESTACION DE AUTOBUSES
12	ERMITA DE LA VICTORIA
13	PALACIO DE CONGRESOS

Jaca-Monreal, 97 Km.

PROVINCIA DE HUESCA

«Codex Calixtinus»
2.ª Etapa: Jaca-Monreal, 97 km.

Ya fuera de Jaca, el Camino se orienta certeramente hacia poniente. La ermita de la Virgen de la Victoria conmemora una victoria de los jacetanos sobre los árabes en el siglo IX

El Camino, en suave descenso, siempre paralelo a la ribera izquierda del río Aragón, ofrece un agradable paseo.

En el kilómetro 27 tienes una carretera que parte a tu izquierda a Santa Cruz de la Serós y a San Juan de la Peña.

Santa Cruz de la Serós conserva un buen templo románico, con tres bellos ábsides, torre y cúpula octogonal.

San Juan de la Peña, monasterio cobijado bajo una roca. Panteón de reyes aragoneses. Monumento erigido con elementos visigóticos, románicos, góticos y renacentistas.

Aragón H**, 22 plazas. Teléfono 37 70 24.

Santa Cilia de Jaca. Es un pequeño pueblo. Tuvo ermita dedicada a Santiago.

Puente de la Reina, localidad de la antigua sede regia «Astorito», y que el «Codex Calixtinus» llama «Osturit». Hoy desaparecida.

Berdún. Poblado pintoresco. Corona una colina a modo de fortaleza.

El caserío presenta aspecto medieval. Es interesante su visita.

Tiermas. Las aguas del pantano de Yesa han cubierto recientemente el trazado del primitivo Camino y carretera.

Tiermas se eleva sobre las aguas del pantano. Corona un montículo de aspecto de cono truncado. Caseríos con notorio carácter medieval, hoy lamentablemente abandonados.

El «Codex Calixtinus» menciona esta localidad: «donde hay baños reales, cuyas aguas están siempre calientes». Estas termas romanas han quedado sepultadas bajo las aguas del pantano.

San Juan de la Peña. Claustro románico.

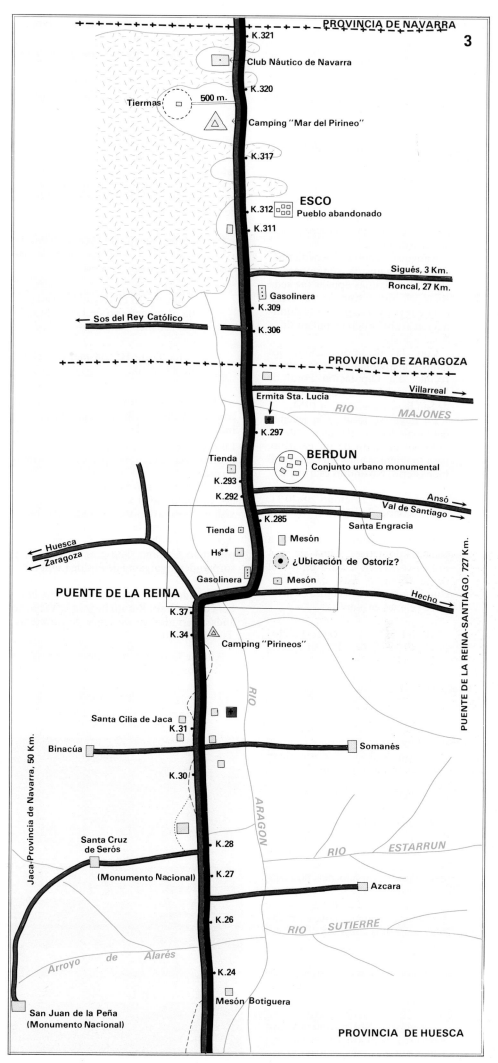

PROVINCIA DE NAVARRA

3

K.321

Club Náutico de Navarra

K.320

Tiermas   500 m.

Camping "Mar del Pirineo"

K.317

ESCO
Pueblo abandonado

K.312
K.311

Sigüés, 3 Km.
Roncal, 27 Km.

Gasolinera
K.309

← Sos del Rey Católico

K.306

PROVINCIA DE ZARAGOZA

Villarreal →

Ermita Sta. Lucía   RIO   MAJONES

K.297

BERDUN
Conjunto urbano monumental

Tienda

K.293

K.292

Ansó →
Val de Santiago →

K.285

Tienda   Mesón   Santa Engracia

Hs**   ⊙ ¿Ubicación de Ostoriz?

← Huesca
← Zaragoza

Gasolinera   Mesón

PUENTE DE LA REINA

Hecho →

K.37

K.34

Camping "Pirineos"

RIO

Santa Cilia de Jaca

K.31

Binacúa   Somanés

K.30

ARAGON

Santa Cruz
de Serós

K.28   RIO   ESTARRUN

(Monumento Nacional)   K.27

Azcara

K.26   RIO   SUTIERRE

Arroyo   de   Alarés

K.24

Mesón Botiguera

San Juan de la Peña
(Monumento Nacional)

PROVINCIA DE HUESCA

Jaca-Provincia de Navarra, 50 Km.

PUENTE DE LA REINA-SANTIAGO, 727 Km.

NAVARRA

Javier Navarro
Colabora: Elías Valiña Sampedro

Yesa, moderno poblado turístico, marca el punto de partida para dos interesantes jalones: **Leyre** y **Javier**.

Leyre. Antes de llegar a Yesa, apenas entras en territorio navarro, tienes a tu derecha un acceso al monasterio de Leyre.

Antiguo cenobio benedictino, con cripta y ábside románicos, siglo XI. En algunas épocas fue sede episcopal, corte y panteón real. Refugio de reyes y obispos en la dominación árabe. Foco impulsor de la Reconquista.

Con la desamortización, los monjes abandonan este milenario recinto. La Diputación Foral de Navarra colabora a que los monjes de San Benito regresen en 1954.

En Leyre se localiza la leyenda del monje San Virila, que, embelesado por el canto de un pajarillo, pasa trescientos años sin regresar al monasterio. No omitas esta visita.

Monasterio. Teléfono 88 40 11.
Hospedería. Teléfono 88 41 00.

Javier, a la izquierda de Yesa, a cuatro kilómetros. Cuna de San Francisco Javier. Centro espiritual de la comarca. Las «javieradas» concentran a muchos miles de jóvenes en el mes de marzo.

Mesón H*, 15 plazas. Teléfono 88 40 35. Javier H**, 61 plazas. Teléfono 88 40 06.

Desde Yesa, el Camino se dirige a Liédena.

Sangüesa era visitada frecuentemente por los peregrinos que se desviaban desde Yesa, cruzando el río Aragón por un puente hoy mutilado.

Ciudad medieval. Rocaforte ha sido el primer núcleo de la población, de origen romano.

Templo de Santa María de Rocamador. Monumento Nacional. Obra del siglo XII, con reformas posteriores. Tuvo tres naves. Se conservan los tres ábsides. La portada, con su tímpano, columnas-estatuas y múltiples esculturas constituye una gran joya.

Iglesia de Santiago, siglo XII al XIII, tres naves. Estatua gótica de Santiago.

Iglesias de San Salvador y San Francisco, siglo XIII, con buenos retablos góticos y renacentistas.

Palacio del Duque de Granada, siglo XV, gótico.

Palacio Real, corte de los reyes de Navarra, sede del príncipe de Viana. Los Hospitales de la Magdalena y San Nicolás ofrecían asilo a los peregrinos.

Yamaguchi H*, 77 plazas. Teléfono 87 01 27.

Desde **Sangüesa** nos dirigimos hacia **Rocaforte**, pintoresco y rústico poblado. Los cronistas franciscanos colocan aquí la primera estancia de San Francisco de Asís en tierra española.

En **Liédena,** los que nos hemos desviado a visitar Sangüesa, volvemos a fusionarnos con la ruta directa de Yesa.

Sancho III el Mayor donó esta villa al monasterio de Leyre. Sus vinos son bien conocidos.

La Torre H*, 68 plazas. Teléfono 87 06 10.

El primitivo Camino salía de Liédena ascendiendo por la ribera izquierda del río Irati. A la altura de la garganta de Foz de Lumbier cruzaba el río por un puente, del que todavía se conserva parte de un atrevido arco.

En la carretera N-240, que tú vas siguiendo, ya avanzado el kilómetro 39, detente a visitar las excavaciones de una villa romana, ubicada entre la carretera y el río Irati. Acércate a la ribera del río. Bello paisaje, tu primitivo Camino, vestigios de puente, y sorprendente garganta de Foz de Lumbier.

Venta de Judas. Dejas a tu derecha la ribera del río Irati. Pronto llegas a la Venta de Judas (cerrada), en un cruce de carreteras. Tú sigue recto.

Alto de Loiti. Un poco duro el ascenso a Loiti. Dos poblados cercanos, a tu derecha,

Sangüesa. Santa María la Real.
Portada románica, siglo XII.

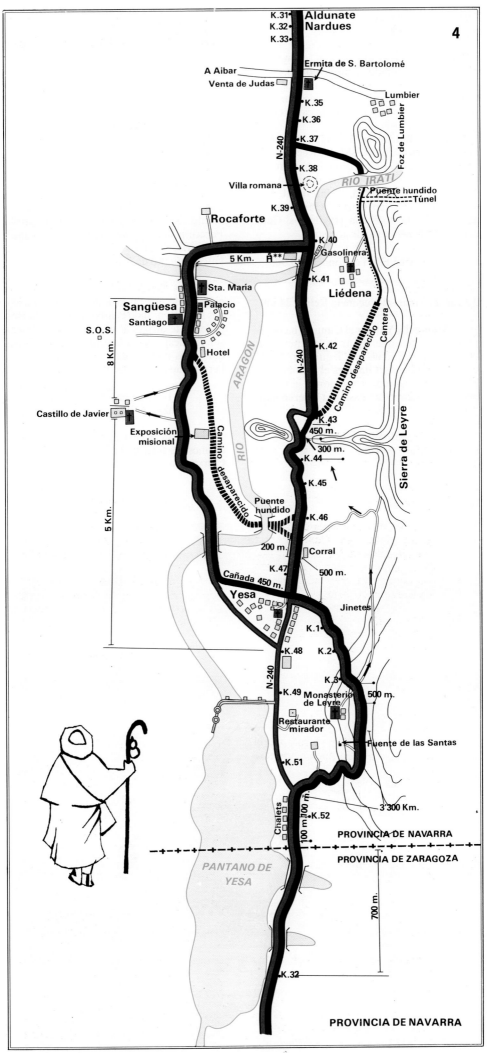

K.31 Aldunate
K.32 Nardues
K.33

A Aibar   Ermita de S. Bartolomé
Venta de Judas
                                        Lumbier
                       K.35
                       K.36   Foz de Lumbier
                       K.37
N-240
                       K.38
Villa romana   RIO IRATI
                                        Puente hundido
                       K.39   Túnel
Rocaforte

                       K.40
                                        Gasolinera
        5 Km.
                       K.41
        Sta. María   Liédena
        Palacio
Sangüesa
Santiago
                                        Cantera
S.O.S.   N-240
                       K.42
        Hotel

                                        Camino desaparecido
                                        Sierra de Leyre
Castillo de Javier   K.43
                                        450 m.
Exposición   300 m.
misional   K.44

                       K.45

        Puente   K.46
        hundido
                       200 m.
                                        Corral
        Cañada 450 m. K.47   500 m.

        Yesa   Jinetes
                       K.1
                       K.2
                       K.48
                                        500 m.
N-240   K.49 Monasterio
                            de Leyre
                       Restaurante
                       mirador   Fuente de las Santas

                       K.51

                                        3'300 Km.
        Chalets   K.52
                                        PROVINCIA DE NAVARRA
                            100 m.   PROVINCIA DE ZARAGOZA
PANTANO DE
YESA
                                        700 m.

                       K.32

                       PROVINCIA DE NAVARRA

4

Nardúes y Aldunate. En la cumbre, una sola casa, ruinosa.

Idocín. El descenso a Idocín, es agradable. Pequeño poblado. Templo gótico.

Desde Idocín el Camino seguía a Salinas y Monreal. La planificación parcelaria lo ha borrado. Tienes que seguir la carretera.

Monreal. Fin de la 3.ª etapa del «Codex Calixtinus». Es el «Mons Reellus» de nuestro Aymeric. El castillo que ha coronado la pequeña colina, próxima al pueblo, dio nombre a esta localidad, Monte-Real. Fue villa con asiento en Cortes. García VI el Restaurador la dotó con privilegios. Conserva puente medieval de acceso.

Unzué H*. Teléfono 31 60 00.

«Codex Calixtinus».
3.ª Etapa: Monreal-Puente la Reina, 24 km.

De **Monreal** a **Yarnoz** el Camino ha desaparecido, tienes que seguir la carretera. En el primer cruce sigue a la izquierda, dirección de Campanas. **Otano** es el primer pueblo. Luego, **Esperun,** desde donde el Camino, hoy desaparecido, pasaba a **Guerendiáin** y a **Tiebas.**

Tiebas. Teobaldo I levantó un castillo en esta localidad, derruido en el siglo XVI. Templo gótico.

Ventas de Campanas, punto crucial de comunicaciones. Poblado moderno, sin huellas de las peregrinaciones. Afamados vinos.

Iranzu H**. Teléfono 35 50 67.
Tere H*, 11 plazas. Teléfono 35 50 09.

Eneriz. Aquí puedes abandonar la carretera y seguir el Camino que va a Eunate.

Eunate, muy conocido por la singularidad de su templo, románico, de planta octogonal. Una arquería exenta rodea el monumento. Su destino ha sido muy discutido. Parece probable que haya sido una capilla funeraria. Algunos vestigios testimonian el enterramiento de peregrinos jacobeos.

Obanos. Desde Eunate ya contemplas, en el altozano, los caseríos de Obanos. Asciendes a la plaza. Bajo el arco cercano a la Hospedería, te diriges al frontón; por su lateral sur te encaminas a la ermita de San Salvador, unos metros más, y te encuentras con la ruta que procede de Roncesvalles.

Hospedería Arnotegui Hs**, 16 plazas. Teléfono 34 01 53.

Puente la Reina, población cercana a Obanos, es **final de la 3.ª Etapa del «Codex Calixtinus».**

Iglesia románica de Eunate.

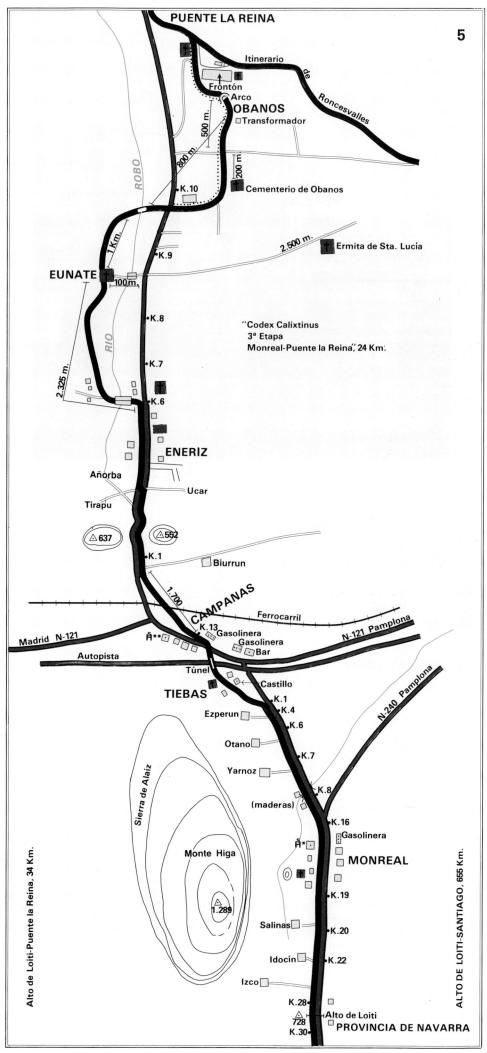

PUENTE LA REINA

5

Itinerario

de

Roncesvalles

Frontón

Arco

OBANOS

Transformador

500 m.

800 m.

200 m.

K.10

Cementerio de Obanos

ROBO

2.500 m.

Ermita de Sta. Lucía

1 Km.

K.9

EUNATE

100 m.

K.8

RIO

"Codex Calixtinus
3ª Etapa
Monreal-Puente la Reina", 24 Km.

K.7

2.325 m.

K.6

ENERIZ

Añorba

Ucar

Tirapu

△637   △552

K.1

Biurrun

1.700

CAMPANAS

Ferrocarril

N-121 Pamplona

Madrid N-121

K.13 Gasolinera

Gasolinera

Autopista

Bar

Túnel

Castillo

TIEBAS

K.1

K.4

Ezperun

K.6

N-240 Pamplona

Otano

K.7

Yarnoz

K.8

(maderas)

K.16

Gasolinera

Sierra de Alaiz

Monte Higa

MONREAL

K.19

1.289

Salinas

K.20

Idocín

K.22

Izco

K.28

728

Alto de Loiti

PROVINCIA DE NAVARRA

K.30

Alto de Loiti-Puente la Reina, 34 Km.

ALTO DE LOITI-SANTIAGO, 655 Km.

San Juan de Pie de Puerto, capital de la baja Navarra.

CAMINO NAVARRO

Javier Navarro
Colabora: Elías Valiña Sampedro

Los peregrinos que seguían alguna de las tres rutas que partían de París, Vézelay o Le Puy, reunidos en Ostabat, pasaban a Saint-Jean Pied de Port, a los pies de los Pirineos.

Saint-Jean Pied de Port es una elegante villa, con mucha historia encima. Tiene 1.700 habitantes, varios hoteles y campings.

(Madame Debril, miembro de «Les Amis de Saint-Jacques», te puede proporcionar el «carnet de peregrino», rue de la Citadelle, teléfono 37 03 79).

Saint-Jean Pied de Port es punto de partida de dos rutas para salvar el paso de los Pirineos:

A) La ruta de las «Crestas» o de los «Puertos de Cize»

Sigue la vía romana Bordeaux-Astorga. Es la ruta de las legiones romanas, invasiones árabes, Carlomagno, Aymeric Picaud, Napoleón, etcétera.

Partiendo del templo parroquial, pasas la puerta de Nôtre-Dame, río Nive, Rue d'Espagne, recto. Pronto, un fuerte ascenso. Coronas una colina. Detente y observa: allá, lejos, un poco a la izquierda, una cumbre cónica, perdida en el horizonte, cubierta de arbolado, con dos casitas. Pronto pasarás entre ambas casas, te parece imposible, pero será una realidad.

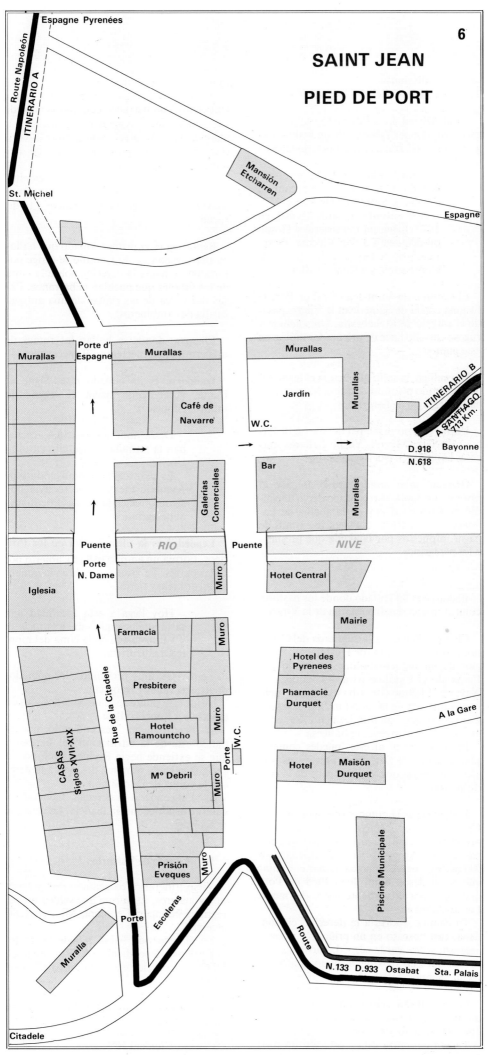

6

SAINT JEAN
PIED DE PORT

Espagne Pyrenées

Route Napoleón

ITINERARIO A

St. Michel

Mansión Etcharren

Espagne

Murallas

Porte d'Espagne

Murallas

Murallas

Jardín

Murallas

Café de Navarre

W.C.

ITINERARIO B

A SANTIAGO. 713 Km.

Galerías Comerciales

Bar

Murallas

D.918 Bayonne

N.618

Puente RIO

Puente NIVE

Porte N. Dame

Muro

Hotel Central

Iglesia

Farmacia

Muro

Mairie

Presbitere

Rue de la Citadele

Hotel des Pyrenees

Pharmacie Durquet

A la Gare

Hotel Ramountcho

Muro

CASAS Siglos XVII-XIX

W.C.

Porte

Hotel

Maisón Durquet

Mº Debril

Muro

Piscine Municipale

Prisión Eveques

Muro

Porte Escaleras

Route

Muralla

N.133 D.933 Ostabat Sta. Palais

Citadele

«Codex Calixtinus»
1.ª Etapa: Saint-Michel-Viscarret, 40 km.

Saint-Michel. Localidad importante en el medievo, donde Aymeric Picaud comienza a enumerar las etapas del Camino jacobeo.

> **Saint-Michel** se halla un poco aislado, a la izquierda, en el camino directo de **Saint-Jean le Vieux.**
> A la entrada de Saint-Michel, en 1072, había un monasterio y Hospital dedicados a San Vicente. Pertenecieron a Leyre, a la iglesia de Compostela y a Roncesvalles.

El Camino de Saint-Jean Pied de Port se fusiona con el de Saint-Jean le Vieux, pasado el caserío de **Etchebestia.** Un solemne y rugoso castaño hace de orientador mojón en este punto.

Erreculuch, caserío que ocupa el lugar del desaparecido priorato de Santa María Magdalena, refugio de peregrinos.

Untto, caserío principal del barrio de Arbosa de Saint-Michel. Ya no hallarás más casas habitadas hasta Roncesvalles.

Orisson, solar donde estuvo ubicado el priorato de Santa María Magdalena, dependió de Roncesvalles y de la abadía de Lahonce. Carlos III de Navarra le eximió de pagar impuestos por la ayuda que prestaba a los peregrinos.

Biakorre es un collado donde los pastores colocaron una sencilla estatua de la Virgen.

Château-Pignon, a la izquierda del Camino, coronando el pico de **Hostateguy,** vestigios de un reducto militar levantado por Fernando el Católico para la conquista de Navarra. El duque de Alba usó este reducto como almacén de material militar. Ventura Caro conquistó esta fortaleza en 1783, en la guerra con la Convención francesa.

En lontananza, al este, puedes contemplar las cimas de Ori, Anié, Tres Reyes y la sierra del Aspe, que vigila el paso de la ruta de Somport.

Urdenarri es la cumbre que sigue a la de Château-Pignon. Antes de llegar a ella se acercará a tu camino una pista asfáltica que procede de Arneguy. Pasado Urdenarri, a 900 metros, tienes que abandonar el camino que traes desde Saint Jean Pied de Port, que sigue por la vertiente norte del monte Leizar-Atheka.

Tu camino aporta a la derecha, en zona llana, casi borroso en un principio, inicia el ascenso, sobre verde césped, hacia la cresta rocosa del Leizar-Atheka, que ves a tu derecha, a unos 150 metros.

Leizar-Atheka es una cima rocosa, alargada, de este a oeste. Es el primer monte que encuentras a tu derecha.

Tu camino cruza esta cresta por un corte practicado a la altura de su último tercio.

Ahora ya sigues por buen camino, llano. Encuentras un barranco con tierras movedizas y arroyadas. Aparece a tu derecha la alambrada fronteriza. Pronto pisas la verja que defiende el paso fronterizo de animales.

Ya en tierra española, por buen camino, casi apto para vehículos, vas ascendiendo suavemente, con grandes barrancos a tu derecha.

Bentartea es el primer collado que hallas en tierra española. El Camino se dirige notoriamente hacia la derecha, sobre la cima de los árboles que pueblan el barranco. Pasas por cerca de las ruinas de una antigua casilla de carabineros.

Elizarra, donde se hallan las ruinas de una ermita perteneciente a Roncesvalles.

Izandorre es un collado raso. Sigue de frente, ascendiendo hacia el legendario monte Astobiscar.

> Desde aquí, los vascones acechaban la retirada del ejército carolingio.
> Es el «excellentissimus mons» de Aymeric Picaud, que todavía hoy sigue ofreciendo serias dificultades al peregrino.

Lepoeder es la última cima de los Pirineos. Forma un amplio collado, abierto por todas partes. Tu vista se pierde en la inmensidad de cielo y tierra.

> Hoy llega a esta localidad una pista alfáltica que sube a la torre de TVE instalada en la cima del monte Orzanzurieta.

Ya divisas, muy profundos, los poblados de Roncesvalles y Burguete.

Desde este punto se te ofrecen dos vías de **descenso a Roncesvalles:**

a) Seguir recto, descendiendo por el flanco este de la estribación del Lepoeder que se extiende hacia Roncesvalles, por la antigua calzada romana, dejando a la derecha la colina de Don Simón.

b) Descender a la derecha, siguiendo el camino asfáltico, hacia Ibañeta. La ruta que te aconsejo.

B) La ruta de Valcarlos

Viejo itinerario frecuentado por peregrinos y viajeros. Es la ruta que siguen los peregrinos Nompar, Caumont, Munzer, Laffi, etcétera...

En el recorrido había refugios para los peregrinos, dependientes de Roncesvalles. La C-135 coincide en su mayor parte con el Camino.

Arneguy. Es el último poblado francés, en la frontera.

Clement H*.

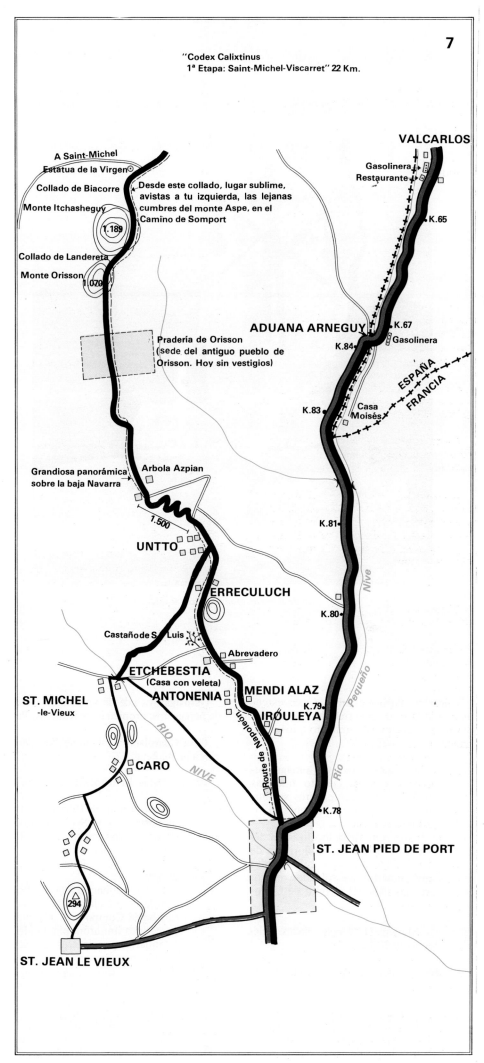

7

"Codex Calixtinus
1ª Etapa: Saint-Michel-Viscarret" 22 Km.

VALCARLOS

Gasolinera
Restaurante

K.65

A Saint-Michel
Estatua de la Virgen
Collado de Biacorre
Monte Itchasheguy

1.189

Desde este collado, lugar sublime,
avistas a tu izquierda, las lejanas
cumbres del monte Aspe, en el
Camino de Somport

Collado de Landereta
Monte Orisson

1.070

ADUANA ARNEGUY

K.67

K.84

Gasolinera

ESPAÑA

FRANCIA

Pradería de Orisson
(sede del antiguo pueblo de
Orisson. Hoy sin vestigios)

K.83

Casa
Moisés

Grandiosa panorámica
sobre la baja Navarra

Arbola Azpian

1.500

UNTTO

K.81

Nive

ERRECULUCH

K.80

Castaño de S. Luis

Abrevadero

ETCHEBESTIA
(Casa con veleta)

MENDI ALAZ

Pequeño

ST. MICHEL
-le-Vieux

ANTONENIA

K.79

IROULEYA

RIO

NIVE

Route de Napoleón

Río

K.78

CARO

ST. JEAN PIED DE PORT

294

ST. JEAN LE VIEUX

Alto de Ibañeta. Monumento a Roldán.

Valcarlos. Pueblo español. Casas extendidas a lo largo de la carretera. Templo dedicado al Apóstol. Monumento a los peregrinos.

Es el lugar donde Carlomagno reposaba con su ejército mientras Roldán y sus compañeros sucumbían a manos de los vascones en los altos de Ibañeta.

Es la zona de la localización del «Bosque de las lanzas floridas» de las 53.066 doncellas militarizadas que, muertos los soldados, engrosan las filas del ejército de Carlomagno.

Maitena Hs**, ocho plazas. Teléfono 76 20 10.

La Reclusa. Bella casona, antiguo albergue de peregrinos, dependiente de Roncesvalles.

Localidad donde se hospedó Doña Juana de Francia, esposa de Carlos II, rey de Navarra.

Garostgaray, sede de un antiguo Hospital de peregrinos, propiedad de Roncesvalles.

Casa Guardiano. Restaurante-bar, ya muy cerca de Ibañeta.

Ibañeta, estación histórica y legendaria.

Una ermita de 1965 recuerda el monasterio de El Salvador, ya citado en un documento de 1071. Al atardecer, un monje tañía las campanas para orientación de los peregrinos.

La cruz, adherida a la capilla, recuerda la que clavó Carlomagno y oró hacia Compostela. Lo que los peregrinos imitaron, plantando sus estandartes con la cruz del Señor, orando por primera vez en tierras de España. Junto a la capilla, una lápida, en cuatro lenguas, te invita a saludar a la Virgen de Roncesvalles con una «Salve».

Un pequeño monumento a Roldán evoca todo el legendario poema de la «Chanson de Roland».

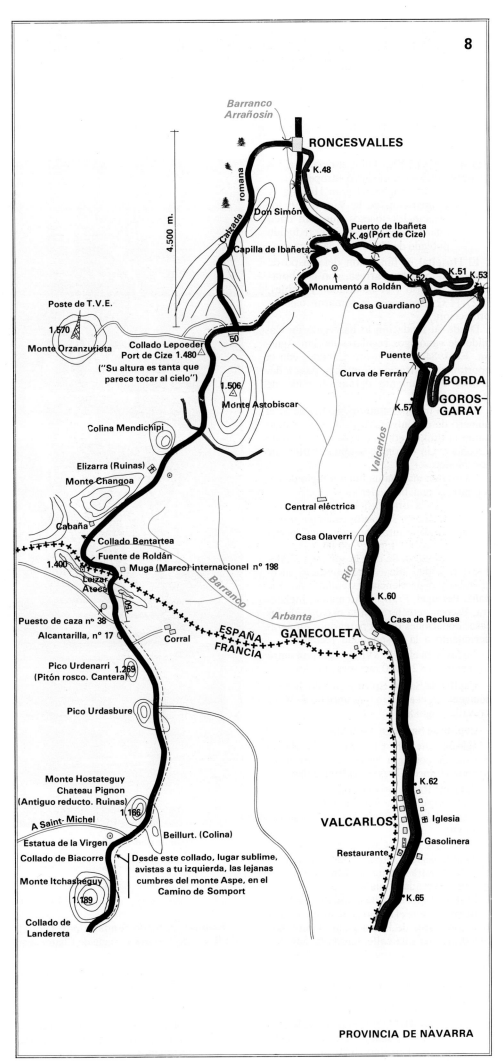

8

Barranco Arrañosin

RONCESVALLES

K.48

Calzada romana

Don Simón

Puerto de Ibañeta
K.49 (Port de Cize)

Capilla de Ibañeta

K.52   K.51 K.53

Monumento a Roldán

Casa Guardiano

4.500 m.

Poste de T.V.E.

1.570

Monte Orzanzurieta

Puente

Curva de Ferrán

BORDA

Collado Lepoeder
Port de Cize 1.480

("Su altura es tanta que
parece tocar al cielo")

50

1.506

GOROS-
GARAY

K.57

Monte Astobiscar

Colina Mendichipi

Valcarlos

Elizarra (Ruinas)

Monte Changoa

Central eléctrica

Cabaña

Casa Olaverri

Collado Bentartea

Fuente de Roldán

1.400

Leizar
Ateca

Muga (Marco) internacional nº 198

150

Barranco

Río

Arbanta

Puesto de caza nº 38

ESPAÑA

GANECOLETA

Alcantarilla, nº 17

Corral

FRANCIA

K.60

Casa de Reclusa

Pico Urdenarri   1.269
(Pitón rosco. Cantera)

Pico Urdasbure

Monte Hostateguy
Chateau Pignon
(Antiguo reducto. Ruinas)

K.62

A Saint- Michel

1.186

VALCARLOS

Iglesia

Estatua de la Virgen

Beillurt. (Colina)

Gasolinera

Collado de Biacorre

Desde este collado, lugar sublime,
avistas a tu izquierda, las lejanas
cumbres del monte Aspe, en el
Camino de Somport

Restaurante

Monte Itchasheguy

1.189

Collado de
Landereta

K.65

PROVINCIA DE NAVARRA

RONCESVALLES. Jalón asociado a los grandes sucesos del medievo europeo.

Carlomagno, el gran Hospital y la aparición de la Virgen son los principales sucesos que han dado internacionalidad a este reducido poblado de alta montaña pirenaica.

El Hospital es fundación del obispo de Pamplona Sancho Larrosa, con colaboración de Alfonso I el Batallador y nobles, 1127-1132. Los papas lo tomaron bajo su protección.

Desde su fundación lo ha regido un Cabildo de canónigos regulares de San Agustín. En 1984 este histórico Cabildo, con la oportuna autorización pontificia, pasa a depender directamente del arzobispado de Pamplona.

Se crean nuevos estatutos. Se fija en 11 el número de canónigos. El Prior sigue ostentando el título medieval de «Gran Abad de Colonia». Un canónigo ostenta el título de «hospitalero».

Ya está en marcha un buen refugio de peregrinos y una hospedería.

Para orientación dirigirse al padre Javier Navarro, canónigo hospitalero y autor de esta Guía en Navarra, teléfono 76 00 00.

De la grandeza de este hospital en el Medievo nos dan idea las numerosas encomiendas y dependencias extendidas por España, Portugal, Francia, Alemania, Inglaterra, Escocia, etcétera, en la mayoría de los casos donaciones de los peregrinos en agradecimiento a la hospitalidad recibida.

Todavía en el siglo XVII se repartían entre los peregrinos 25.000 raciones anuales.

Capilla de Sancti Spiritus o Silo de Carlomagno es el edificio más antiguo de Roncesvalles, siglo XII.

Capilla de Santiago, siglo XIII.

Iglesia colegial. Es obra de Sancho el Fuerte. Se consagra hacia 1219, pertenece al gótico francés. Tres naves desiguales.

Panteón Real, antigua sala capitular, siglo XIV. Sepulcro de Sancho el Fuerte y de su esposa, Doña Clemencia de Toulouse, siglo XIII.

Entre los tesoros histórico-artísticos de la Real Colegiata sobresale la talla escultórica de Nuestra Señora de Roncesvalles, siglo XIII, revestida de plata y oro.

Es interesante la visita al museo.

Burguete. Fue el burgo de Roncesvalles, a tres kilómetros de la colegiata. Típico poblado, de una sola calle. Iglesia de San Nicolás de Bari, moderna. Interesante lugar de veraneo.

Burguete Hs**, 39 plazas. Teléfono 76 00 05. Loizu Hs**, 41 plazas. Teléfono 76 00 08. Mendi Txuri Hs**, 11 plazas. Teléfono 76 00 49. Juandeaburre Hs**, siete plazas. Teléfono 76 00 78.

Virgen de Roncesvalles, reina del Pirineo.

Espinal, poblado fundado por Teobaldo II, rey de Navarra y conde de Champagne, siglo XIII.

Buen templo moderno, dedicado a San Bartolomé.

Plaza con monumento a Teobaldo II.

Núcleo de casas bien cuidadas. Obtuvo Premio Nacional de Embellecimiento.

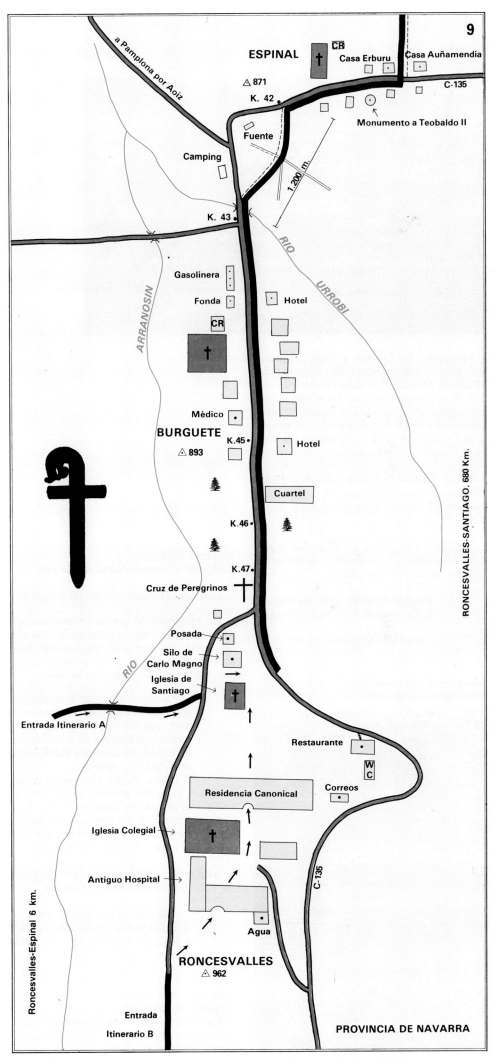

ESPINAL

CR

Casa Erburu

Casa Auñamendia

a Pamplona por Aoiz

△ 871

K. 42

C-135

Monumento a Teobaldo II

Fuente

1.200 m.

Camping

RIO

K. 43

URROBI

ARRANOSIN

Gasolinera

Fonda

Hotel

CR

Médico

BURGUETE

K.45

△ 893

Hotel

Cuartel

K.46

K.47

Cruz de Peregrinos

RONCESVALLES-SANTIAGO, 680 Km.

RIO

Posada

Silo de
Carlo Magno

Iglesia de
Santiago

Entrada Itinerario A

Restaurante

WC

Residencia Canonical

Correos

Iglesia Colegial

Antiguo Hospital

C-135

Agua

Roncesvalles-Espinal 6 km.

RONCESVALLES

△ 962

Entrada

Itinerario B

PROVINCIA DE NAVARRA

9

Valle del Erro.

Mezquiriz. En Espinal, al final del pueblo, apartas a la izquierda. El camino hasta el alto de Mezquiriz se halla cubierto de ramas de avellanos y maleza. En el alto el camino primitivo asciende a la izquierda; otro camino más moderno, de frente, te conduce a una casita que ves a 1.200 metros, ya cerca del pueblo de Mezquiriz.

Ureta. Pueblo de antiguo abolengo. Hoy con una sola casa habitada. En su fachada luce escudo con la cruz y «vieiras» jacobeas.

Viscarret. Final de la 1.ª Etapa del «Codex Calixtinus». Tuvo Hospital de peregrinos, hoy no conserva vestigios.

Templo humilde, portada románica. Casonas de aspecto medieval.

Aspilche F. Teléfono 76 70 76.

Alto de Mequíriz. Homenaje a la Virgen de Roncesvalles.

«Codex Calixtinus»
2.ª Etapa: Viscarret-Pamplona, 28 km.

Linzoain. Humilde templo de factura románica.
En este poblado inicias un pronunciado ascenso. Buen camino, apto para vehículos en verano. El itinerario, hasta cruzar la carretera en el alto de Erro, es muy agradable, en medio de espeso arbolado.

Pasado el Camino Erro-Cilveti, sobre el collado de la derecha, al otro lado del barranco, estuvo ubicado el monasterio de San Zacarías de Cilveti, visitado por San Eulogio de Córdoba, siglo IX.
Pronto hallas un nuevo cruce. Cerca, tres grandes losas. Son los «Pasos de Roldán». La mayor da la medida de los pasos de Roldán; la mediana son los pasos de su mujer; la tercera, los pasos de sus hijos.

Alto de Erro. En la misma cima del puerto, la carretera cruza nuestro Camino.

A la vera de tu Camino, un pozo de agua, para servicio de peregrinos y viajeros, hoy cubierto con unas piedras de asiento

Posada del Puerto. Antigua posada y albergue de todo transeúnte. Convertida hoy en corral desvencijado.
Caminamos discurriendo por el espinazo de una estribación del monte Erro. Primero por la vertiente oeste, luego por la este. El

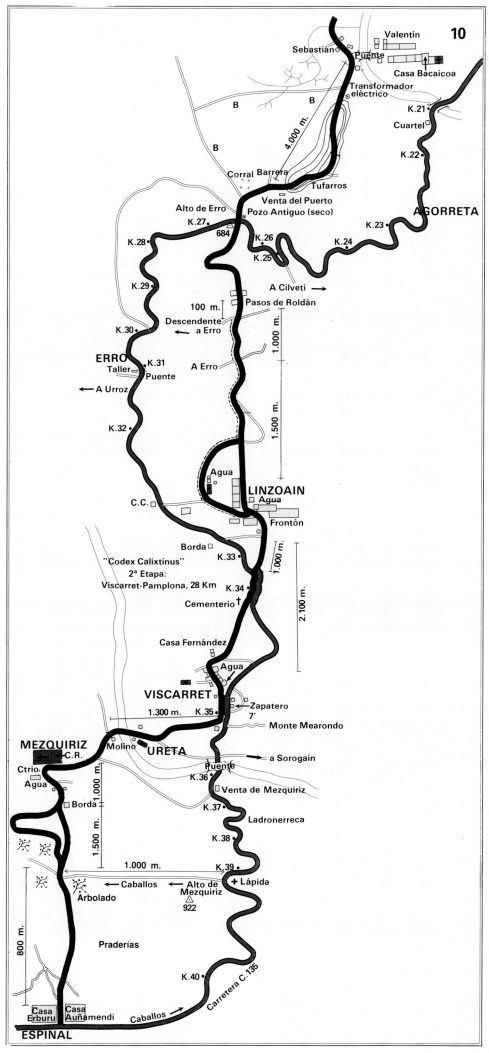

Valentín

Sebastián

Puente

Casa Bacaicoa

Transformador
eléctrico

B

B

4.000 m.

B

K.21

Cuartel

K.22

Corral Barrera

Tufarros

AGORRETA

Venta del Puerto

Alto de Erro

Pozo Antiguo (seco)

K.27

K.23

684

K.26

K.24

K.28

K.25

A Cilveti →

K.29

Pasos de Roldán

100 m.

Descendente

1.000 m.

K.30

a Erro ←

ERRO

K.31

A Erro

Taller

Puente

1.500 m.

← A Urroz

K.32

Agua

LINZOAIN

C.C.

Agua

Frontón

Borda

1.000 m.

K.33

"Codex Calixtinus"

2ª Etapa:

2.100 m.

Viscarret-Pamplona, 28 Km

K.34

Cementerio †

Casa Fernández

Agua

VISCARRET

1.300 m.

K.35

Zapatero

7'

← Monte Mearondo

MEZQUIRIZ

Molino

URETA

→ a Sorogain

C.R.

Puente

Ctrio.

K.36

Agua

1.000 m.

Venta de Mezquiriz

Borda

K.37

Ladronerreca

1.500 m.

K.38

1.000 m.

K.39

← Caballos

← Alto de

+ Lápida

Arbolado

Mezquiriz

922

800 m.

Praderías

K.40

Carretera C. 135

Casa
Erburu

Casa
Auñamendi

Caballos →

ESPINAL

trayecto de Camino desde la Posada hasta Zubiri, en pronunciado descenso, se halla semiciego de maleza y deteriorado por las aguas que sobre él arroyan.

Zubiri (vascuence, «Pueblo del Puente»). El Camino sigue el trazado de la actual carretera, por **Urdaniz** a **Larrasoaña.** Te recomiendo esta ruta.

> **Refugio:** En esta localidad la parroquia suele acoger a los peregrinos.

> **Otra ruta.** Sin entrar en Zubiri te ofrecemos otra ruta. Por caminos, senderos y campos, siguiendo la ribera izquierda del río Arga, alcanzas los pueblos de Ilarraz y Esquiroz.

Larrasoaña. Pueblo de gran prestigio medieval. Residencia temporal de Doña Urraca, hija de Sancho el de Peñalén.

> Villa con asiento en las Cortes de Navarra. Se reunieron aquí en 1329 para recibir el juramento de Felipe III de Evreux y Juana II.
> Roncesvalles tenía en esta localidad una encomienda y clavería, en un edificio que se conserva cercano a la iglesia.
> Tuvieron importancia las cofradías de Santiago y San Blas, con Hospitales para los peregrinos.

Zuriain. Pueblo sin vestigios de la peregrinación. Pasadas las casas, sigues a la izquierda la dirección de Ilúrdoz, para luego dirigirse a Iroz.

Iroz. Desde la iglesia desciendes al río Arga, lo cruzas por un puente medieval, restaurado. Sigues la carretera.

Zabaldica. Sin entrar en Zabaldica, apartas a tu izquierda, paralelo a la carretera. Sigues las torres o casetas, registros de la conducción del agua a la ciudad de Pamplona. Alcanzada la número 18, desciendes a la número 19.

Arleta. Pasas sobre el señorío de Arleta. Desde la torre 21 cruzas una curva que hace el Camino. Otra vez en el Camino, ya divisas las últimas torres del collado de Miravalles. En el cruce, giras a la derecha y desciendes a Arre, salvando el río Ulzama por un puente medieval de seis arcos.

Trinidad de Arre. Pequeño conjunto, bien conservado, con ermita-basílica de traza románica dedicada a la Santísima Trinidad.

> Tuvo Hospital de peregrinos. En 1584 tenía doce camas. Consta que en 1663 a los que regresaban enfermos se les llevaba a Roncesvalles, Hospital más espacioso. Unas religiosas contemplativas francesas dan vida a este histórico jalón jacobeo.

> **Refugio:** Esta comunidad suele ofrecer cobijo a los peregrinos.

Villava. Es una moderna población en la que se halla incrustada Arre.

> A la salida de la basílica sigues la calle Mayor. Te indico dos locales para comer, a precio módico, en esta misma calle: Centro Católico Español, 41, 1.º Teléfono 11 03 61; Círculo Carlista, 45, 1.º Sin habitaciones, pero te pueden orientar.

Burlada. Población fusionada con la de Villava, con creciente impulso de desarrollo.

> Cruzas la población. Siguiendo tu mapa, abandonas las carreteras de acceso a Pamplona y te diriges, a la derecha, al barrio de la Magdalena.
> Cruzas el río Arga por un esbelto puente de carácter medieval. Un crucero, con Santiago Peregrino, preside el acceso al puente, que desemboca en un espeso y frondoso parque.
> El Camino asciende a la ciudad de Pamplona por la parte norte, introduciéndose en el recinto amurallado por los portales de Francia y de Zumalacárregui. ¡Solemne acceso a la heroica y noble ciudad de Pamplona!

Semáforo

VILLAVA

Arre

RIO

Basílica de la
Sma. Trinidad

ULZAMA

HUARTE

Gasolinera

1.000 m.

Monte
Miravalles

Torres
nº 24 y
nº 25

Torre nº 23

Torre nº 22

Varios árboles

Cultivos

RIO ARGA

Cultivos

1.000 m.

OLLOQUI

K.8

Torre nº 21

Ermita
Virgen de las Nieves

ARLETA
Torre nº 20
Torre nº 19

2.000 m.

Puentes

Torre nº 18

K.9

ZABALDICA

1.600 m.

Puente

Torre nº 17

K.10

Torre nº 16

IROZ
(Fuente)

K.11

Torre nº 15

Chalets

Campo

ANCHORIZ

Puente

Torre nº 14

A Ilurdoz

ARGA

K.12

ZURIAIN

Torre nº 13

K.13

Torre nº 12

Torre nº 11

A Sarasibar

IDOY

K.14

B

1K.

RIO

K.15

B

800 m.

K.16

AQUERRETA

Puente

Claveria

LARRASOAÑA

Venta
de
Aquerreta

Brazo de camino
impenetrable

A Setuain   Cultivos   Cultivos

A Errea

200 m.

A Imbuluzqueta

1.000 m.

Bar

Agua

K.17

Cementerio

ESQUIROZ

(Agua)

200 m.

URDANIZ

Agua

600 m.

K.18

ILARRAZ

(Agua)

Pamplona

Prado
Puentecillo
Balsa   Balsa

1.500 m.

RIO ARGA

K.19

OSTERIZ

Fábrica
magnesitas

200 m.

Fábrica

C-135

Agua

600 m.

Prado

Prado

C.C.

Agua

K.20

A Leranoz

Valentín

Sebastián

ZUBIRI

Restaurante
Lázaro

Cirilo

Bar

Francia

Puente

Bacaioca

PROVINCIA DE NAVARRA

Al Alto de Erro

Zubiri-Villava, 14 Km.   Tramo de camino que necesita nueva reestructuración y viabilidad

ZUBIRI-SANTIAGO, 666 Km.

PAMPLONA, final de la 2.ª Etapa del «Codex Calixtinus».

Tres diferenciados núcleos de población componían esta ciudad: el barrio de la Navarrería, habitado por indígenas navarros; el burgo de San Cernin y la población de San Nicolás, barrios habitados por inmigrantes francos.

Las fundaciones hospitalarias fueron numerosas.

El Hospital de **San Miguel**, anexo a la catedral, con 50 camas, ofrecía al peregrino pan, vino, un plato de verdura, carne o legumbres.

En las calles Dormitalería, 13, y Compañía, 3, estuvieron instalados otros Hospitales.

En el siglo XVI se levantó el **Hospital General** (hoy Museo de Navarra).

El peregrino disfrutaba de peculiar protección en Pamplona, la capital del **Reino de Navarra**. Su **Fuero General** velaba celosamente por la seguridad de la persona y bienes del peregrino.

Hoy **Pamplona** es ciudad de potente vitalidad, con el Gobierno y Parlamento Foral.

Sus monumentos son importantes y numerosos:

La catedral, románica en un principio, se ha reemplazado por otra gótica, siglos XIV-XVI. La fachada actual es obra del arquitecto Ventura Rodríguez, siglo XVIII.

El **claustro** de la catedral es obra maestra del gótico, el más bello de Europa. (No omitas esta visita. Dispones de guía.)

Iglesia de San Cernin o de San Saturnino de Toulouse, evangelizador de la ciudad, obra del siglo XIV. La Virgen del Camino bendice al peregrino. En la fachada, una talla de Santiago.

Iglesia de Santo Domingo. Preside el retablo una talla del Apóstol.

San Nicolás, Cámara de Comptos, Palacio de Navarra, Museo de

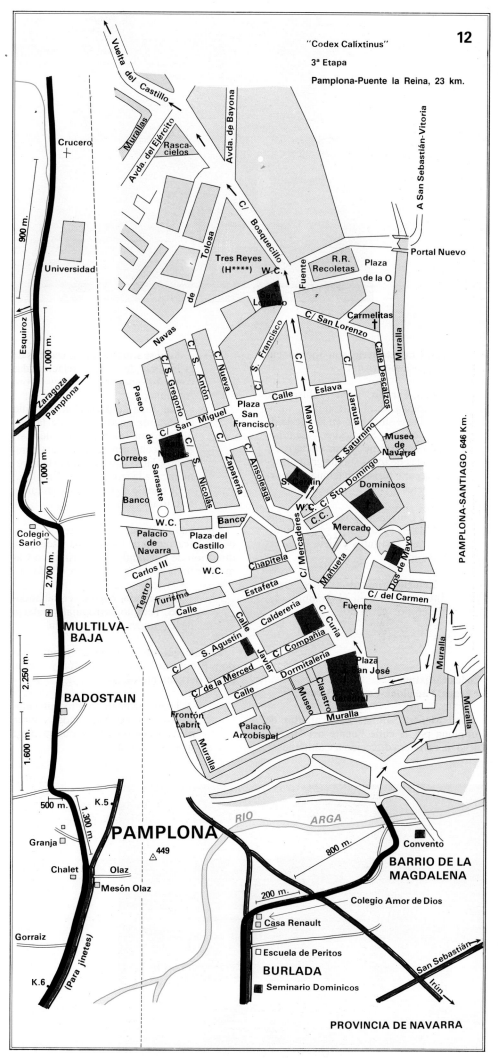

"Codex Calíxtinus"

3ª Etapa

Pamplona-Puente la Reina, 23 km.

12

PAMPLONA-SANTIAGO, 646 Km.

A San Sebastián-Vitoria

Portal Nuevo

R.R. Recoletas

Plaza de la O

Tres Reyes (H****) W.C.

San Lorenzo

C/ San Lorenzo

Carmelitas

Muralla

Calle Descalzos

Museo de Navarra

Dominicos

Mercado

Dos de Mayo

C/ del Carmen

Fuente

Plaza San José

Muralla

Catedral

Muralla

Muralla

Museo

Dormitaleria

Claustro

Palacio Arzobispal

Frontón Labrit

Palacio de Navarra

Plaza del Castillo

W.C.

Chapitela

Estafeta

Calderería

C/ Curia

C/ Compañía

C/ de la Merced

Javier

S. Agustín

Turismo

Teatro

Carlos III

Banco

W.C.

Plaza San Francisco

Calle Mayor

Eslava

Jarauta

S. Saturnino

Sto. Domingo

S. Cernin

W.C.

C/

C.C.

Mañueta

Banco

Correos

Paseo de Sarasate

C/ San Nicolás

C/ San Miguel

C/ S. Gregorio

C/ S. Antón

C/ Nueva

Zapatería

C/ Ansoleaga

S. Francisco

Calle

Navas

de Tolosa

Fuente

C/ Bosquecillo

Avda. de Bayona

Murallas

Avda. del Ejército

Rasca-cielos

Vuelta del Castillo

Crucero

Universidad

Esquíroz

Zaragoza

Pamplona

900 m.

1.000 m.

1.000 m.

Colegio Sario

2.700 m.

MULTILVA-BAJA

2.250 m.

BADOSTAIN

1.600 m.

500 m.

K.5.

1.300 m.

PAMPLONA

449

Granja

Chalet

Olaz

Mesón Olaz

Gorraiz

K.6.

(Para jinetes)

RIO   ARGA

800 m.

Convento

BARRIO DE LA MAGDALENA

Colegio Amor de Dios

200 m.

Casa Renault

Escuela de Peritos

BURLADA

Seminario Dominicos

San Sebastián

Irún

PROVINCIA DE NAVARRA

Pamplona. Iglesia de San Lorenzo.

Navarra, etcétera, son monumentos que debes visitar.

San Fermín, primer obispo de Pamplona, es el Patrono de Navarra. Tiene su capilla en la iglesia de San Lorenzo. Sus fiestas, 7 de julio, los «Sanfermines». Sus encierros y corridas de toros son de gran atracción para turistas nacionales y extranjeros.

La Universidad de Navarra fue creada en 1952. Tiene seis Facultades, seis Institutos y siete Escuelas Superiores.

Refugio: Trinidad de Arre. Otras informaciones en el Arzobispado. Teléfono: 22 74 00.

«Codex Calixtinus»
3.ª Etapa: Pamplona-Estella, 43 km.

Cizur Menor. Salimos a las afueras de Pamplona por la calle Fuente del Hierro. Luego la carretera dirección a Campanas.

Aquí se sitúan algunas escenas de la historia de Turpin relacionadas con Carlomagno y el rey moro Agiolando.

San Juan de Jerusalén. Ha sido importante encomienda de la Orden de San Juan de Jerusalén, siglo XII, con buen Hospital para peregrinos. Hoy, ruinas con portada románica, a la izquierda del Camino.

El **templo parroquial,** románico, restaurado, a la derecha.

Guendulain. Pasado Cizur Menor abandonas la carretera de Campanas y tomas la dirección de Guendulain. El primitivo Camino se halla en parte semiciego, olvidado.

Guendulain, pueblo semiabandonado. Templo parroquial y palacio de los condes de Guendulain.

Zariquiegui, en la ladera del monte Perdón. Pronto divisamos su frontón y el gran ciprés del cementerio.

Templo románico. Pronunciados aleros de casas blasonadas cubren el empedrado Camino que se dirige al alto del Perdón.

Pamplona. La Ciudadela.

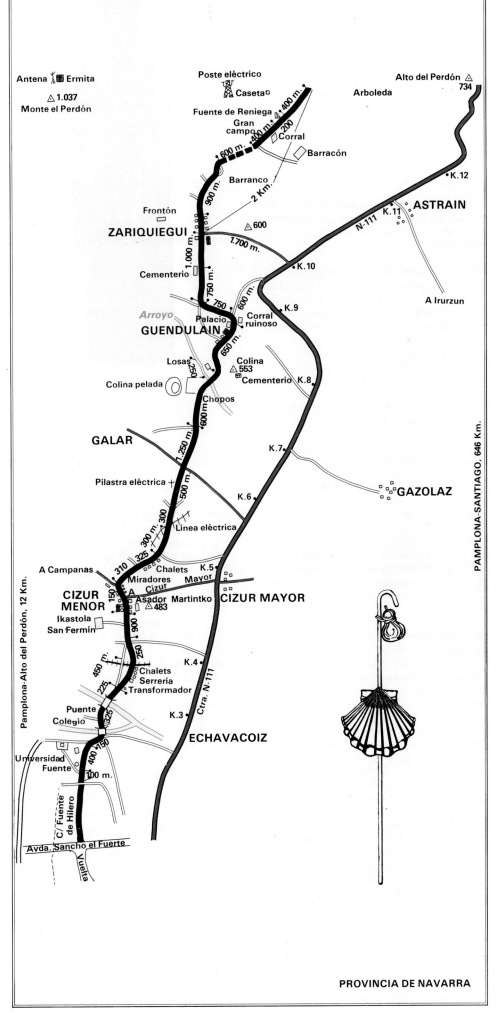

Antena 🎋🏠 Ermita

△ 1.037
Monte el Perdón

Poste eléctrico
🎋 Caseta▱
Fuente de Reniega
Gran campo
▱ Corral
◇ Barracón

Alto del Perdón △
734
Arboleda

● 400 m.
200
Barranco
2 Km.

K.12

600 m.
900 m.
Frontón
△ 600
1.700 m.

ZARIQUIEGUI

N-111
K.11
ASTRAIN
K.10

1.000 m.
Cementerio
750 m.
750
600 m.
750

Corral ruinoso
K.9

A Irurzun

Arroyo
GUENDULAIN
Palacio
650 m.

Losas
250
Colina pelada ○
Colina
△ 553
⊞ Cementerio
K.8

Chopos
600 m.

GALAR

1.250 m.

K.7

Pilastra eléctrica +
500 m.

K.6
GAZOLAZ

300 m. 300
Línea eléctrica

A Campanas
310
325
Chalets K.5
Miradores Mayor
150 Cizur
CIZUR MENOR
Asador
Martintko **CIZUR MAYOR**
△ 483
Ikastola San Fermín
900

450 m.
250
K.4
225
Chalets Serrería
Transformador

Puente
Colegio
325
K.3
Ctra. N-111

ECHAVACOIZ

150
400
Universidad
Fuente
100 m.

C/ Fuente de Hilero

Avda. Sancho el Fuerte
Vuelta

Pamplona-Alto del Perdón, 12 Km.

PROVINCIA DE NAVARRA

Alto del Perdón. No es muy bueno el Camino de ascenso. En ocasiones, desaparecido o cubierto de maleza. El mapa será tu mejor orientador.

Fuente «Reniega». Tradición: Un peregrino llega a la cumbre agotado por la sed. El diablo, disfrazado de caminante, se ofrece a indicarle una **fuente** oculta, a condición de que **reniegue** de Dios, de la Virgen o de Santiago. El peregrino mantiene su fe. El Apóstol, disfrazado de peregrino, recoge a su compañero moribundo y lo lleva a la escondida fuente, dándole de beber con su «vieira».

El descenso es agradable. Gran paisaje a tu vista. Al fondo, los montes de Montejurra y Arnotegui; los poblados que vas a visitar muy pronto, Uterga, Muruzábal, Obanos, etcétera.

El Camino, como ya es habitual, ofrece dificultades: ciego, maleza, alambradas, etcétera. Los jinetes, desde el alto, tendrán que salir a la carretera hasta Uterga.

Uterga. Pueblecito de aspecto señorial. A tu derecha, campo de fútbol, templo y fuente. Casonas de fachadas blasonadas con salientes aleros.

Muruzábal. Tiene una bella iglesia. Santiago Peregrino en el retablo lateral norte de una capilla.

Obanos. Pronto llegamos a Obanos. La ermita de San Salvador y una cruz marcan la fusión de los Caminos de Somport y Roncesvalles.

Obanos es la «Villa de los Infanzones», donde se coaligaron los nobles de Navarra para delimitar el poder real. Su lema: «Pro libertate Patriae gens libera state = Conservaos libres para una Patria libre».

«**Misterio de Obanos**». La leyenda: Felicia de Aquitania, peregrina jacobea, a su regreso de Compostela, renunciando a su vida de nobleza, se queda en Amocain compartiendo la vida de los pobres.

Su hermano, el duque Guillermo, viene en su busca. Ante su negativa a regresar, la apuñala y muere. Confesado en Roma su pecado, recibe en penitencia tener que peregrinar a Compostela. Luego, a su regreso, se queda en Obanos como penitente, junto a la ermita de la Virgen, en el monte Arnotegui.

Puente la Reina. Iglesia de Santiago. Santiago peregrino.

Guillermo de Aquitania será más tarde San Guillermo. La ermita de Arnotegui se dedicará a su nombre.

Esta leyenda se escenifica magistralmente en la plaza en la segunda quincena de agosto.

La imagen de la Virgen de la ermita, siglo XIII, se conserva en el templo parroquial.

Hospedería Arnotegui Hs**, 16 plazas. Teléfono 34 01 53.

PUENTE LA REINA. Desde Obanos descendemos por el camino de tierra a la carretera que procede de Campanas.

En la unión de nuestra carretera con la que viene de Pamplona también han levantado otro monumento al peregrino los vecinos de Puente la Reina.

Puente la Reina comienza en el siglo XI a designarse con el nombre de **Ponte de Arga** o **Ponte Regina.**

Una Reina da nombre al pueblo. Es Doña Mayor, esposa de Sancho el Mayor (quizá, también, Doña Estefanía, nuera de Doña Mayor), la que levanta un puente para paso de los peregrinos jacobeos sobre el río Arga, siglo XI.

En 1090 aparece instalada en esta localidad una colonia francesa.

Alfonso I el Batallador y García VI fueron los verdaderos impulsores del desarrollo de esta población.

García VI puso la villa en manos de los Templarios, 1142, y les otorga privilegios. Pero debían acoger

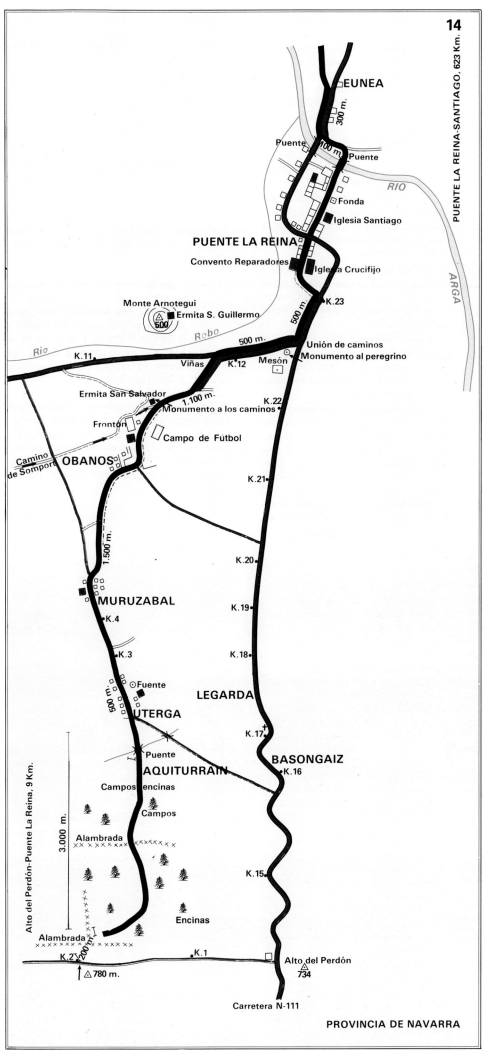

PUENTE LA REINA-SANTIAGO, 623 Km.

EUNEA

300 m.

Puente

100 m.

Puente

RIO

Fonda

Iglesia Santiago

PUENTE LA REINA

Convento Reparadores

Iglesia Crucifijo

ARGA

K.23

Monte Arnotegui

Ermita S. Guillermo

500

Río Robo

500 m.

500 m.

Unión de caminos

Monumento al peregrino

K.11.

Viñas

K.12

Mesón

Ermita San Salvador

1.100 m.

K.22

Monumento a los caminos

Frontón

Campo de Fútbol

Camino de Somport

OBANOS

K.21

1.500 m.

K.20

MURUZABAL

K.19

K.4

K.18

K.3

⊙Fuente

500 m.

LEGARDA

UTERGA

K.17

AQUITURRAIN

Puente

BASONGAIZ

K.16

Campos encinas

Campos

Alto del Perdón-Puente La Reina, 9 Km.

3.000 m.

Alambrada

K.15.

Encinas

Alambrada

200 m.

K.2

K.1

Alto del Perdón

734

↑ △780 m.

Carretera N-111

PROVINCIA DE NAVARRA

gratuitamente a los peregrinos «propter Amoren Dei».

Extinguidos los caballeros Templarios, sus bienes pasaron a la Orden de San Juan de Jerusalén. El prior Juan de Beaumont inicia las obras de un nuevo Hospital para peregrinos en la iglesia del Crucifijo, hacia 1469.

En el trayecto de la iglesia del Crucifijo al famoso puente sobre el río Arga se hallan los principales monumentos de la villa.

Iglesia del Crucifijo, obra de los siglos XIII y XIV. El gran edificio adjunto es del siglo XVIII. La capilla guarda un buen crucifijo gótico de 1400, germánico.

Iglesia de Santiago, con vestigios del siglo XII en sus portadas y notorias reformas del siglo XV. Guarda una buena talla de **Santiago Peregrino.**

Calle Mayor. Constituye un buen conjunto monumental: fachada del templo de la Trinidad, palacios y casas linajudas, con escudos, aleros y nobles balcones.

El Puente de los Peregrinos, de seis arcos, siglo XI, es uno de los más interesantes de la ruta jacobea.

Mesón el Peregrino H**, 24 plazas. Teléfono 34 00 75. Fonda Lorca, calle Mayor, 44. Teléfono 34 01 27.

Refugio: Los Padres Reparadores que dirigen este conjunto ofrecen buena acogida a los peregrinos.

Mañeru. Ya en las afueras del poblado de Puente la Reina, pasado el convento de las Comendadoras, abandonamos la carretera y seguimos a la izquierda, por cerca de las ruinas del Hospital de Bargota. Por un sendero que serpentea a través de un barranco de tierras arroyadas llegas a la carretera. Dejas a tus espaldas una extraordinaria panorámica de la vega del río Arga.

Mañeru perteneció a los templarios del Crucifijo. El templo parroquial, siglo XVIII, es obra de Ochandotegui.

Cirauqui, sobre una elevada colina, bien visible en nuestra ruta. Típico poblado medieval.

En la cima del pueblo conserva dos interesantes monumentos. El **templo de San Román,** gótico, bella portada polilobulada, semejante a la de San Pedro de Estella y a la de Santiago de Puente la Reina. La iglesia de Santa Catalina, también gótica, siglo XIII.

Sales del pueblo pisando la más importante calzada romana de la Ruta jacobea, en lamentable estado de conservación. Salvas el arroyo por un vetusto puente y cruzas la carretera. Tu Camino continúa hacia las ruinas de Urbe, sobre vestigios de abandonada calzada.

Urbe figura en documentación del siglo XII, ya está despoblada en el siglo XVIII.

Puente la Reina. Puente románico sobre el río Arga, siglo XI.

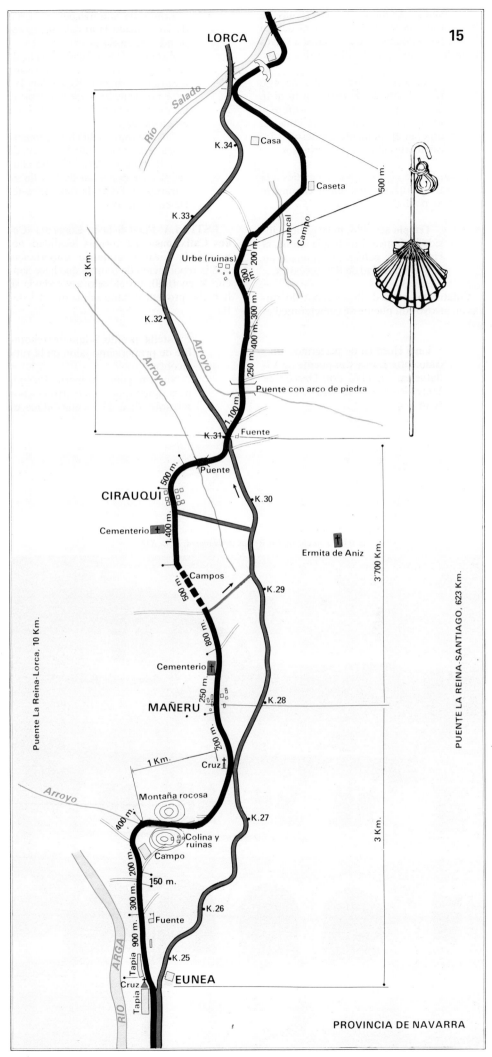

LORCA

Río Salado

K.34 • □Casa

□Caseta

500 m.

K.33•

Juncal Campo

Urbe (ruinas)

200 m.

300 m.

K.32•

Arroyo

300 m. 300 m.

Arroyo

400 m.

250 m.

Puente con arco de piedra

3 Km.

1.100 m.

K.31• □Fuente

•Puente

500 m.

CIRAUQUI

•K.30

1.400 m.

Cementerio □✝

Ermita de Aniz ✝

3'700 Km.

500 m.

•Campos

•K.29

800 m.

Cementerio •✝

250 m.

•K.28

MAÑERU

200 m.

1 Km.

Cruz ✝

Montaña rocosa

400 m.

•K.27

•Colina y ruinas

200 m.

Campo

150 m.

3 Km.

300 m.

•K.26

900 m.

□Fuente

Tapia

•K.25

ARGA

Cruz ▲

Tapia

□EUNEA

RIO

Arroyo

Puente La Reina-Lorca, 10 Km.

PUENTE LA REINA-SANTIAGO, 623 Km.

Río Salado. Abandonadas las ruinas de Urbe, pronto desciendes a la ribera del río Salado. Su pequeño caudal se salva a través de un legendario puentecillo de dos arcos.

Aymeric Picaud escribe de este río: «Guárdate de beber ni tú ni tu caballo, pues el río es mortífero y los navarros, con navajas afiladas, esperan el momento de desollar las caballerías de los peregrinos.»

Lorca. Desde el río Salado asciendes a la carretera, la cruzas y por buen camino te acercas al poblado de Lorca.

Templo sencillo, nave gótica, ábside románico. Frente a la iglesia, el Hospital de peregrinos, fundado en 1209, propiedad de Roncesvalles.

Villatuerta. Antes de llegar al pueblo cruzas un arroyo con puente de carácter medieval.

Tuvo Hospital de peregrinos, ubicado entre Lorca y el puente de Villatuerta. En 1175 don Gascón de Murel lo dona a la Orden de San Juan.

Ermita de San Miguel, recuerdo de una antiguo Hospital, incorporado a Leyre en el siglo XI.

Zarapuz. Hasta 1090, la ruta de los peregrinos de Villatuerta pasaba a Zarapuz e Irache. Repoblada Estella por Sancho V de Navarra, el Camino se fija definitivamente por esta localidad.

En Zarapuz había un pequeño monasterio y Hospital, dependían de San Juan de la Peña. Sancho Garcés II hace donación de la villa de Zarapuz en favor de este monasterio en el año 992.

ESTELLA. Final de la 3.ª Etapa del «Codex Calixtinus». La antigua localidad, denominada Lizarra, adquirió importancia con la repoblación de francos que hace Sancho V en 1090. En el siglo XIV todavía se hablaba provenzal habitualmente en Estella.

Estella pronto adquiere renombre de primerísimo jalón de la ruta jacobea.

Nuestro guía, Aymeric Picaud, para quien todo lo navarro es abominable, dice de Estella: «Que es

Estella. Palacio de los Reyes de Navarra, siglo XII.

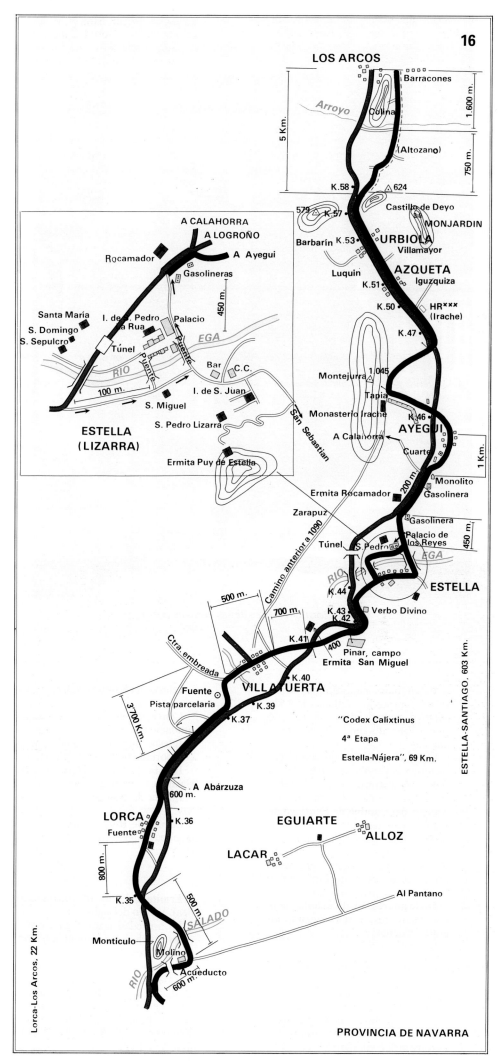

LOS ARCOS

Barracones

Arroyo

Colina

1.600 m.

(Altozano)

750 m.

5 Km.

K.58

△ 624

579 △ K.57

Castillo de Deyo

MONJARDIN

Barbarín K.53

URBIOLA

Villamayor

Luquin

AZQUETA

K.51

Iguzquiza

K.50

HR×××

(Irache)

K.47

Montejurra △ 1.045

Tapia

Monasterio Irache

K.46

AYEGUI

A Calahorra

Cuarte

1 Km.

A CALAHORRA

A LOGROÑO

Rocamador

A Ayegui

Gasolineras

Monolito

Gasolinera

Santa María

I. de S. Pedro la Rua

Palacio

450 m.

Gasolinera

S. Domingo

EGA

200 m.

Palacio de los Reyes

S. Sepulcro

Túnel

450 m.

Bar

C.C.

RIO

I. de S. Juan

Ermita Rocamador

EGA

100 m.

S. Miguel

Zarapuz

RIO

S. Pedro Lizarra

Túnel

S. Pedro

ESTELLA

Ermita Puy de Estella

San Sebastian

K.44

Verbo Divino

ESTELLA (LIZARRA)

Camino anterior a 1090

K.43

K.42

500 m.

K.41

400

Pinar, campo

700 m.

Ermita San Miguel

Ctra. embreada

K.40

VILLATUERTA

Fuente ⊙

"Codex Calíxtinus

Pista parcelaria

K.39

4ª Etapa

3.700 Km.

K.37

Estella-Nájera", 69 Km.

A Abárzuza

600 m.

LORCA

K.36

EGUIARTE

Fuente

ALLOZ

LACAR

800 m.

Al Pantano

K.35

500 m.

Monticulo

SALADO

Molino

RIO

Acueducto

600 m.

ESTELLA-SANTIAGO, 603 Km.

Lorca-Los Arcos, 22 Km.

PROVINCIA DE NAVARRA

Estella. Claustro románico de San Pedro de la Rúa.

fértil en buen pan, óptimo vino, carne y pescado, y llena de toda suerte de felicidades»; y el agua de su río Ega: «Es dulce, sana y muy buena.»

El espíritu jacobeo que tanto ca- racterizó a Estella a través de los siglos sigue conservando vitalidad en nuestros días. La institución **Amigos del Camino de Santiago de Estella,** con las Semanas jacobeo-medievales, siguen impulsando la peregrinación jacobea. Su presiden-te, Francisco Beruete, eminente santiaguista, es gran protector y orientador de los peregrinos.

No te apures. Visita Estella, de la que guardarás, como Picaud, un grato recuerdo.

Sus monumentos:

Iglesia de San Pedro de Lizarra, románica y gótica. Sin culto.

Iglesia de San Pedro de la Rúa. Interesante monumento románico.

Palacio de los Reyes de Navarra. Peculiar ejemplar de la arquitectu-ra románica civil, siglo XII.

Iglesia del Santo Sepulcro, romá-nico-gótica.

Convento de Santo Domingo, fundación de Teobaldo II, 1259.

Iglesia de San Miguel, gótica, con portada románica, siglo XII.

Iglesia de Santa María Jus del Castillo, románica, siglo XII.

Iglesia de San Juan, siglos XIII-XIV.

Ermita de Rocamador (devoción jacobea), siglo XII, Virgen del si-glo XIII.

Ermita del Puy (devoción jaco-bea). Virgen del siglo XIII.

La brevedad nos obliga a omitir otros muchos monumentos históri-co-artísticos.

Tatán HR*, 49 plazas. Teléfono 55 02 50. San Andrés HR*, 20 pla-zas. Teléfono 55 07 72. San An-drés F. Teléfono 55 04 48. Izarra F. Teléfono 55 06 78. Maeztu F. Telé-fono 55 04 32.

Gastronomía. Son platos típicos: el ajoarriero, el gorrín asado y las alpargatas.

«Codex Calixtinus»
4.ª Etapa: Estella-Nájera, 69 km.

Monasterio de Irache. Desde Estella pasaban los peregrinos por **Ayegui** al monasterio de Irache, de Nuestra Señora la Real.

Irache se considera como uno de los monasterios más antiguos de Navarra. Para algunos historiadores data de la época visigótica.

García de Nájera funda aquí un Hospital para los peregrinos, 1051-1054.

El templo de esta célebre abadía benedictina data del siglo XII, con ábsides románicos y naves ojivales; claustro renacentista y dependencias que recuerdan los años en que tuvo Universidad, siglo XVI.

Monumento restaurado en 1942. Hoy ocupado por PP. Escolapios.

Desde Irache tienes que volver a salir a la carretera y seguirla hasta avanzado el kilómetro 57.

Villamayor de Monjardín. La colina de Monjardín o Deyo está coronada por las ruinas del castillo de San Esteban, de origen romano. Lo conquistó a los árabes Sancho Garcés I (905-925), que luego fue enterrado en su iglesia.

Estos acontecimientos pasaron a la «Crónica de Turpin».

El templo, románico, representa en un capitel la lucha de Roldán con Farragut.

Urbiola. Camino y carretera llegan y salen aunados en esta población.

Hubo un Hospital de peregrinos regido por los Caballeros de San Juan de Jerusalén. Era la encomienda de Cogullo.

Estella. Iglesia del Santo Sepulcro.

Los Arcos. Llegas a esta localidad por camino de tierra, que hemos tomado a la derecha, a la altura del kilómetro 58 de la carretera.

Entras en la población por la calle Mayor, dirección a la plaza de la Iglesia.

Esta villa tenía asiento en las Cortes de Navarra. Aquí vivió Carlos III algunos años.

Templo interesante, digno de visitarse. Portada plateresca; retablos de grandes proporciones; buenas pinturas del siglo XV; claustro procesional, gótico-flamígero, siglo XV. Virgen sedente; valiosa sillería renacentista; elegante torre.

Mónaco H**, 34 plazas. Teléfono 64 00 00. Ezequiel H**, 23 plazas. Teléfono 64 02 96.

Desde Los Arcos, el Camino sigue apartado de la carretera, a la derecha, hasta avistar Sansol. Bueno, semiapto para vehículos.

Sansol, pequeña localidad, coronando una colina. Su nombre le viene de San Zoilo, titular de la iglesia.

Tu Camino, a la altura de Sansol, abandona la carretera, a la izquierda, dirigiéndose, recto, al pueblo de Torres del Río.

Torres del Río. En 1109, Jimeno Galíndez dona a Irache un monasterio en Torres. Los Caballeros de la Orden del Santo Sepulcro levantan, en el siglo XII, un peculiar templo de planta octogonal, románico, con influencias bizantinas y mudéjares.

El Cristo es pieza de impresionante hieratismo y majestad. Pieza de gran interés y singularidad arquitectónica.

El último prior de la Orden del Santo Sepulcro, Santiago de Abalos, moría en 1847.

Casa Félix y Casa Godo, posadas.

Refugio: Ramón Sostres (Casa Santa Bárbara), particular, único caso en el Camino de Santiago, ofrece su casa a los peregrinos. Teléfono 64 80 06.

Viana. El Camino desde Torres a Viana sigue prácticamente las mismas huellas que la carretera.

En un alto, kilómetro 72, a la derecha, hallas una pequeña ermita, es la de la Virgen de Poyo, antiguo albergue de peregrinos.

Viana es la última población de Navarra. Secular centinela frente a las invasiones de Castilla, coronando una elevada colina.

Fundó esta villa Sancho el Fuerte, 1219. Importante plaza de armas. Obtuvo varios privilegios. Carlos III la dotó con el «Principado de Viana», título del heredero del Reino de Navarra, 1423. Tenía asiento en las Cortes de Navarra. Sus fuentes históricas son muy copiosas...

En el siglo XVI había los tres Hospitales de San Julián, Santa Catalina y de Nuestra Señora de la Gracia.

Roncesvalles poseyó la encomienda de las Cuevas hasta 1810.

Cuevas, nombre del primitivo poblado, lo menciona nuestro Aymeric Picaud, inoculando su habitual fobia a todo lo navarro: «Luego, por la villa llamada Cuevas, fluye un río igualmente nocivo.»

Sus monumentos:

Iglesia de Santa María, verdadera catedral por sus dimensiones y riqueza arquitectónica, siglos XV-XVI. Grandiosa puerta plateresca.

En el atrio, frente a la sorprendente puerta sur, en el suelo, una lápida recuerda a **César Borgia**, «César Borgia, generalísimo de los ejércitos de Navarra y Pontificios, muerto en campos de Viana, el XI de marzo MDVII».

Iglesia de San Pedro, siglo XIV, en ruinas.

Monumento a César Borgia, casas blasonadas, restos de murallas, etcétera.

Pensión Chavarri, 15 plazas. Teléfono 64 51 36.

Refugio: La parroquia ofrece un bajo poco aceptable.

Desde Viana desciendes a la carretera, con extraordinario paisaje a tu vista. Ya en la carretera, a tu izquierda, la ermita de la Virgen de Cuevas.

A 4.700 kilómetros de Viana, pasado el kilómetro 85, abandonas Navarra y entras en la acogedora región de La Rioja. ¡Buen viaje! ¡Ultreya!

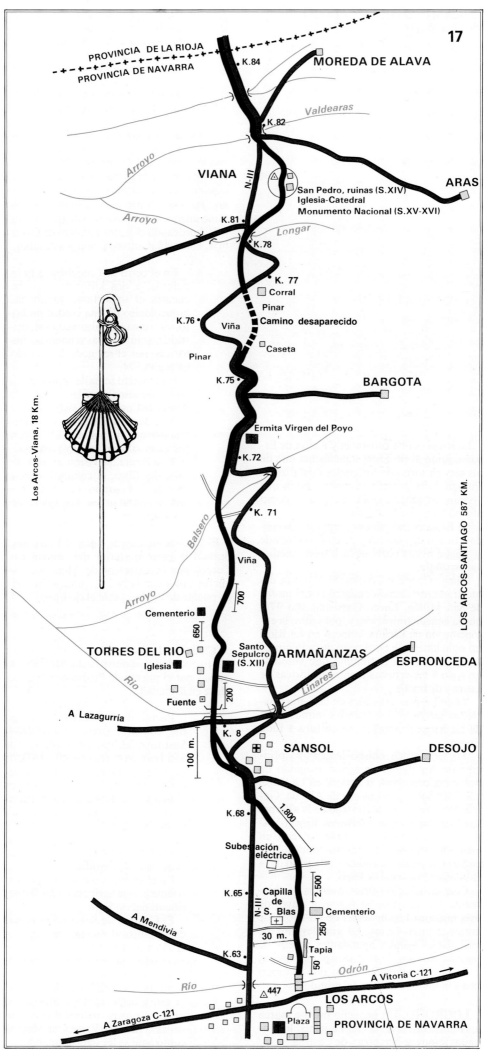

PROVINCIA DE LA RIOJA

PROVINCIA DE NAVARRA

K.84

MOREDA DE ALAVA

Valdearas

K.82

Arroyo

VIANA

ARAS

San Pedro, ruinas (S.XIV)
Iglesia-Catedral
Monumento Nacional (S.XV-XVI)

Arroyo

K.81

Longar

K.78

K. 77

Corral

Pinar

K.76

Camino desaparecido

Viña

Caseta

Pinar

K.75

BARGOTA

Ermita Virgen del Poyo

Los Arcos-Viana, 18 Km.

K.72

K. 71

Viña

700

Balsero

Arroyo

Cementerio

650

TORRES DEL RIO

Santo
Sepulcro
(S.XII)

ARMAÑANZAS

ESPRONCEDA

Iglesia

Linares

LOS ARCOS-SANTIAGO 587 KM.

Río

200

Fuente

A Lazagurría

K. 8

100 m.

SANSOL

DESOJO

K.68

1.800

Subestación
eléctrica

2.500

K.65

Capilla
de
S. Blas

Cementerio

A Mendivia

250

30 m.

K.63

Tapia

50

Odrón

A Vitoria C-121

Río

447

A Zaragoza C-121

LOS ARCOS

PROVINCIA DE NAVARRA

Plaza

EL CAMINO DE SANTIAGO EN LA RIOJA

Felipe Abad León

La Rioja es una provincia y región de España, junto al río Ebro, «que forma uno de los ejes en torno de los cuales cristalizó la Europa en la que aún vivimos y en la que vivirán las generaciones sucesivas», como afirmó Gregorio Marañón.

La Rioja es país abierto, cordial y acogedor, fusión de pueblos y de culturas, donde se fraguó buena parte de la historia medieval española.

Linage Conde y Charles Bishko han demostrado con el códice escrito por el monje de San Millán, Eneco Garseani, año 976, que la benedictinización, y, por tanto, la europeización de España, empezó en La Rioja un siglo antes que en el resto de la Península. Es un valioso testimonio que antecede un siglo a las vetustas fuentes históricas de Leyre y de Irache.

Ya en los primeros años de las peregrinaciones jacobeas, los grandes monasterios de La Rioja irradiaban su cultura a toda Europa.

Así, Gotescalco, obispo de Le Puy y príncipe de Aquitania, peregrino «seguido de numerosa comitiva», se detiene en La Rioja, año 950. Solicita del monje de Abelda, Gomesano, una copia del tratado de la «Perpetua Virginidad de la Santísima Virgen María de San Ildefonso de Toledo», con un acertado prólogo del mismo monje. Hoy códice Gotescalco o códice Colbertino de la Biblioteca Nacional de París.

Con satisfacción orientaremos certeramente tus pasos de peregrino a través de esta histórica región-vergel de La Rioja, de antiguos monasterios, de grandes ríos de «saludables aguas y abundantes peces», de pueblos nacidos al calor de la peregrinación jacobea y de afamados vinos que se esparcen a todos los rincones del mundo.

LOGROÑO. Un pequeño puente marca los límites de Navarra con La Rioja, los antiguos reinos de Navarra y de Castilla.

Los peregrinos advertían esta línea divisoria, que marcaba un notorio cambio social. Así, el peregrino cronista Künig de Vach, en 1496, anotaba: «Aquí conocerás otra moneda; acábanse allí los coronados (o coronas) y tienes que aprender a conocer los malmedís (o maravedís).»

De Viana a Logroño hay nueve kilómetros. En la mitad de este recorrido se halla el citado puentecillo-frontera. Sigues unos 150 metros por la carretera y te apartas a la izquierda por un altillo o elevación de terreno. Tu sendero pronto se convierte en camino ancho, en un recorrido de tres kilómetros, bordeando el histórico cerro de Cantabria, entre viñas, olivos y campos de labor.

En el cerro de Cantabria, a tu izquierda, a dos kilómetros, se encuentra el importante yacimiento arqueológico de una ciudad prehistórica, romana y altomedieval, destruida, según ciertas referencias históricas, por el rey godo Leovigildo, en el año 574.

Esta ciudad se halla representada en los famosos marfiles de San Millán de la Cogolla, del siglo XI.

A tu derecha divisas la airosa torre barroca y poblado de Ayón, próspera villa de La Rioja alavesa.

A tu frente, la visión amplia del valle del Ebro, el conjunto monumental de Logroño, con sus torres que se retratan en las aguas del «enorme río».

El Camino desciende hasta el Ebro, bordeando la parte posterior del cementerio. Luego, por la carretera de Mendavia, se vuelve a unir con la N-111, junto al histórico puente de Piedra, sobre el río Ebro.

Ciudad de Logroño. El río Ebro, el mayor de tu recorrido jacobeo hasta Santiago, lo salvas por el puente de Piedra que te introduce en la ciudad.

Puente de 198 metros de longitud, con siete arcos, obra de 1884. Sustituye al puente medieval de San Juan de Ortega (1080-1163), de doce arcos. Que, asimismo, lo levanta sobre otro anterior, citado en el fuero de Logroño de 1095. Puente vinculado, como pocos, al Camino de Santiago.

Logroño es la capital de La Rioja, ciudad de 110.000 habitantes, con acentuado desarrollo.

En el siglo X no era más que una simple granja agrícola en las fértiles riberas del río Ebro.

El Camino de Santiago es el que da impulso al crecimiento de Logroño a partir de los siglos XI y XII. Es ciudad jacobea por origen de cuna. Su urbanismo medieval lo constata. Es ciudad-camino, lineal, de este a oeste, como el propio Camino. Recorre pausadamente sus calles o rúas (la Vieja y la Mayor), como aquí se les sigue llamando.

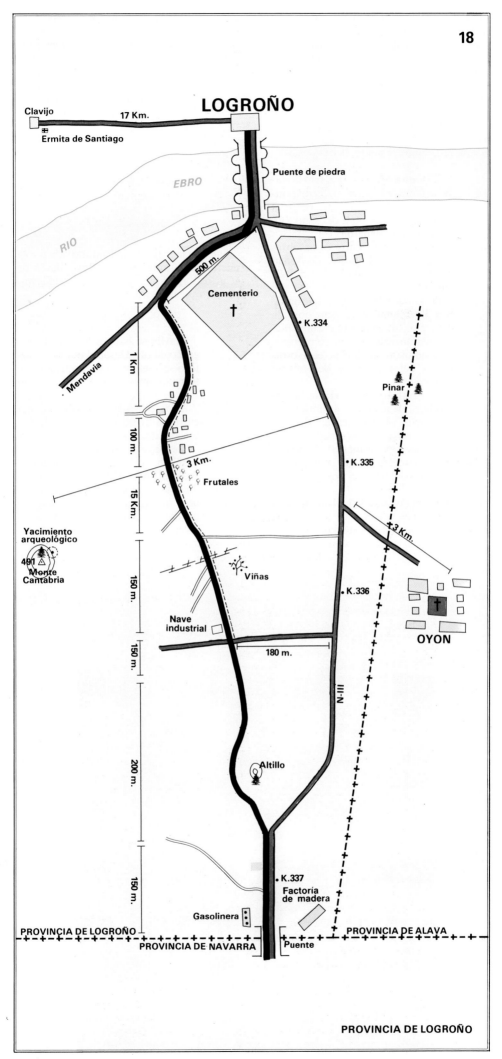

18

LOGROÑO

Clavijo   17 Km.

Ermita de Santiago

Puente de piedra

EBRO

RIO

500 m.

Cementerio

K.334

Mendavia

1 Km.

100 m.

3 Km.

15 Km.

Frutales

Yacimiento
arqueológico

491   Monte
Cantabria

150 m.

Viñas

Nave
industrial

150 m.

180 m.

Pinar

K.335

3 Km.

K.336

OYON

N-II-I

200 m.

Altillo

150 m.

K.337

Factoría
de madera

Gasolinera

PROVINCIA DE LOGROÑO

PROVINCIA DE NAVARRA

Puente

PROVINCIA DE ALAVA

PROVINCIA DE LOGROÑO

Pasado el puente de Piedra te introduces en la rúa Vieja. A la izquierda queda, remozado, el Hospital, hoy Provincial, llamado en otro tiempo de Roque Amador o Rocamador, de honda raigambre jacobea. Tu rúa, paralela al Ebro, pasa por detrás de la imperial iglesia de Santa María de Palacio, llamada así en recuerdo de la donación que el emperador Alfonso VII hace de su palacio y otros bienes a los canónigos del Santo Sepulcro, donde se fundó dicha iglesia.

En **Santa María de Palacio** destaca su famosa «aguja» o flecha piramidal de ocho caras, que se eleva sobre el edificio, obra del siglo XIII, peculiar en su género.

En el interior, entre otras obras de arte, el retablo mayor de Arnao de Bruselas, de mediados del siglo XVI.

Próxima a Palacio, la **iglesia de San Bartolomé** y su gran portada del siglo XIII, con interesantes piezas escultóricas, todavía románicas, con notorias analogías con otras piezas del Camino y del mismo Compostela.

Catedral de Santa María la Redonda, en la misma zona antigua de la ciudad, obra gótica en sus tres amplias naves, y dos esbeltas torres en su fachada principal, llamadas «Las Gemelas», siglo XVIII, buen ejemplar del barroco riojano.

De la rúa Vieja pasas a la calle de Barriocepo, donde tienes la fuente de los Peregrinos, decorada con motivos jacobeos.

Iglesia de Santiago el Real, en la misma calle de Barriocepo. Gran imagen de Santiago Matamoros, ecuestre, obra de escultor flamenco, siglo XVII. En el retablo mayor, Santiago Peregrino, titular, gótico, siglo XIV, otras diversas escenas del Apóstol y la misma batalla de Clavijo.

Refugio: Parroquia de Santiago. C/. Barriocepo, 6. Telf. 22 57 67.

Sales de la vieja ciudad amurallada por la puerta del «Camino», del «Revellín» o de «Carlos V», así llamada por los escudos imperiales que la adornan.

Clavijo se halla a 17 km. de Logroño, al sur. Desde el pueblo y castillo se contempla un impresionante panorama sobre el valle del río Ebro.

Aquí tuvo lugar la célebre batalla entre las tropas de Ramiro I de Asturias y del árabe Abderramán II, el 23 de mayo del año 844.

Según la tradición, Santiago Apóstol apareció montado en caballo blanco ayudando a los cristianos, que consiguieron la victoria, quedando establecido como agradecimiento el Tributo de Santiago.

Logroño. Plaza del Espolón.

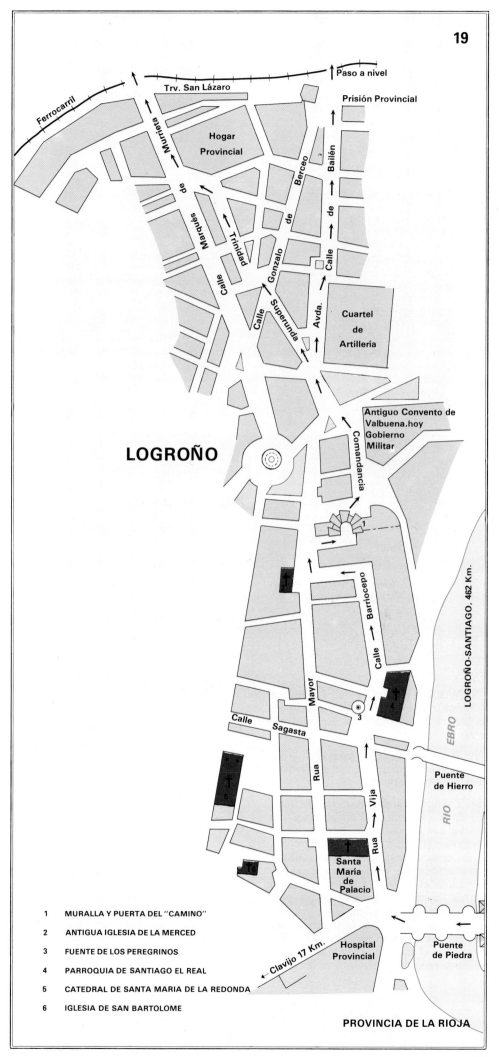

19

Paso a nivel

Ferrocarril

Trv. San Lázaro

Prisión Provincial

Murrieta

Hogar
Provincial

Berceo

Bailén

de

Marqués

de

Calle

de

Calle

Trinidad

Gonzalo

Superunda

Calle

Avda.

Cuartel
de
Artillería

LOGROÑO

Antiguo Convento de
Valbuena, hoy
Gobierno
Militar

Comandancia

1

2

Barriocepo

Calle

4

LOGROÑO-SANTIAGO, 462 Km.

Mayor

3

EBRO

Calle

Sagasta

Rua

Puente
de Hierro

5

Vija

RIO

Rua

6

Santa
María
de
Palacio

Puente
de Piedra

1 MURALLA Y PUERTA DEL "CAMINO"

2 ANTIGUA IGLESIA DE LA MERCED

3 FUENTE DE LOS PEREGRINOS

4 PARROQUIA DE SANTIAGO EL REAL

5 CATEDRAL DE SANTA MARIA DE LA REDONDA

6 IGLESIA DE SAN BARTOLOME

Clavijo 17 Km.

Hospital
Provincial

PROVINCIA DE LA RIOJA

Navarrete. Portada románica del antiguo Hospital de Peregrinos, hoy en el cementerio.

NAVARRETE. Esta localidad se halla a 11 kilómetros de Logroño. Te presento dos posibles caminos, ambos frecuentados por peregrinos.

a) **Camino viejo de Fuenmayor,** a la derecha de la actual carretera, con algo más de vuelta, más tranquilo.

b) **Camino Viejo de Navarrete,** a la izquierda de la carretera, que en un principio coincide con el camino de Entrena. Abandonado aquél, en un principio el tuyo ofrece mal aspecto, entre juncos y escombros, pero pronto se hace viable. Ya en la carretera, pasado el kilómetro siete, recibes la ruta de Fuenmayor. Salvada la autopista por un puente, a la izquierda, se conservan las ruinas del Hospital de la Orden de San Juan de Acre, fundado por doña María Ramírez hacia el año 1185 para alberguería y auxilio de peregrinos.

Navarrete es villa próspera, rebasa los 2.000 habitantes. Importante industria de alfarería y artesanía. Afamados vinos.

Es pueblo importante, de tradición jacobea y gran sabor medieval.

Guarda todavía el aspecto de una plaza fuerte con sus calles concéntricas en torno a la ladera del monte. Casas y palacios blasonados flanquean sus calles. Pasear por ellas es transportarse y sentirse inmerso en el ambiente del siglo XVI, cuando Iñigo de Loyola estuvo en Navarrete para arreglar sus cuentas con el duque de Nájera, su antiguo señor.

El Camino recorre en Navarrete como un kilómetro de zona urbana. Se inicia en la calle Mayor Baja y continúa por la calle Mayor Alta; en su mitad, una plazoleta y la monumental iglesia de la Asunción.

Templo de tres naves, siglo XVI. Magnífico retablo barroco de finales del siglo XVII, ocupando la cabecera de las tres naves. En la sacristía se conserva un buen tríptico flamenco, de principios del siglo XVI, atribuido a Isembrant.

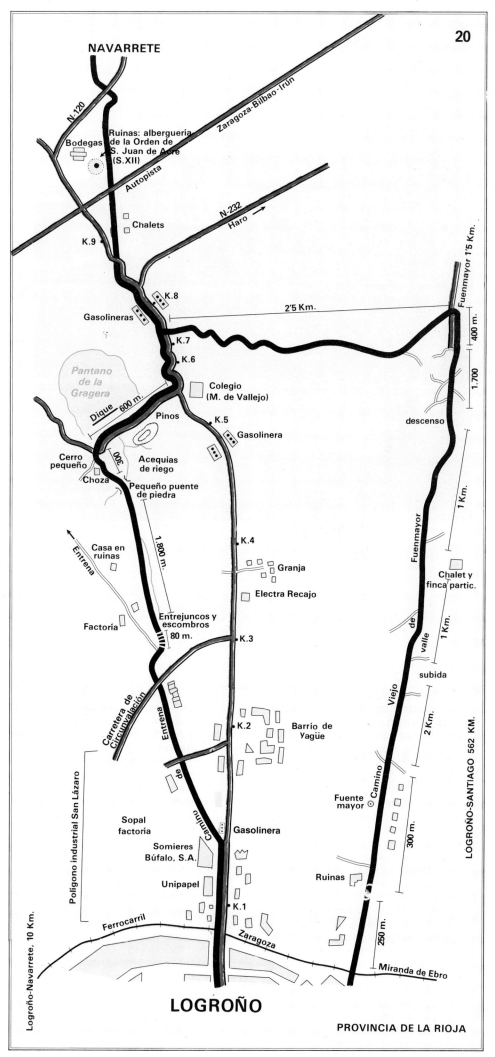

NAVARRETE

N-120

Zaragoza-Bilbao-Irún

Ruinas: alberguería
de la Orden de
S. Juan de Acre
(S.XII)

Bodegas

Autopista

N-232
Haro →

Chalets

K.9

Fuenmayor 15 Km.

K.8

Gasolineras

2'5 Km.

400 m.

K.7

K.6

Pantano
de la
Gragera

1.700

Colegio
(M. de Vallejo)

descenso

Dique   600 m.

Pinos

K.5

Gasolinera

Cerro
pequeño

300

Acequias
de riego

Choza

1 Km.

Pequeño puente
de piedra

Fuenmayor

1.800 m.

K.4

Casa en
ruinas

Entrena

Granja

Chalet y
finca partic.

Electra Recajo

valle

1 Km.

Factoría

Entrejuncos y
escombros
80 m.

de

subida

K.3

Viejo

2 Km.

Carretera de
Circunvalación

Entrena

K.2

Barrio de
Yagüe

Polígono industrial San Lázaro

de

Camino

Fuente
mayor ⊙

Camino

300 m.

LOGROÑO-SANTIAGO 562 KM.

Sopal
factoría

Gasolinera

Somieres
Búfalo, S.A.

Ruinas

Unipapel

K.1

Logroño-Navarrete, 10 Km.

Ferrocarril

Zaragoza

250 m.

Miranda de Ebro

LOGROÑO

PROVINCIA DE LA RIOJA

Vista parcial de Navarrete.

A la salida del pueblo hallas el cementerio. Su portada y ventanales proceden de la antigua alberguería de San Juan de Acre, cuyas ruinas te he reseñado a la entrada de Navarrete.

Es obra del siglo XIII. En 1875 se levanta el nuevo cementerio, y para darle más empaque artístico se instala como entrada la portada de Acre. Entre otras esculturas, se aprecia en la parte más alta, en un capitel, el combate de Roldán con Farragut, de tanta tradición en el Camino jacobeo.

Refugio: Los Padres Camilos, situados a la salida del pueblo, al norte, reciben dignamente a los peregrinos. Teléfono 44 00 87.

Alto de San Antón. A la salida de Navarrete, el Camino se fusiona con la carretera. Poco antes del kilómetro 16, tu Camino sigue a la izquierda, cruza la carretera de Ventosa y asciende al alto de San Antón.

A tu izquierda, a 800 m., has dejado Ventosa, coronando un cerro, con esbelta torre. Templo dedicado a San Saturnino de Tours, obispo francés.

Todavía se aprecian algunas ruinas del convento de San Antón. Antaño, parajes cubiertos de bosques. Un refugio para peregrinos era muy necesario. Los campesinos siguen contando viejas historias de peregrinos asaltados por malvados bandoleros, disfrazados a veces de monjes, por lo que era preciso extremar la vigilancia.

Cerca de las ruinas se eleva una casita blanca; sus moradores siguen practicando la hospitalidad con los peregrinos.

En el siglo pasado, ruinosa la ermita, los vecinos de Huércanos se deciden a ir en procesión a buscar la imagen y cobijarla en su parroquia. Alertado un vecino de Alesón, se adelantó y la bajó a la parroquia de su pueblo, donde hoy se venera.

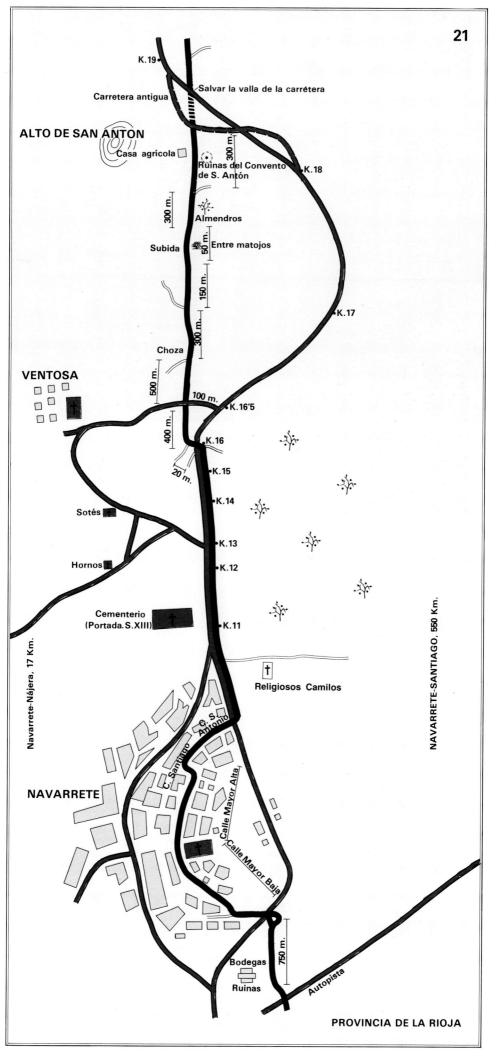

21

K.19

Salvar la valla de la carrétera

Carretera antigua

ALTO DE SAN ANTON

Casa agrícola

Ruinas del Convento
de S. Antón

K.18

300 m.

300 m.

Almendros

Subida

50 m.

Entre matojos

150 m.

K.17

300 m.

Choza

VENTOSA

500 m.

100 m.

K.16'5

400 m.

K.16

20 m.

K.15

K.14

Sotés

K.13

Hornos

K.12

Cementerio
(Portada. S. XIII)

K.11

Navarrete-Nájera, 17 Km.

NAVARRETE-SANTIAGO, 550 Km.

Religiosos Camilos

C. S Antonio

C. Santiago

Calle Mayor Alta

NAVARRETE

Calle Mayor Baja

750 m.

Bodegas

Ruinas

Autopista

PROVINCIA DE LA RIOJA

*Nájera. Monasterio de Santa María. Claustro de los Caballeros,
gótico, siglo XVI.*

Poyo de Roldán. Cerca de San Antón ya te encuentras con la carretera. Tienes que salvar su valla y seguirla, a la izquierda, paralelo a ella. Luego, tu Camino se aparta, bordeando un pequeño cerro por la vertiente norte, llamado por los naturales Poyo Roldán o, abreviadamente, Poroldán.

El **Poyo Roldán** tiene su historia y su leyenda:

En el castillo de Nájera vivía Farragut, gigante sirio, descendiente de Goliat y más fuerte que él. Farragut combatió y venció a los mejores guerreros de Carlomagno. Pero un día llegó por allí Roldán, el caballero más valiente de Carlomagno.
Al acercarse a Nájera tiene noticias de tan gigante Farragut. Roldán sube al cerro, desde donde divisó al gigante sentado a la puerta de su castillo. Tomó una piedra redonda, pesaba dos arrobas, y, cual otro David, midió la distancia, apretó los dientes y, haciendo girar su brazo forzudo, soltó el guijarro, que avanzó con la velocidad del rayo, yendo a topar con la frente de Farragut, que cayó derribado en el acto. Todos los caballeros prisioneros fueron liberados. Desde entonces este montículo se llama Poyo o Podium de Roldán.

El Camino sigue avanzando entre viñas y campos de labor. Allá lejos, de frente, al suroeste, la sierra de la Demanda, con sus cumbres nevadas buena parte del año. Su cumbre, Pico de San Lorenzo, 2.262 metros de altura, la máxima cota del reino de Castilla. Cruzas el camino vecinal de Huércanos, a la derecha, y de Alesón, a la izquierda.

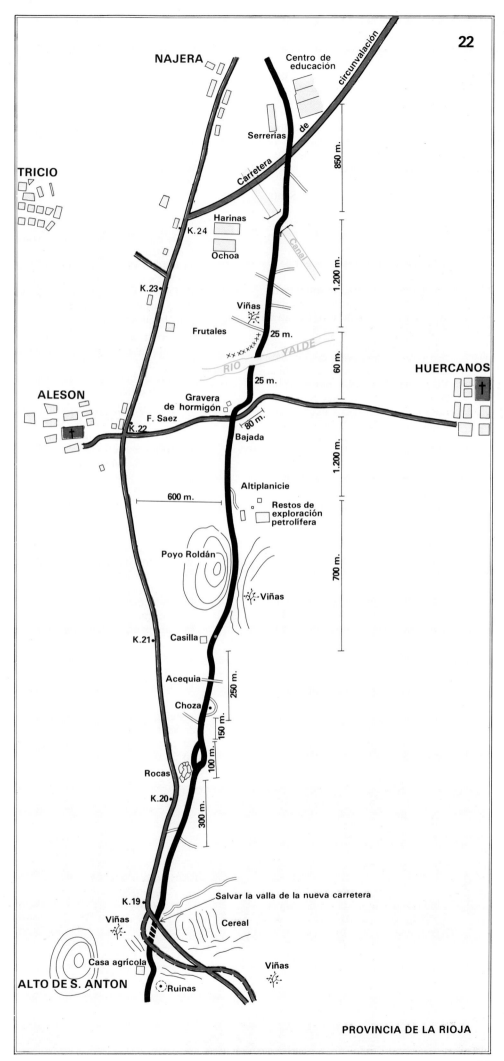

22

NAJERA

Centro de educación

Carretera de circunvalación

Serrerías

850 m.

TRICIO

Carretera

K.24

Harinas

Ochoa

1.200 m.

Canal

K.23

Viñas

Frutales

25 m.

RIO YALDE

60 m.

HUERCANOS

25 m.

ALESON

Gravera de hormigón

F. Saez

K.22

80 m.

Bajada

1.200 m.

Altiplanicie

600 m.

Restos de exploración petrolífera

Poyo Roldán

Viñas

700 m.

K.21

Casilla

Acequia

250 m.

Choza

150 m.

100 m.

Rocas

K.20

300 m.

K.19

Salvar la valla de la nueva carretera

Viñas

Cereal

Casa agrícola

Viñas

ALTO DE S. ANTON

Ruinas

PROVINCIA DE LA RIOJA

NÁJERA. Final de la 4.ª Etapa del «Codex Calixtinus». Llega el Camino a esta localidad, paralelo a la carretera, por la parte posterior de naves industriales.

Sale frente al cuartel de la Guardia Civil, en el lugar denominado de San Lázaro, por la antigua ermita de peregrinos allí existente.

Luego, a tu derecha, el convento de Santa Elena, de Madres Clarisas, fundado en el año 1600 por Aldonza Manrique, de la familia de los duques de Nájera.

Frente al monasterio de Santa Elena parte la carretera que va al santuario de Valvanera, Patrona de La Rioja, y a los monasterios de San Millán de la Cogolla.

Monasterio de Suso, visigótico, y el de **Yuso,** renacentista.

Aquí se encuentra el primer testimonio de la lengua española escrita, de Gonzalo de Berceo, trovador de peregrinos en el siglo XIII.

En este gran monumento visigótico reposan los restos de San Millán, Patrón y protector de Castilla. Vivió ciento un años por estos lugares (473-574). La urna es una valiosa joya de artísticos marfiles románicos del siglo XI. En otra urna se guardan los restos de San Felices de Bilibio, su maestro.

Muchos peregrinos, para visitar este monumento de San Millán, desde Nájera se desvían, y por Berceo salen a Santo Domingo de la Calzada.

Entras en la vieja ciudad de Nájera por un puente sobre el río Najerilla, afluente del Ebro.

El actual puente se edificó en 1886, sobre otro anterior, de siete arcos, ya reconstruido en el siglo XII por San Juan de Ortega (1080-1163).

A la izquierda del mismo puente existió el Hospital de Santiago, de San Lázaro o de la Cadena, edificado también por San Juan de Ortega. Cerca se halla el campo de San Fernando, donde se levanta hoy un monumento a Fernando III el Santo, en el mismo lugar en que fue proclamado y alzado rey en 1217.

Nájera fue, durante siete generaciones, en los siglos X y XI, capital del viejo reino de su nombre.

García I el de Nájera (1035-1054) fundó el monasterio de **Santa María la Real y la alberguería,** adscrita al monasterio, para cobijo de los peregrinos.

Alfonso VI, en 1079, incorporó este monasterio de Santa María la Real a Cluny, con el fin de promocionar más la peregrinación; lo que no agradó al obispo de Nájera, que trasladó su sede a Calahorra.

De este albergue de Santa María y de otros centros hospitalarios de la ciudad escribe Künig en el siglo XV: «Allí, dan de grado por amor de Dios en los hospitales, y tienes todo lo que quieres... Las raciones son muy buenas.»

La visita a Santa María la Real es obligatoria. Es un gran monumento histórico y jacobeo. Templo muy amplio, de bellas proporciones, ojival, con vestigios románicos.

Son piezas de gran valor: la imagen de **Santa María de Nájera,** sepulcro de **Doña Blanca,** panteón de los **Reyes,** capilla de la **Vera Cruz,** sepulcro de **López de Haro,** etcétera.

El **coro** es obra maestra isabelina, 1492, de los escultores Andrés y Nicolás Amutio, con huellas jacobeas en el respaldo de varias sillas.

En el **claustro de los Caballeros,** de finísimo plateresco, se representa en la época estival la **Crónica Najerense** con varias escenas de peregrinos medievales.

Este gran jalón jacobeo lo regentan los padres Franciscanos desde 1895.

San Fernando H**, 48 plazas. Teléfono 36 07 00.

Refugio: Los Padres Franciscanos de Santa María la Real dan elemental cobijo a los peregrinos. Teléfono 36 01 06.

Nájera. Santa María la Real. Detalle del sepulcro de Doña Blanca de Navarra.

Nájera. Santa María la Real. Virgen gótica, siglo XIV.

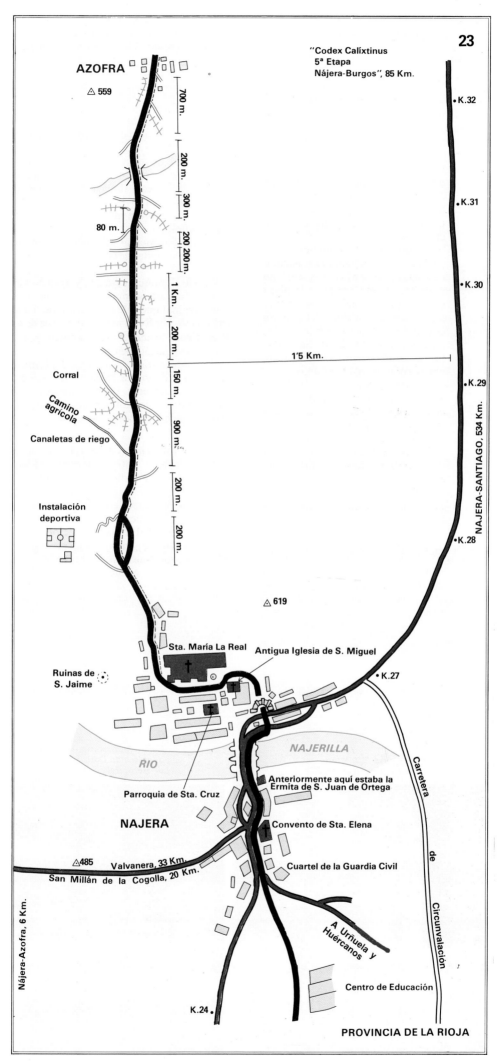

23

AZOFRA

△ 559

"Codex Calíxtinus
5ª Etapa
Nájera-Burgos", 85 Km.

• K.32

• K.31

• K.30

700 m.

200 m.

300 m.

200 m. 200 m.

80 m.

1'5 Km.

• K.29

1 Km.

Corral

200 m.

Camino
agrícola

150 m.

Canaletas de riego

900 m.

Instalación
deportiva

200 m.

• K.28

200 m.

NAJERA-SANTIAGO, 534 Km.

△ 619

Sta. María La Real

Antigua Iglesia de S. Miguel

Ruinas de
S. Jaime

• K.27

NAJERILLA

RIO

Parroquia de Sta. Cruz

Anteriormente aquí estaba la
Ermita de S. Juan de Ortega

NAJERA

Convento de Sta. Elena

△485   Valvanera, 33 Km.

San Millán de la Cogolla, 20 Km.

Cuartel de la Guardia Civil

Nájera-Azofra, 6 Km.

A Urñuela y
Huércanos

Carretera

de

Circunvalación

Centro de Educación

K.24 •

PROVINCIA DE LA RIOJA

«Codex Calixtinus»
5.ª Etapa: Nájera-Burgos, 85 km.

Azofra. Desde la portada de Santa María la Real sale tu Camino por la calle de Costanilla. Asciende por el desfiladero de dos pequeños cerros, entre pinos, viñas y campo abierto hasta el pueblo de Azofra, de 500 habitantes.

Azofra es conocido a lo largo de la ruta jacobea por la hospitalidad ofrecida al peregrino. Parroquia, Ayuntamiento y vecinos comparten esta hospitalidad. Sería el lugar propicio para un albergue o refugio de peregrinos.

El poblado, sin monumentos especiales, es un **pueblo-calle, pueblo-camino.** La calle Mayor, o Real, no se distingue del Camino, y la plaza es un ensanche del mismo. Sobre un altozano, en medio del pueblo, el templo de Nuestra Señora de los Angeles, con las tallas de San Martín de Tours y Santiago Peregrino, con bordón, capa y sombrero.

En 1168 doña Isabel fundó en Azofra un Hospital de peregrinos, con iglesia dedicada a San Pedro y cementerio adjunto para los mismos. Se cree que estuvo ubicado a la salida del pueblo, cerca de la todavía existente **fuente de los Romeros.**

Hasta el siglo XIX existió un Hospital de peregrinos, enclavado en diversos lugares de la villa.

Refugio: La parroquia ofrece elemental cobijo. Teléfono 37 90 63.

A la salida del pueblo, a la vera del Camino, un hermoso monumento a la Virgen de Valvanera, costeado por sus habitantes, 1975.

Desde el lugar del monumento a la Virgen puedes desviarte, pasando por el pueblo de Alesanco, a visitar **Cañas,** a cinco kilómetros.

Cañas es la patria de Santo Domingo de Silos (1000-1073) y sede de la abadía cisterciense fundada en 1170, de monjas. Templo protogótico, de singular valor, gran retablo. Interesante museo, sepulcro gótico de la beata doña Urraca López de Haro (1170-1262), uno de los mejores monumentos funerarios españoles.

Las monjas mantienen un interesante taller de cerámica artística.

Pasado el monumento a la Virgen de Valvanera, tu Camino pronto abandona el camino vecinal que sale a la carretera. Tú sigues recto. Un **Rollo medieval** o **Cruz de los Peregrinos** te indica que caminas por la verdadera ruta jacobea.

Pronto alcanzas la carretera. Tu Camino se volvía a desviar a la altura del kilómetro 38, a la izquierda. Los trabajos de planificación agrícola lo han borrado a trozos. Te aconsejo que sigas por la carretera.

En término de Hérvias se encontraba el antiguo Hospital Santa María de Valleota o Bellota, aún se llama así al paraje, administrado por los caballeros de Calatrava. En un documento de donación de Alfonso VIII se hace mención de este Hospital, «in lacobensis camino prope Najera sito». En 1498 estaba reducido a una simple casa de labranza.

San Millán de la Cogolla. Monasterio de Suso. Iglesia mozárabe, siglos IX-X.

Cañas. Monasterio de Santa María. Sepulcro de Doña Urraca López de Haro, siglo XIV.

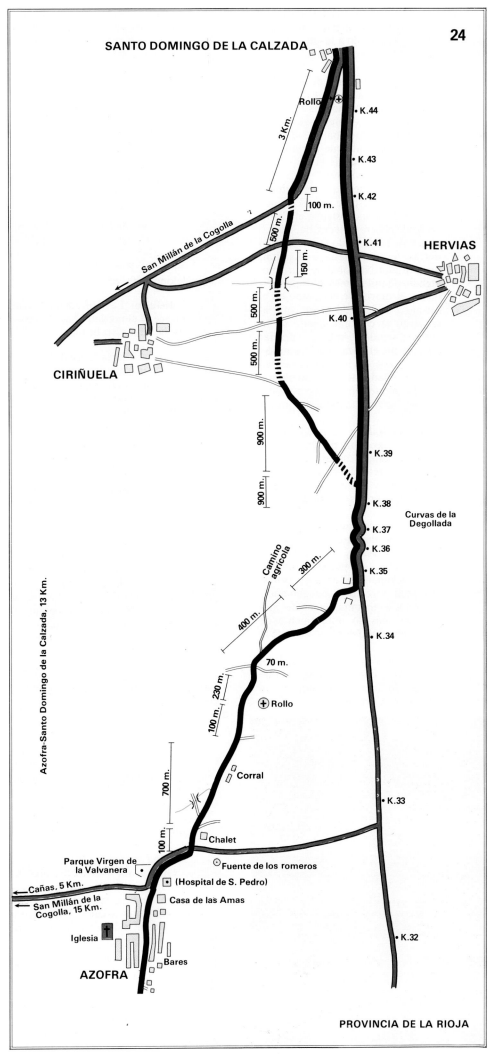

24

SANTO DOMINGO DE LA CALZADA

Rollo ⊕

• K.44

• K.43

• K.42

100 m.

San Millán de la Cogolla

500 m.

• K.41

HERVIAS

150 m.

500 m.

• K.40

500 m.

CIRIÑUELA

900 m.

• K.39

900 m.

• K.38

Curvas de la
Degollada

• K.37

• K.36

Camino
agrícola

300 m.

• K.35

400 m.

• K.34

70 m.

Azofra-Santo Domingo de la Calzada, 13 Km.

230 m.

100 m.

⊕ Rollo

700 m.

□ Corral

• K.33

100 m.

□ Chalet

Parque Virgen de
la Valvanera •

⊙ Fuente de los romeros

Cañas, 5 Km.

⊡ (Hospital de S. Pedro)

San Millán de la
Cogolla, 15 Km.

□ Casa de las Amas

Iglesia ✝

□ Bares

• K.32

AZOFRA

PROVINCIA DE LA RIOJA

SANTO DOMINGO DE LA CALZADA.

El Camino llegaba a esta importante localidad jacobea pasando a la izquierda de la capilla de San Lázaro.

Santo Domingo es una de las ciudades fundamentales del Camino de Santiago, la «Compostela riojana». Todo lo que es, incluida su propia existencia fundacional, se debe al Camino o calzada que por allí trazó, desviándola hacia el sur, Santo Domingo (1019-1109).

Santo Domingo, que da nombre a la ciudad, despejó el bosque que por allí existía, construyó el Camino desde Nájera a Redecilla, edificó el puente sobre el río Oja, colonizó tierras, levantó iglesia y Hospital, hoy Parador Nacional de Turismo, atendió de mil formas a los peregrinos, y al morir fue enterrado en el mismo Camino de forma que al construir la catedral, donde se incluye su sepulcro, hubo que desviar ligeramente el trazado del Camino.

La parada de los peregrinos en esta localidad se tenía como obligada. Había que venerar los restos del Santo y encomendarse a su protección.

La catedral es un buen monumento gótico, sobre planta románica. Este templo es un museo de obras de arte de todos los estilos y épocas. Son piezas peculiares el mausoleo y cripta del Santo y el gallinero.

El origen de **Santo Domingo de la Calzada, donde cantó la gallina después de asada**, es el siguiente: En el siglo XIV peregrina a Compostela, acompañado de sus padres, Hugonell, joven de dieciocho años. Por celos de una muchacha del mesón fue acusado injustamente de robo y ahorcado por la justicia de la ciudad.

Sus padres oyeron la voz del hijo, diciéndoles que estaba vivo, que había sido liberado por intercesión del Santo. Corrieron a comunicárselo al corregidor, el cual respondió que estaba tan vivo como el gallo y la gallina que, asados, se disponía a trinchar en su mesa.

Pero, ¡oh prodigio!, en ese momento el gallo y la gallina saltaron del plato y se pusieron a pasear y cantar sobre la mesa del incrédulo corregidor.

Como recuerdo, en un lucillo de la catedral se conservan vivos un gallo y una gallina, cuyo canto esperan con ilusión todos los peregrinos.

Parador Nacional H***, 52 plazas. Teléfono 34 03 00. Santa Teresita Hs*, 112 plazas. Teléfono 34 07 00. Río HR*, 14 plazas. Teléfono 34 00 85.

Refugio: La Cofradía del Santo ofrece al peregrino el mejor refugio de la Ruta jacobea.

El Camino sigue la calle Real, origen de todo el trazado urbano de la ciudad, y sale por el puente sobre el río Oja, obra del Santo, por lo que tiene dedicada una ermita en su arranque.

La cruz de los Valientes. Tu Camino sigue por la carretera. Poco antes del kilómetro 49 se ve, a la izquierda, una pequeña cruz, llamada de los Valientes.

La Cruz de los Valientes recuerda el lugar donde lucharon un representante del pueblo de Santo Domingo y otro del pueblo de Grañón por la posesión de una dehesa que era objeto de largo litigio. Se trata de un juicio de Dios, tan frecuentes en la Edad Media. Dios protegería al que tuviese razón. Ganó el valiente representante de Grañón, Martín García, por el cual ha rezado su pueblo un padrenuestro en la misa dominical hasta tiempos muy recientes.

Grañón. El Camino de los peregrinos de acceso a Grañón ha desaparecido recientemente con la planificación agraria. Debes seguir los modernos accesos al poblado.

El Camino sigue el trazado de la calle Mayor del pueblo, con fuerte sabor jacobeo. Su templo parroquial guarda un buen retablo de Forment y Beogrant. La ermita de los Judíos es un crucero del siglo XVI. Es espléndida la basílica de Nuestra Señora de Carrasquedo, Patrona de la villa.

Grañón fue ciudad murada con importante castillo. En el siglo XI tenía los monasterios de Santo Tomé y San Miguel. Tuvo asimismo Hospital de peregrinos, que, deficiente, subsiste hasta el siglo XIX.

Desde Grañón desciendes, con buen paisaje a la vista, hacia el pueblo de Redecilla, topando antes con el límite de provincias.

Te dejamos por esas amplias tierras de Castilla, por los caminos de Santo Domingo y del Cid, por el Camino del Apóstol... ¡Buen viaje...!

Santo Domingo de la Calzada.
Altar de Santo Domingo.

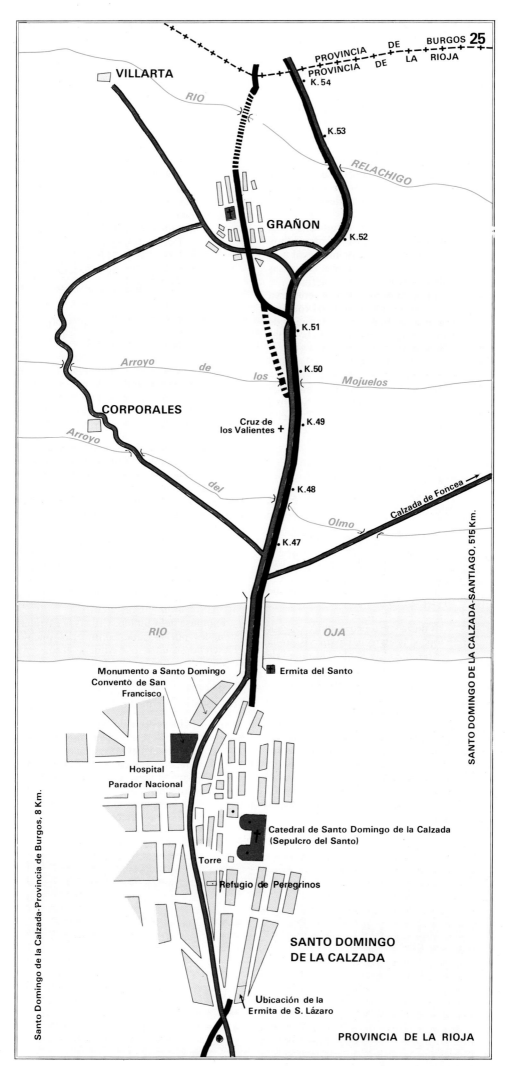

VILLARTA

GRAÑON

CORPORALES

RIO

RELACHIGO

PROVINCIA DE BURGOS 25
PROVINCIA DE LA RIOJA

K.54

K.53

K.52

K.51

K.50

Arroyo de los Mojuelos

K.49

Cruz de los Valientes +

K.48

Arroyo del Olmo

Calzada de Foncea →

K.47

RIO OJA

SANTO DOMINGO DE LA CALZADA-SANTIAGO, 515 Km.

Ermita del Santo

Monumento a Santo Domingo
Convento de San Francisco

Hospital
Parador Nacional

Catedral de Santo Domingo de la Calzada
(Sepulcro del Santo)

Torre

Refugio de Peregrinos

SANTO DOMINGO
DE LA CALZADA

Ubicación de la
Ermita de S. Lázaro

Santo Domingo de la Calzada-Provincia de Burgos, 8 Km.

PROVINCIA DE LA RIOJA

EL CAMINO DE SANTIAGO EN LA PROVINCIA DE BURGOS

Elías Valiña Sampedro
Colabora: Fr. Valentín de la Cruz

Redecilla del Camino. Desde Grañón desciendes por buen camino vecinal a la carretera y ya pisas tierras burgalesas.

Redecilla es el «Radicella» del «Codex Calixtinus». Todavía hoy conserva buen sabor medieval a lo largo de la calle-camino, con casas blasonadas de salientes aleros.

El templo, muy bueno, conserva una valiosa **pila bautismal románica**, muy popular en los manuales de arte. En la puerta sur, una bella talla pétrea de la Virgen, siglo XIV.

En esta localidad se han levantado varios centros benéficos para socorro de los peregrinos, como el de Santa Pía o Santa Cristina, y otro a orillas del río Relachico, fundaciones agregadas a San Millán en el siglo XII.

El Caserío F, 8 plazas.

Refugio: La parroquia ofrece elemental cobijo.

Castildelgado es la próxima localidad. Se citan en varios documentos medievales un monasterio y Hospital dedicados a Santiago.

El Chocolatero H**, 30 plazas. Teléfono 58 00 63.

Viloria es una pequeña desviación, a la derecha, para visitar la patria chica de Santo Domingo de la Calzada. Buen camino asfáltico. Campo descubierto con grandes panoramas.

Santo Domingo nació en una casa cercana a la iglesia. Se conserva la pila bautismal en la que fue bautizado, como reza una de las **súplicas** que dirigen al Santo el día de la fiesta, 12 de mayo: «Naciste en el siglo XI en esa modesta casa y aquí se te bautizó para ser nuestra esperanza.»

Villamayor del Río. Poblado de reducidas casas, en un vallecito

León F, camas, acogedor.

Belorado es el «Belfuratus» de Aymeric, en el fondo de un barranco, protegido de los vientos del norte.

Belorado, en la Edad Media, marcaba el límite de Castilla con el reino de Navarra: «aquesta vylla era en cabo del condado.»

Santa María de Belén fue antiguo Hospital, administrado por el obispo de Burgos. Una ermita con la misma advocación le ha reemplazado.

Tiene dos buenos templos parroquiales, Santa María y San Pedro, con buenos vestigios jacobeos, Santiago Peregrino y Santiago Matamoros.

Refugio: La parroquia ofrece un elemental refugio. Teléfono 58 00 85.

A la salida de la ciudad, la ermita de **San Lázaro,** que guarda la piel de una serpiente de tres centímetros, recuerdo del favor concedido por Santiago a un peregrino.

Tosantos. Pasado el puente sobre el río Tirón, a la altura del camino vecinal que va a San Miguel de Pedroso, puedes abandonar la carretera y seguir tu primitivo Camino, a la izquierda. Pronto asciendes al pueblo por el lateral sur del mismo.

Villambistía. El Camino te conduce a este pueblo. Iglesia y cementerio, a la vera de tu Camino, son faros orientadores. Cruzas el poblado por su parte alta. Te introduces en un vetusto camino flanqueado por espesos negrillos. Por campo abierto, luego, arribas otra vez a la carretera.

Espinosa del Camino. Cruzas la carretera y sigues por la calle-camino del pueblo. Desciendes a un arroyo e inicias el suave ascenso a la colina de San Felices. Todo por buen camino de tierra, apto para vehículos.

San Felices. Ruinas de un ábside, hoy en restauración, en medio de campos de trigo.

Es vestigio del monasterio de San Félix de Oca, cuya historia se remonta al siglo IX y que en 1049 fue anexionado, como otros muchos, a San Millán de la Cogolla. Diego Porcelos, fundador de Burgos, murió y fue enterrado en este monasterio.

Redecilla del Camino. Pila bautismal, siglo XII.

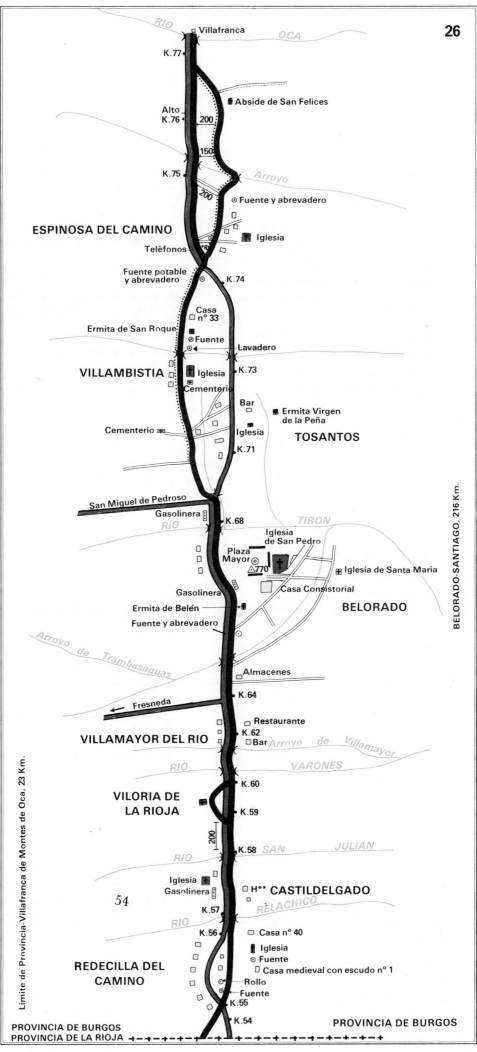

Villafranca
K.77

Abside de San Felices

Alto
K.76
200

150

K.75
200

ESPINOSA DEL CAMINO

Fuente y abrevadero

Iglesia

Teléfonos

Fuente potable
y abrevadero
K.74

Casa
nº 33

Ermita de San Roque

Fuente
Lavadero

VILLAMBISTIA
Iglesia
K.73

Cementerio

Bar
Ermita Virgen
de la Peña

Cementerio
Iglesia
TOSANTOS
K.71

San Miguel de Pedroso

Gasolinera
K.68
TIRON
RIO

Iglesia
de San Pedro

Plaza
Mayor
△770
Iglesia de Santa María

Gasolinera
Casa Consistorial

Ermita de Belén
BELORADO

Fuente y abrevadero

Arroyo de Trambasaguas

Almacenes

K.64

← Fresneda

Restaurante
K.62
VILLAMAYOR DEL RIO
Bar
Arroyo de Villamayor

RIO
VARONES

K.60

**VILORIA DE
LA RIOJA**
K.59

200

K.58
SAN
JULIAN

RIO

Iglesia
Gasolinera
H** **CASTILDELGADO**

54
RELACHICO

K.57

RIO

K.56
Casa nº 40

Iglesia

Fuente

Casa medieval con escudo nº 1

**REDECILLA DEL
CAMINO**
Rollo
Fuente
K.55

K.54

PROVINCIA DE BURGOS
PROVINCIA DE LA RIOJA

Límite de Provincia-Villafranca de Montes de Oca. 23 Km.

BELORADO-SANTIAGO, 216 Km.

PROVINCIA DE BURGOS

VILLAFRANCA DE MONTES DE OCA. Localidad interesante de la naciente Castilla y en la historia de la peregrinación jacobea. Ubicada en la vertiente noreste de los montes de Oca.

Los montes de Oca fueron la frontera oriental de la primitiva Castilla: «Estonce, era Castiella vn pequenno rryncón, era de Castellanos Montes d'Oca mojón.»

Auca, Oca, fue sede episcopal desde tiempos apostólicos hasta 1075, que pasó a Burgos. Su primer obispo, según la tradición, fue **San Indalecio,** discípulo de Santiago.

En la capilla de la **Virgen de Oca,** talla del siglo XII, se venera a San Indalecio. El día de la fiesta, 11 de junio, se hace peregrinación al pozo donde se cree que fue martirizado el Santo, y en su lugar brotó un manantial.

El primitivo nombre de esta localidad ha sido **Auca, Oca. Villafranca, «Villa de los francos»,** como en otras localidades, ha surgido de las peregrinaciones.

El actual **templo** parroquial es obra del siglo XVII; sustituyó a una antigua iglesia que, a su vez, se había levantado sobre las ruinas de la catedral que quemaron los árabes cuando cercaron Cerezo.

En el templo se venera una talla de **Santiago** con relicario en el pecho. Una «vieira» natural, traída de Filipinas, sirve de pila al agua bendita.

Próximo al templo, y en plano superior, el **Hospital de San Antonio Abad,** valioso conjunto, en estado de deficiente conservación. Urge su restauración y acertado destino. Podría ser un buen refugio de peregrinos.

Es fundación de Doña Juana, esposa de Enrique II, año 1380. En el siglo XVIII tenía 36 camas.

Künig lo recomienda: «Acuérdate allí del Hospital de la Reina, en el que dan a los hermanos una buena ración.»

Laffi se expresa en términos similares. «Fanno gran carità alli Pellegrini, e in particolare all'Ospitale dando de mangiare molto bene.»

¡Es lamentable que este histórico y benéfico centro perezca en nuestros días!

Restaurante El Pájaro, 10 plazas; otros alojamientos particulares; información: Ayuntamiento y parroquia.

Refugio: La parroquia facilita a los peregrinos el antiguo y ruinoso hospital de San Antonio. Teléfono 58 02 01.

Montes de Oca. El «Nemus Oque» de Aymeric. En la sierra que te preparas a cruzar, coronada por el alto de la Pedraja, 1.150 metros de altura.

En estos montes, el «Codex Ca-

lixtinus» narra el milagro de un matrimonio francés que peregrina con su hijo a Compostela. El hijo muere en estos montes. Cuando le llevan a enterrar, por intercesión del Apóstol recupera la vida y prosiguen viaje a Compostela.

Estos montes marcan para Aymeric el límite de Navarra con Castilla. Escribe en el reinado de Alfonso I el Batallador (1104-1134).

Ahora, Aymeric, libre de sus antipáticos navarros, derrocha elogios sobre Castilla: «Pasados los montes de Oca está Castilla, tierra llena de tesoros, abunda en oro y plata, telas y fortísimos caballos, y es fértil en pan, vino, carne, pescado, leche y miel.»

Ahora, peregrino, **escucha mi consejo.** No inicies la travesía de estos montes al atardecer. Necesitarás algo más de dos horas para llegar a San Juan de Ortega. Si llueve te aconsejo que sigas la carretera, el barro del camino y las ramas del monte te molestarán. Pero en tiempo bueno, decídete, sigue la ruta de nuestro guía, Aymeric. No hay peligro. La carretera sigue a tu vera.

En el mismo pueblo de Villafranca inicias el más fuerte ascenso. Luego se va haciendo más leve. Vuelve la vista atrás, sobre pueblo y valle, rememora su historia milenaria.

Ya la fuente de Mojapán a tu vera. Descansa, recupera tus fuerzas. También Aymeric, sentado a su vera, sacaría de su morral un mendrugo de duro pan, suavizándolo con estas cristalinas aguas.

Sigues ascendiendo. Camino y carretera intentan aunarse. Te introduces en un bosque de pinos y abetos, pasas un camino forestal y pronto has ganado la cota máxima, 1.163 metros de altura.

Te hallas en la misma orilla de la carretera, un amplio camino forestal cruza tu Camino, y, como mojón, un reciente monumento a los caídos en 1936.

Hoy no te puedes perder en estos montes. La carretera es línea segura de referencia. Lo que no tenían los peregrinos medievales. Así, Laffi se pierde y tiene que alimentarse con los hongos que halla en el monte.

Tú desciendes al arroyo Peroja. Caminas por el viejo Camino. Pronto hallas un moderno y espacioso camino-cortafuegos de servicio del monte, con mojones de referencia. En el MP-61 debes descender a la fuente del Carnero y ermita de Valdefuentes, en la carretera. Punto crucial para los peregrinos, ya que aquí tenían que decidir la ruta a seguir.

Valdefuentes es un delicioso oasis, hoy a la vera de la carretera, que la naturaleza ofrece al peregrino transeúnte. Un pequeño vallecito con fuente potable, sombras y ermita.

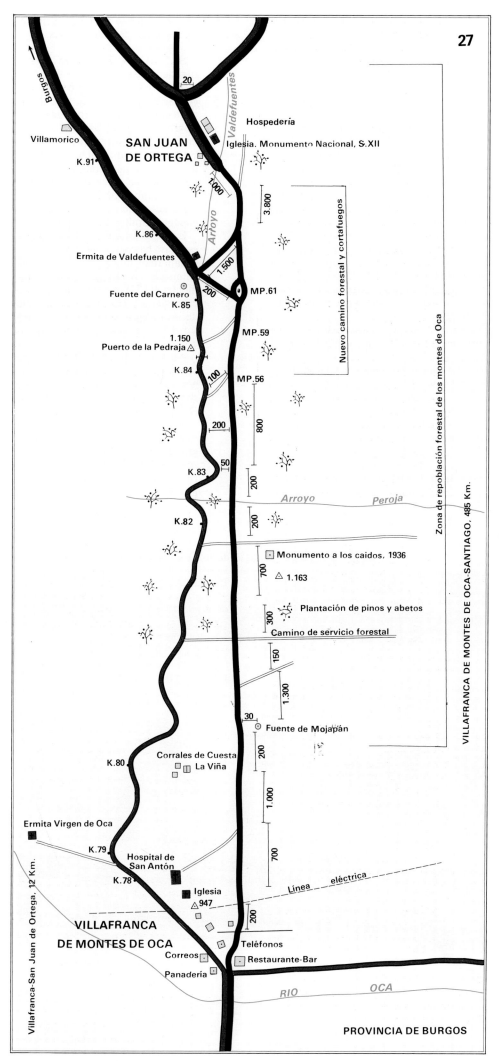

27

Burgos

20

Valdefuentes

Hospedería

Villamorico

SAN JUAN
DE ORTEGA

Iglesia. Monumento Nacional, S.XII

K.91

1.000

3.800

Arroyo

K.86

Ermita de Valdefuentes

1.500

200

MP.61

Fuente del Carnero
K.85

MP.59

1.150
Puerto de la Pedraja △

K.84

100

MP.56

200

800

K.83

50

200

Arroyo   Peroja

K.82

200

Monumento a los caidos, 1936

700

△ 1.163

Plantación de pinos y abetos

300

Camino de servicio forestal

150

1.300

30

Fuente de Mojapán

Corrales de Cuesta

K.80

La Viña

200

1.000

Ermita Virgen de Oca

K.79

700

Hospital de
San Antón

K.78

Línea   eléctrica

Iglesia

△ 947

VILLAFRANCA

200

DE MONTES DE OCA

Teléfonos

Correos

Restaurante-Bar

Panadería

RIO   OCA

Nuevo camino forestal y cortafuegos

Zona de repoblación forestal de los montes de Oca

VILLAFRANCA DE MONTES DE OCA-SANTIAGO, 485 Km.

Villafranca-San Juan de Ortega, 12 Km.

PROVINCIA DE BURGOS

En el siglo XII había un centro hospitalario en esta localidad, regentado por religiosos cistercienses. En 1187, Alfonso VIII otorga un fuero en favor de este Hospital de Valdefuentes. Luego pasó a depender del Hospital del Rey de Burgos. En el siglo XIX estaba reducido a una casa con capilla regentada por un cura bajo la dependencia del monasterio de las Huelgas. Una nueva ermita recuerda esta benéfica institución medieval

Desde Valdefuentes había dos rutas medievales para dirigirse a la ciudad de Burgos:

a) **La ruta de Zalduendo,** por la actual carretera, a Ibeas de Juarros. Con la desviación de Arlanzón-Ibeas de Juarros, Villayuda y Capiscol, donde se unen la ruta de San Juan de Ortega y la que procede de Bayona a Burgos.

Esta ruta es la que seguirán Manier y sus compañeros en 1726, y otros muchos peregrinos.

b) **La ruta de San Juan de Ortega.** Es la ruta que sigue nuestro guía, Aymeric Picaud. Muy frecuentada por los peregrinos en busca de la hospitalidad de San Juan de Ortega.

Hoy es fácil seguir esta ruta, por buen camino apto para vehículos.

San Juan de Ortega. Conjunto formado por iglesia, hospedería y cuatro vecinos.

Ubicado en un pequeño valle que forma el arroyo que desciende de Valdefuentes.

SAN JUAN DE ORTEGA es el fundador de esta iglesia y Hospital (1080-1163). Este Santo colabora con Santo Domingo de la Calzada en la construcción de los puentes de Logroño, Nájera y Santo Domingo, en favor de los peregrinos.

Conoce la dificultad y peligro que estos montes ofrecen a los peregrinos, donde, frecuente e impunemente, eran asaltados y robados: «Die ac nocte jacobipetas interficientes et multos expoliantes.»

En 1138, Inocencio II ya tomaba esta casa bajo su protección.

San Juan muere en Nájera y es enterrado en Ortega. En su testamento (1152) consta que levantó esta iglesia y Hospital para auxilio de los peregrinos jacobeos, «in servitio pauperum in via Sancti Jacobi».

Alfonso VIII, en 1170, cede este centro benéfico a la iglesia de Burgos, que pone a la Orden de San Jerónimo al frente de esta institución (1432).

El peregrino Laffi (1670) dice que estos frailes son ricos y que hacen grandes obras de caridad con los peregrinos: «Questi Padri sono molto richi e fanno molte caritá alli Pellegrini».

San Juan de Ortega. Frontis del templo y hospedería.

San Juan de Ortega. Cenotafio del Santo.

La **iglesia**, construida por San Juan, es un bello ejemplar románico. Con las recientes obras de restauración se ha construido la cripta que guarda el sepulcro del Santo.

El **sepulcro** es buena joya románica. El **templete**, isabelino, en seis relieves, narra varias escenas milagrosas de la vida de San Juan.

En una de estas escenas se ve al Santo recibiendo peregrinos. Manda a su sobrino Martín que les dé de comer, pero éste le dice que no hay pan. El Santo manda de nuevo a Martín que vuelva a la panera, que, con gran sorpresa, la halla llena de pan.

Refugio: La parroquia habilita, en la antigua hospedería, un digno refugio.

A la salida de San Juan de Ortega se te presentan tres rutas para llegar a la ciudad de Burgos:

a) A la izquierda, por Santovenia, siguiendo la carretera, unirse a la ruta de Zalduendo.

b) A la derecha, por barrios de Colina, Olmos de Atapuerca, Rubena y Villafría.

c) **De frente,** por Agés, Atapuerca, Cardeñuela y Villafría, que es la ruta de Aymeric y la nuestra.

Desde San Juan de Ortega a Agés, tres kilómetros de buen camino de gran tradición medieval. Apto para vehículos todoterreno. Inicias el Camino por zona de bosque de robles y pinos. Siempre en suave descenso. En campo descubierto hallas dos grandes trincheras a uno y otro lado de tu Camino. Son vestigios de explotaciones de hierro de una compañía inglesa. Un hermoso campo de hierba y el descenso a Agés, por camino de piedra de canto rodado.

Atapuerca. Lo mismo que Agés, ocupa zona llana y fangosa, lo que hoy no ofrece obstáculo para el peregrino, que dispone de carretera.

En torno a esta localidad tuvo lugar (1-IX-1054) el encuentro de las tropas de Fernando I de Castilla con las de su hermano García I el de Nájera, donde éste perdió la vida. Un hito de piedra recuerda esta tragedia.

La última casa del pueblo, a la izquierda, en medio de un campo de hierba, marca el punto en el que tú abandonas la carretera. Inicias un ascenso a lo largo de 2.500 metros.

Vas bordeando por la vertiente norte la montaña que tienes de frente. El primer camino que hallas a la derecha es el que seguían los peregrinos que no querían cruzar la sierra y se dirigían a Rubena, que ofrece más rodeo y la dificultad de tráfico de carretera.

Tú giras a la izquierda, ascendiendo por una pequeña cañada entre dos colinas de la sierra. Pronto llegas a un campo de hierba, llamado Pozo Rubio o Campo de las Brujas. Ahora tu Camino es el de la derecha. Ganas la cota 1.070.

Continúas recto, cruzando el lomo de la sierra. Se inicia una suave inclinación del terreno hacia poniente. Tu camino sigue el mismo curso que las aguas de un recipiente derramadas a tus pies.

Ya bien iniciado el descenso, abandonas el camino que sigue a la derecha, y tú, junto a una espesa mata de encinas y un pequeño montón de piedras, desciendes recto, siguiendo el curso de las aguas.

Pronto salvas las encinas. En el fondo del valle ves **Cardeñuela,** a donde te conduce un buen camino de servicio agrícola.

Se dice Cardeñuela de Riopico, ya que este arroyo recibe el nombre de río Pico.

Templo en la parte más alta del pueblo. Espadaña con dos grandes campanas, y campanil en el cimacio. Portada renacentista con relieves de la Piedad y Santa Eulalia de Mérida, la Patrona.

La calle-camino cruza el pequeño poblado.

Villafría. Era el punto en el que se unen la ruta de Rubena y la de Cardeñuela-Orbaneja.

Villafría es hoy un barrio de Burgos. Zona de mucho tráfico de vehículos. Templo con gran torre de dos cuerpos y campanil, renacentista.

Gamonal. Ya se halla esta localidad en plena zona de desarrollo industrial de la periferia de la ciudad de Burgos.

Capiscol era el punto de unión de las rutas de Zalduendo, San Juan de Ortega y Bayona.

Un antiguo Hospital recibía y orientaba a los peregrinos en su acceso a la ciudad.

"Grupo de peregrinos a Compostela", detalle de la puerta de la iglesia del Hospital del Rey, en Burgos.

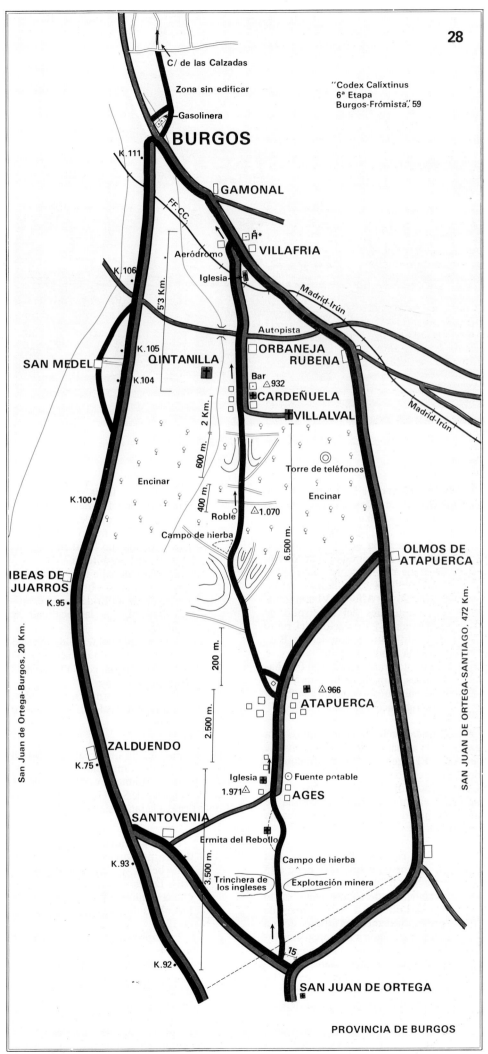

28

C/ de las Calzadas

Zona sin edificar

Gasolinera

BURGOS

"Codex Calíxtinus
6ª Etapa
Burgos-Frómista", 59

K.111

GAMONAL

FF.CC.

Ĥ*

VILLAFRIA

Aeródromo

5'3 Km.

Madrid-Irún

K.106

Iglesia

Autopista

K.105

**ORBANEJA
RUBENA**

SAN MEDEL

QINTANILLA

Bar

△932

K.104

CARDEÑUELA

Madrid-Irún

VILLALVAL

2 Km.

600 m.

Torre de teléfonos

Encinar

400 m.

Encinar

K.100

Roble

△1.070

6.500 m.

Campo de hierba

**OLMOS DE
ATAPUERCA**

**IBEAS DE
JUARROS**

K.95

200 m.

△966

ATAPUERCA

2.500 m.

ZALDUENDO

K.75

Iglesia

⊙ Fuente potable

1.971△

AGES

SANTOVENIA

Ermita del Rebollo

K.93

Campo de hierba

3.500 m.

Trinchera de
los ingleses

Explotación minera

15

K.92

SAN JUAN DE ORTEGA

San Juan de Ortega-Burgos, 20 Km.

SAN JUAN DE ORTEGA-SANTIAGO, 472 Km.

PROVINCIA DE BURGOS

Burgos. Catedral. Portada del Frontis, "Sacramental", siglo XIII.

BURGOS. Final de la 5.ª Etapa del «Codex Calixtinus». Una de las más interesantes estaciones de todo el itinerario jacobeo.

Burgos es la «caput Castellae». Comienza a surgir esta población con el conde don Diego hacia el 884. En el 920 ya se le llama *ciudad.* Fernando I y Alfonso VI son grandes impulsores del desarrollo de esta ciudad. La creación del reino de Castilla, 1035, convierte a Burgos en la capital del reino.

En esta gran ciudad, 170.000 habitantes, cargada de historia y arte, nos ceñiremos solamente a la faceta de la **ruta jacobea,** nuestro tema.

A la entrada, fuera de las murallas, a la derecha de la actual carretera, el Hospital de **San Juan Evangelista.** Posteriormente se adosó a éste el monasterio benedictino de la misma advocación de San Juan, hoy ruinas que debes visitar. En frente, la capilla de San Juan, hoy de San Lesmes, que guarda su sepulcro.

Este **conjunto hospitalario** data de Alfonso VI. En 1091 pone esta casa bajo la protección de la abadía benedictina de Chaise-Dieu, en el Haute-Loire, y a San Lesmes de prior, que dedicó sus últimos años a prestar atención a los peregrinos.

La primitiva iglesia de San Juan, hoy de San Lesmes, estaba más próxima a la muralla. Juan I, en las luchas con el rey navarro, ordenó separarla un poco para mejor defensa de la muralla.

El templo actual es gótico, con grandes reformas del siglo XVI y de 1968. En esta fecha se abrió el sepulcro de San Lesmes y aparecieron sus restos completos. El sepulcro, sito en el fondo del templo, pasó a ocupar un lugar más noble, el centro del presbiterio.

El 30 de enero de 1969 se inauguraron las nuevas obras, con representación de autoridades y peregrinos franceses de la localidad de Loudum.

A la entrada del templo, en el lateral sur, el retablo del sepulcro de Diego de Carrión, con la imagen de Santiago en relieve.

Todo esto forma un conjunto monumental desde el 31 de mayo de 1944.

Por un puentecillo medieval salvamos el foso, la puerta de la muralla, y ya te hallas dentro de la ciudad medieval. Pasas por delante de la iglesia de San Gil, siglos XIII-XIV. Pronto llegas a la tan ansiada catedral.

El **templo catedralicio** es de grandiosas proporciones. Uno de los más bellos y representativos del país. De estilo gótico. De gran riqueza arquitectónica y escultórica. Las obras de este templo se inician en 1221.

La capilla de **Santiago** ocupa un lugar preferente en la catedral, en la girola. La imagen ecuestre de Santiago aparece en la parte superior de las verjas de acceso y en el retablo de la capilla.

El influjo jacobeo se manifiesta en otros múltiples detalles de este monumental templo. En el **coro,**

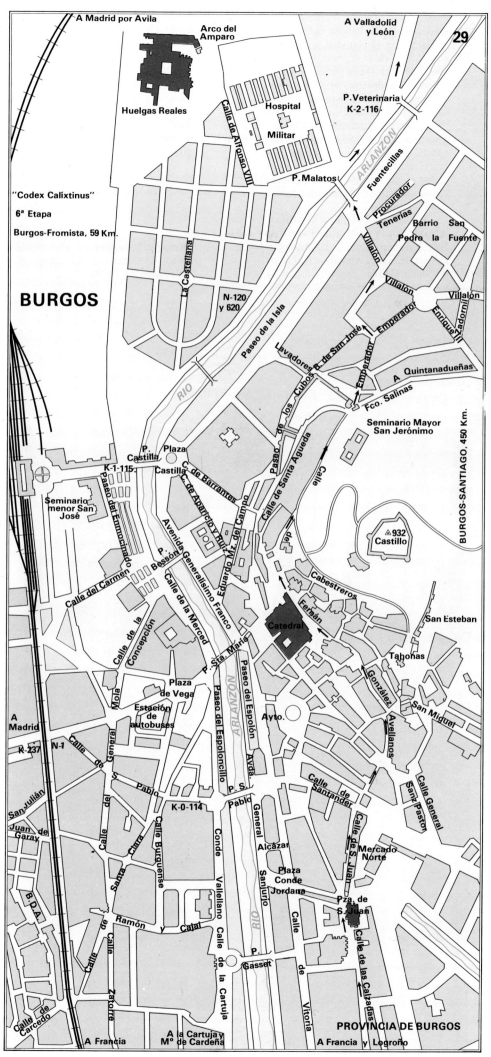

A Madrid por Avila

Arco del Amparo

A Valladolid
y León

29

Huelgas Reales

Hospital
Militar

P. Veterinaria
K-2-116

"Codex Calíxtinus"

6ª Etapa

Burgos-Fromista, 59 Km.

Calle de Alfonso VII

P. Malatos

ARLANZON

Fuentecillas

Procurador

Tenerias

Barrio San

Pedro la Fuente

BURGOS

La Castellana

N-120
y 620

Paseo de la Isla

RIO

Lavadores

Bº de San José

Villalón

Villalón

Villalón

Emperador

Emperador

Enrique III

Tadornil

A Quintanadueñas

Fco. Salinas

Seminario Mayor
San Jerónimo

Calle

Paseo de los Cubos

Paseo de Santa Agueda

P.
Castilla

Plaza
Castilla

K-1-115

C. de Barrantes

C. de Aparicio y Ruiz

Seminario
menor San
José

Paseo del Emmoch...do

Avenida Generalísimo Franco

Eduardo Mz. del Campo

△ 932
Castillo

BURGOS-SANTIAGO, 450 Km.

P.
Bessón

Calle del Carmen

Calle de la Merced

Calle de la Concepción

Cabestreros

Fernán

San Esteban

Catedral

Tahonas

González

San Miguel

Mola

Plaza
de Vega

P. Sta. María

Paseo del Espolón

Ayto.

Avellanos

A
Madrid

Estación
de
autobuses

Paseo del Espoloncillo

ARLANZON

Calle General

Sanz Pastor

K-237

N-1

Calle de General

Calle de S. Pablo

P. S.
Pablo

Avda.
General

Calle de Santander

Calle de S. Juan

San Julián

K-0-114

Calle Burguense

Conde

Alcázar

Mercado
Norte

Juan de
Garay

Calle de Santa Clara

Calle de Vallellano

Sanjurjo

Plaza
Conde
Jordana

Pza. de
S. Juan

B.ª D.A.

Ramón y Cajal

RIO

Calle de

Calle de las Calzadas

Calle de Zatorre

Calle de Carcedo

A Francia

A la Cartuja y
Mº de Cardeña

Calle de la Cartuja

P.
Gasset

Calle de Vitoria

PROVINCIA DE BURGOS

A Francia y Logroño

uno de los asientos representa la aparición de la Virgen del Pilar al Apóstol. En el **claustro,** un capitel con cabeza de peregrino. En el **museo,** una buena talla de Santiago.

En la **catedral** no se debe omitir la visita al **Santo Cristo de Burgos,** siglo XIII. Se hallaba en el convento de los padres agustinos. Con la desamortización de 1835 pasó a la catedral. Tradiciones y leyendas florecen en torno a esta imagen.

No es posible poderte enumerar todos los monumentos importantes de esta gran ciudad.

Te reseñamos algunos: **Castillo y Alcázar,** en la parte alta. **Puerta de San Esteban,** siglo XIII, mudéjar. **Iglesia de Santa Agueda,** en el solar de **Santa Gadea,** donde Alfonso VI prestó juramento ante el héroe Rodrigo Díaz de Vivar de no tener parte en la muerte de su hermano Don Sancho. **Iglesia de San Nicolás,** en la calle de Fernán González. Buen ejemplar gótico, grandioso retablo de piedra, siglo XV. **Palacio de los Condestables** o **Casa del Cordón,** siglo XV. **Arco** y **torre de Santa María,** siglo XIV. **Palacio de la Capitanía,** etc...

No omitas la visita a la Cartuja de Miraflores.

Alojamientos múltiples.

Refugio: Informes en el Arzobispado. C/. Martínez del Campo,18. Teléfono: 22 74 00.

Burgos. Arco de Santa María.

Burgos. Monasterio de las Huelgas. Claustro.

Burgos. Iglesia de San Nicolás.

Hornillos del Camino. Calle de Peregrinos.

«Codex Calixtinus»
6.ª Etapa: Burgos-Frómista, 59 km.

Hospital del Rey. Salían los peregrinos del recinto amurallado de Burgos por la puerta de **San Martín**, descendían luego al barrio de San Pedro, donde se hallaba el **Hospital del Emperador**, fundado por Alfonso VI. Pasaban luego al gran **Hospital del Rey**, fundación de Alfonso VIII, finales del siglo XII, que puso bajo la dirección de la abadesa del monasterio de las Huelgas.

Las **Huelgas** es fundación de Alfonso VIII, se halla próximo al Hospital del Rey, un kilómetro. Este Hospital sufrió profundas reformas en tiempos de Carlos V. Hoy predomina el estilo renacentista. Este benéfico centro continuó hasta el siglo XIX cumpliendo con su misión caritativa, dependiendo de las Huelgas. Pasó luego a depender de la Corona. Hoy es casa de beneficencia de la Diputación Provincial.

En estado de abandono, ruinoso, este gran **Hospital** todavía presenta buena silueta de su prestigio de antaño. Son múltiples los motivos jacobeos diseminados por todo el edificio.

Tardajos. Desde el Hospital del Rey tienes que dirigirte a la carretera N-260, para luego seguir, a seis kilómetros, la dirección de León.

Pasado el río Arlanzón pronto hallas el poblado de Tardajos, que ya existía en la época romana. La mitra de Burgos tenía aquí un palacio, donación del conde de Montemar. Sobre estos muros se levantó el actual convento de padres Paúles, que conserva las antiguas piedras heráldicas.

Aquí hubo un antiguo **Hospital** de peregrinos. La condesa doña Mayor, en 1182, cede los derechos que tenía sobre este Hospital en favor de la iglesia de Burgos. Lo que confirma, en el mismo año, Lucio III: «In villa que dicitur Oterdaios ecclesiam S. Johannis cum hospitale...»

Refugio: Los Padres Paúles acogen dignamente a los peregrinos. Teléfono 45 10 03.

Rabé de las Calzadas. Muy cercano a Tardajos, 1,5 km. Pero la dificultad del recorrido debió ser grande, quizá por ser terreno pantanoso.

Es dicho popular: «De Rabé a Tardajos no te faltarán trabajos; de Tardajos a Rabé, libéranos, Domine.»

Su nombre, «calzada», es significativo en la ruta de los peregrinos. Conserva cierto aspecto medieval.

Los vehículos no tienen acceso directo de Rabé a Hornillos. Deben regresar a la carretera.

Tu Camino sale de Rabé pasando por delante de la ermita y cementerio. Asciende suavemente por la ribera sur de un pequeño valle. Pronto ganas la meseta. Amplio panorama. Al final de la meseta ya avistas Hornillos.

Hornillos del Camino. Antes de llegar al pueblo, el peregrino tenía a su disposición el Hospital de San Lázaro.

Una calle-camino cruza todo el poblado. La iglesia preside todo el caserío. Su gran mole recuerda tiempos de abolengo histórico. De traza ojival, con buena crucería en las bóvedas. Tres naves, bien conservadas.

El paso difícil de Hornillos a Castrojeriz dio importancia a instituciones benéficas surgidas para ayuda de los peregrinos.

Para facilitar el socorro y estancia de los peregrinos, Alfonso VII dona esta localidad, en 1156, a los monjes de San Dionisio de París. Más tarde se crea un pequeño monasterio benedictino, dependiente de Rocamador (Francia). Esta fundación tuvo privilegios y donaciones de Alfonso VIII, Fernando III, Fernando IV y Alfonso XI (1318).

Refugio: El Ayuntamiento ofrece elemental cobijo.

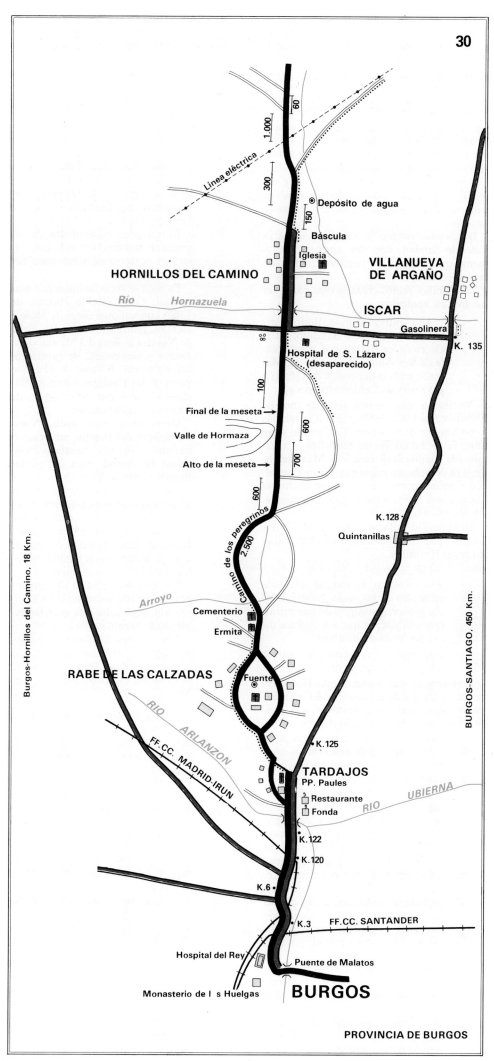

30

Depósito de agua

Báscula

Iglesia

HORNILLOS DEL CAMINO

VILLANUEVA DE ARGAÑO

Río Hornazuela

ISCAR

Gasolinera

K. 135

Hospital de S. Lázaro (desaparecido)

Final de la meseta →

Valle de Hormaza

Alto de la meseta →

Camino de los peregrinos

K.128

Quintanillas

Arroyo

Cementerio

Ermita

RABE DE LAS CALZADAS

Fuente

Burgos-Hornillos del Camino, 18 Km.

BURGOS-SANTIAGO, 450 Km.

RIO ARLANZON

FF.CC. MADRID-IRUN

• K.125

TARDAJOS
PP. Paules

Restaurante

Fonda

RIO UBIERNA

• K.122

• K.120

K.6 •

• K.3

FF.CC. SANTANDER

Hospital del Rey

Puente de Malatos

Monasterio de l s Huelgas

BURGOS

PROVINCIA DE BURGOS

La travesía de la meseta que separa a Hornillos de Hontanas todavía hoy ofrece dificultad. No por ello deja de ser atractivo.

El pueblo de Hornillos te despide con un amplio camino flanqueado de chopos. Pronto abandonas el camino de vehículos. Sigues, a la izquierda, una senda de carretil. Siempre ascendiendo, con inclinación al sur. Cruzas un incipiente arroyo que procede de los corrales de la Nuez, cuyas ruinas ves a tu izquierda. Ganas la cima de la meseta. Cruzas un camino agrícola de vehículos, que, envolvente, sale de Iglesias y retorna a la misma localidad. Este camino es fruto de la ordenación de tierras realizada en 1984.

Desciendes pronto al ameno y solitario valle de Sambol, con dos apriscos y una fuente que hallas a tu izquierda, antes de cruzar el arroyo.

Tu Camino, recto, cruza la otra parte del camino de vehículos.

Aquí hubo un monasterio dedicado a San Boal o Baudilio, de la Orden de los Antonianos, dependiente de San Antón de Castrojeriz. Más tarde pasa a depender de Oña (siglo XIV) y de Cardeña (siglo XV).

Vuelves a subir a una segunda meseta. Pronto cruzas la carretera que une Iglesias con Olmillos de Sasamón. Tu Camino sigue muy recto. La colina de Arenillas, a tu izquierda, facilita la orientación. Más adelante, a tu derecha, se inicia el valle de Barrial. Tu Camino continúa recto, con desnudas rocas a una y otra vera. Finaliza la meseta. Hontanas a tus pies.

Hontanas se halla en el descenso de la desolada e interminable meseta que has cruzado desde Hornillos.

Hoy es pueblo acogedor, cercano a la carretera. El templo sobresale en medio de las casas. En el lateral sur conserva vestigios de una primitiva edificación que los vecinos dicen ser de un monasterio.

Refugio: El Ayuntamiento ofrece refugio a los peregrinos.

Convento de San Antón. Desde Hontanas debes seguir la actual carretera. Es un agradable paseo, siempre en descenso, a la sombra, hasta el convento de San Antón.

Es este un interesante jalón jacobeo. La silueta de estas ruinas quedarán gravadas en tu mente para siempre.

Perteneció este monasterio, fundado por Alfonso VII en 1146, a la Orden de los Antonianos, de origen francés. La Orden se suprimió en 1791. La actual fábrica, en su mayor parte gótica, es del siglo XIV.

La carretera pasa por debajo del arco ojival; a la izquierda, la gran portada, deteriorada; a la derecha se conservan dos alacenas, donde los frailes y otras personas caritativas dejaban alguna comida para los peregrinos.

Se les atribuye a estos religiosos cierto poder curativo del **fuego sacro o de San Antón,** enfermedad aparecida en Europa en el siglo X. Se impartía a los enfermos la bendición con la Tau implorando la protección de San Antón.

CASTROJERIZ. Histórica villa, a dos kilómetros de San Antón. Ubicada en la vertiente sur de una colina, coronada por las ruinas de un antiguo castillo (Castrum Sigerici), quizá fundación de don Sigerico (760), hermano de don Rodrigo, conde de Castilla y repoblador de Burgos. Esta fortaleza ha sido escenario de varios encuentros guerreros entre moros y cristianos.

Santa María del Manzano, a la entrada de la población. Su origen data del siglo IX. La colegiata fue construida por Doña Berenguela la Grande, 1214.

Es un gran monumento de estructura románico-ojival, con reformas posteriores, sobre todo del siglo XVIII.

Es bien notoria su riqueza ornamental. Gran retablo rococó, de 1767, con valiosos óleos de Mengs, alemán, pintor de Carlos III. Talla de **Nuestra Señora del Manzano,** en piedra policromada, de principios del siglo XIII. Alfonso X el Sabio narra en las **Cantigas** varios «miraclos» obrados por esta Virgen, de gran evocación popular.

Otras piezas interesantes: **Nuestra Señora del Pópulo,** advocación italiana, siglo XIV; **Santiago Peregrino; la Piedad,** obra del pintor Brunzino, etcétera.

Este templo ha sido enterramiento de conocidos personajes: marqueses de Hinestrosa, condes de Rivadavia y Castro, Doña Leonor, Reina de Aragón, y don Alonso de Castro, muerto en la batalla de Zamora en 1476, abades, etcétera.

Un crecido número de canónigos, reducido a dieciséis en el siglo XIII, regentaba este gran monumento de la ruta jacobea.

Los templos de Santo Domingo, Santiago de los Caballeros, San Esteban y San Juan daban testimonio del pasado esplendor de este pueblo.

Iglesia de Santo Domingo. Es el actual templo parroquial, guardián del tesoro de los otros templos. Además, adjunto al templo, se ha creado un buen **museo parroquial.**

Iglesia de San Juan, hoy cerrada al culto, gótica, con vestigios románicos en la torre. Nave esbelta y de grandes proporciones.

Los centros hospitalarios han sido numerosos. El peregrino Künig, en 1495, reseña cuatro Hospitales. A principios del siglo XIX todavía se conservaban siete, Nuestra Señora del Manzano, San Andrés, Santa Catalina, Inmaculada Concepción, San Juan, Nuestra Señora del Pilar y San Lázaro.

Fonda Pichón F, 10 plazas. Casa Carlos CH, 15 plazas. Casa El Chato CH, 5 plazas. Restaurante Antón, 10 plazas. Teléfono 12.

Refugio: La parroquia ofrece un sencillo refugio.

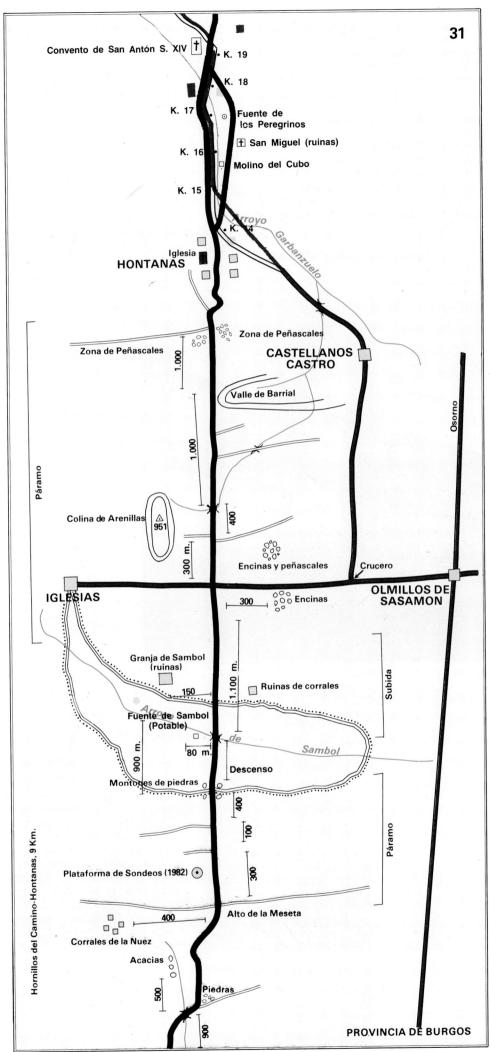

31

Convento de San Antón S. XIV

• K. 19
• K. 18

K. 17

⊙ Fuente de los Peregrinos

✠ San Miguel (ruinas)

K. 16

□ Molino del Cubo

K. 15

• K. 14

Arroyo Garbanzuelo

Iglesia

HONTANAS

Zona de Peñascales

Zona de Peñascales

CASTELLANOS CASTRO

1.000

Valle de Barrial

Osorno

1.000

400

Colina de Arenillas △ 951

Páramo

300 m.

Encinas y peñascales

Crucero

IGLESIAS

300 Encinas

OLMILLOS DE SASAMON

Granja de Sambol (ruines)

1.100 m.

□ Ruinas de corrales

Subida

150

Arroyo

Fuente de Sambol (Potable)

de

900 m.

80 m.

Sambol

Descenso

Montones de piedras

400

Hornillos del Camino-Hontanas, 9 Km.

100

Páramo

Plataforma de Sondeos (1982) ⊙

300

400

Alto de la Meseta

□ □ □

Corrales de la Nuez

Acacias ○
○
○

500

Piedras

900

PROVINCIA DE BURGOS

Tu Camino, después de cruzar el poblado, sigue recto hacia el río Odrilla, a través de una fértil vega. Pasado el río pronto asciendes a una meseta que separa la cuenca del río Odrilla de la del río Pisuerga.

Prolongado ascenso, de unos dos kilómetros. En la meseta, tu Camino se halla, en algún momento, ocupado por trabajos de labranza. No ofrece dificultad cruzarlos o bordearlos ligeramente.

Desde el final de la meseta se abre a tu vista un inmenso panorama de campos de trigo. Lejos, con inclinación norte, vislumbras la fortaleza de Itero del Castillo.

Ya en el valle, el Camino se abre en dos brazos, tú sigue a la izquierda, hacia el puente que salva el río Pisuerga.

Levanta este puente Alfonso VI

y, a su vera, en 1174, el conde Nuño Pérez de Lara y su esposa, doña Teresa, fundaron un Hospital para refugio de los peregrinos. A su lado surgió un monasterio que perteneció a la Orden del Císter, luego a la de San Juan (Hospitalarios).

El **puente**, con restauraciones posteriores, es buen ejemplar de sillería, de once arcos, bien conservado. Este es el «Pons Fiteria» de nuestra guía del siglo XII.

El río Pisuerga era la frontera natural de la primitiva Castilla con León.

Cerca, a la derecha, se halla la fortaleza y poblado de Itero del Castillo, el último de la provincia de Burgos.

Castrojeriz. Iglesia de San Juan.

Castrojeriz. Colegiata de Santa María del Manzano.

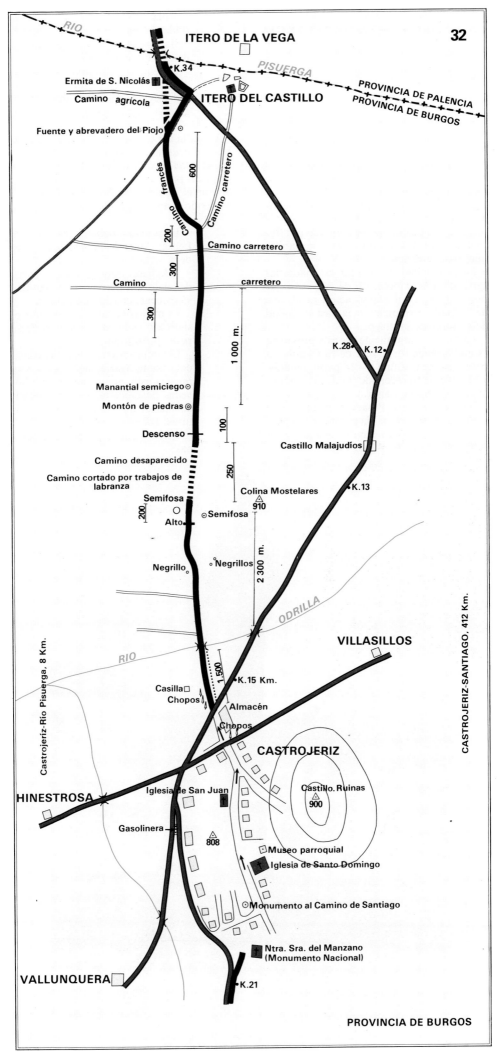

ITERO DE LA VEGA

32

RÍO   PISUERGA

K.34

PROVINCIA DE PALENCIA
PROVINCIA DE BURGOS

Ermita de S. Nicolás

ITERO DEL CASTILLO

Camino agrícola

Fuente y abrevadero del Piojo

600

Camino francés

Camino carretero

200

Camino carretero

300

Camino   carretero

300

1 000 m.

K.28   K.12

Manantial semiciego

Montón de piedras

100

Descenso

Castillo Malajudíos

250

Camino desaparecido
Camino cortado por trabajos de labranza

Colina Mostelares
910

K.13

Semifosa
200

Semifosa

Alto

2 300 m.

Negrillo

Negrillos

ODRILLA

VILLASILLOS

RÍO

1.500

Castrojeriz-Río Pisuerga, 8 Km.

K.15 Km.

Casilla
Chopos

Almacén

Chopos

CASTROJERIZ-SANTIAGO, 412 Km.

CASTROJERIZ

Iglesia de San Juan

Castillo. Ruinas
900

HINESTROSA

Gasolinera

808

Museo parroquial

Iglesia de Santo Domingo

Monumento al Camino de Santiago

Ntra. Sra. del Manzano
(Monumento Nacional)

VALLUNQUERA

K.21

PROVINCIA DE BURGOS

EL CAMINO DE SANTIAGO EN LA PROVINCIA DE PALENCIA

Elías Valiña Sampedro
Colabora: Angel Sancho Campo

El Camino jacobeo cruza toda la provincia de Palencia, en dirección este-oeste, con un recorrido de 65 km.

Todo este itinerario no ofrece dificultades. No tienes que salvar puertos ni altas mesetas. Tu Camino se ve animado por frecuentes poblados, sin la molestia de grandes núcleos de población.

La posibilidad de adaptar las máquinas agrícolas a la explotación de estos campos provocó una gran planificación rural, que ha afectado seriamente a la casi totalidad del Camino de Santiago.

La riqueza monumental de esta provincia es muy grande. A la vera de tu Camino, a corta distancia, a una y otra parte, tendrás, a lo largo de tu recorrido, múltiples monumentos dignos de visitar.

Itero de la Vega. Pasado el puente sobre el Pisuerga, abandonas la carretera y sigues, a la derecha, un buen camino, que te conduce al poblado de Itero de la Vega.

Villa de 436 habitantes. A la entrada del pueblo se halla la ermita de la **Piedad,** siglo XIII, con una talla de Santiago Peregrino.

El templo parroquial de **San Pedro** sobresale en medio del pueblo, siglo XVI, con ampliaciones del siglo XVII y una portada del siglo XIII.

Boadilla del Camino. Sales de Itero de la Vega. Cruzas la carretera de Melgar a Osorno, el canal del Pisuerga y asciendes a un pequeño puerto, desde donde comienzas a divisar el poblado de Boadilla. Todo este recorrido es apto para vehículos.

Localidad repoblada por el conde Fernán Mentales, como la de Itero de la Vega.

Adquiere importancia a partir del siglo XII, pero en la actualidad sólo cuenta con 315 habitantes.

Es muy conocido su **rollo gótico,** siglo XV; es buen testimonio de su poder jurisdiccional.

El templo parroquial está dedicado a **Santa María,** siglos XV y XVI, renacentista, de tres naves, con bóvedas de crucería. En su interior, además de buenas pinturas y esculturas, sobresale la **pila bautismal.** románica, sobre pequeñas colum nas.

Boadilla del Camino. Rollo del siglo XV.

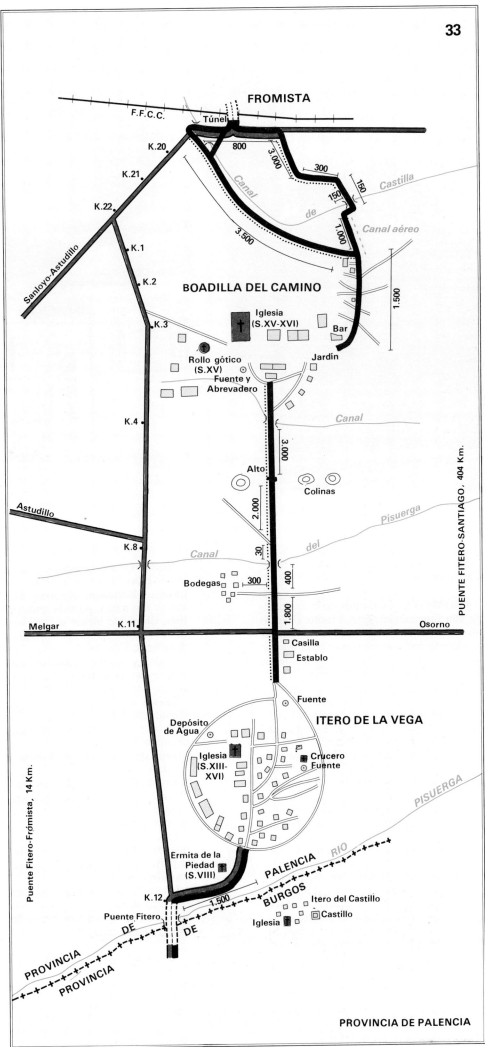

33

FROMISTA

F.F.C.C.

Túnel

K.20

800

3.000

300

150

Castilla

150

Canal

de

Canal aéreo

K.21

K.22

3.500

1.000

Sanloyo-Astudillo

K.1

1.500

K.2

BOADILLA DEL CAMINO

K.3

Iglesia
(S.XV-XVI)

Bar

Rollo gótico
(S.XV)

Jardín

Fuente y
Abrevadero

Canal

K.4

3.000

Alto

2.000

Colinas

Astudillo

Pisuerga

K.8

Canal

30

del

Bodegas

300

400

1.800

Melgar

K.11

Osorno

Casilla

Establo

Fuente

ITERO DE LA VEGA

Depósito
de Agua

Iglesia
(S.XIII-
XVI)

Crucero
Fuente

PUENTE FITERO-SANTIAGO, 404 Km.

Puente Fitero-Frómista, 14 Km.

Ermita de la
Piedad
(S.VIII)

PALENCIA

RIO

PISUERGA

K.12

1.500

BURGOS

Itero del Castillo

Puente Fitero

DE

DE

Castillo

Iglesia

PROVINCIA

PROVINCIA

DE

PROVINCIA

PROVINCIA DE PALENCIA

Frómista. Iglesia románica de San Martín, siglo XII.

Final de la 6.ª Etapa del «Codex Calixtinus».

FRÓMISTA. Tu Camino sale de Boadilla con orientación norte. Pronto alcanzas una bifurcación de dos buenos caminos de servicio agrícola, ambos aptos para vehículos. Te recomiendo sigas el de la izquierda, a la vera del canal, hasta Frómista.

La antigua Fromesta (de Frumenta, por la abundancia de sus cereales) pasó a ser la **Frómista del Camino** de nuestro días.

Colonizada esta población por los romanos, adquiere importancia en la época visigoda. Arrasada luego, fue repoblada en el siglo X. Es realengo y señorío hasta el siglo XV.

Los monumentos de la villa acreditan su prestigio medieval.

Iglesia de San Martín. Fundación de la reina Doña Mayor, 1035; declarada Monumento Nacional y restaurada en 1893. El monasterio, hoy desaparecido, estuvo encomendado a los monjes de San Benito.

El templo es uno de los más bellos, perfectos y completos ejemplares del románico, de renombre internacional. Tres naves, tres ábsides, crucero con linterna, torrecillas cilíndricas, cinco puertas, archivoltas, impostas, ventanales, 315 canecillos, capiteles variados, etcétera. Una obra perfecta.

Santa María del Castillo. Erigida donde estuvo la antigua fortaleza o castillo. Monumento Nacional. Ojival, de tres naves, portada renacentista. El retablo mayor se compone de 29 tablas pintadas, hispanoflamencas, bajo doseles góticos, de variados y grandes maestros, que representan la historia de la salvación.

Iglesia de San Pedro. También monumental. De estructura gótica, siglo XV, con vestigios románicos de un templo anterior. Conserva lienzos de la escuela de Ribera y dos de Mengs.

Ermita del Otero o de Santiago. De traza gótica, con reformas posteriores. Virgen titular, sedente, policromada, siglo XIII.

En esta localidad han existido varios Hospitales. Han sido los más importantes el de Santiago y el de los Palmeros.

Un monumento a **San Telmo,** en el centro de la villa, nos recuerda que el Patrón de los navegantes ha tenido aquí su cuna.

San Telmo HR*, 16 plazas. Teléfono 102. Fonda Marisa F, 12 plazas.

Refugio: La parroquia ofrece humilde refugio a los peregrinos. Teléfono 81 01 44.

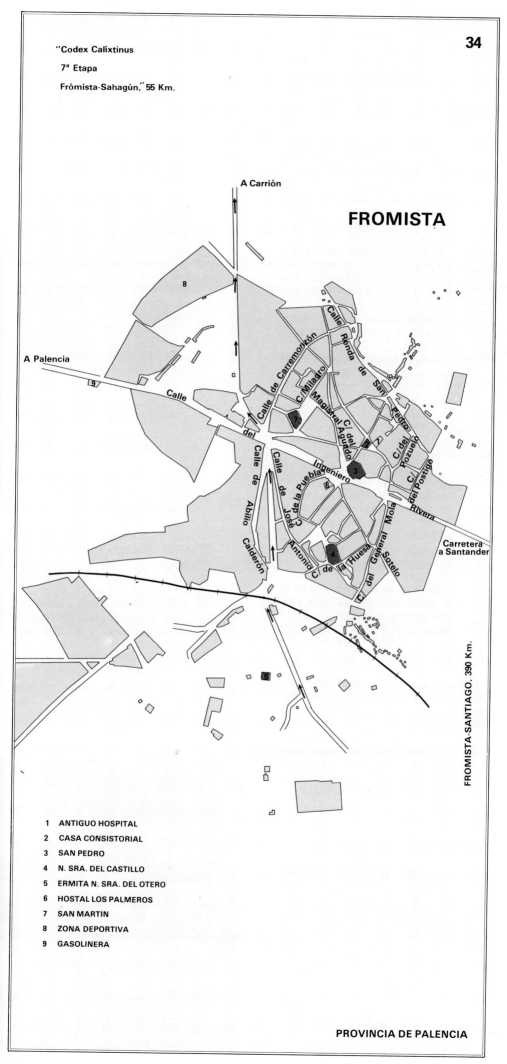

"Codex Calíxtinus

7ª Etapa

Frómista-Sahagún," 55 Km.

34

FROMISTA

A Carrión

A Palencia

Calle

A Carrión

Calle de Carremorizón

Calle de

Calle Ronda de San Pedro

C/Miladro

C/ Magistral Aguado

C/ del

C/ del Pozuelo

C/ del Postigo

C/ del

Calle del

Calle del

Calle de Abilio Calderón

Calle de José Antonio

C/ de la Puebla

Ingeniero

Rivera

C/ de la Huesa

C/ del General Mola Sotelo

Carretera
a Santander

FROMISTA-SANTIAGO, 390 Km.

1   ANTIGUO HOSPITAL

2   CASA CONSISTORIAL

3   SAN PEDRO

4   N. SRA. DEL CASTILLO

5   ERMITA N. SRA. DEL OTERO

6   HOSTAL LOS PALMEROS

7   SAN MARTIN

8   ZONA DEPORTIVA

9   GASOLINERA

PROVINCIA DE PALENCIA

«Codex Calixtinus»
7.ª Etapa: Frómista-Sahagún, 55 km.

Población de Campos. Sales de Frómista por la carretera, que va a Carrión. En las primeras casas de Población sigues el camino que se aparta a la derecha, por la calle-camino del antiguo poblado.

Población de Campos es un pequeño pueblo de 340 habitantes. Fue bailía de la Orden de Malta.

El templo parroquial de **la Magdalena,** a la vera derecha de tu ruta, corona la parte más alta del pueblo. Buen ejemplar barroco, amplio, de tres naves.

Ermita del Socorro, en el centro del poblado, en la plaza del Corro. Románica de transición. Talla de la Virgen titular, siglo XIII, sedente, policromada.

Ermita de San Miguel. En las afueras del pueblo, románica de transición.

Antiguo Hospital. Los restos del antiguo Hospital de peregrinos sirven de base a una buena vivienda moderna.

Villovieco. Desde Población de Campos ya ves el poblado de Villovieco. Tienes un buen camino, apto para vehículos.

Templo parroquial de **Santa María.** Una sola nave con crucero, renacentista. Retablo decorado con temas jacobeos y alusión a la batalla de Clavijo.

Los peregrinos seguían la calle de San Jorge, donde el Santo tenía una ermita.

Revenga de Campos se halla en la carretera. Tiene un buen templo barroco, dedicado a San Lorenzo. En el pueblo, casas con piedras heráldicas en sus fachadas.

Villarmentero de Campos. Desde Villovieco puedes seguir a pie, en un delicioso paseo, por ambas riberas del río Ucieza, a Villarmentero.

Templo dedicado a **San Martín de Tours.** De una nave; capilla mayor con artesonado mudéjar, octogonal; buen retablo plateresco.

Villalcázar de Sirga. A tres kilómetros de Villarmentero, por recta carretera.

Muchos peregrinos llegaban a Villalcázar de Sirga, o Villasirga, después de visitar las ermitas de la Virgen del Río y del Cristo de la Salud.

Villasirga es hoy una pequeña localidad, grande en historia, arte y religiosidad; un gran museo arqueológico.

Santa María la Blanca ha polarizado, a través de los siglos, la vida de este histórico pueblo.

Templo del siglo XIII, en fina cantería. Planta peculiar, tres naves, crucero y cinco cuerpos en la cabecera.

La gran portada, orientada al mediodía, numerosas piezas escultóricas. Doble friso, con la Adoración de los Magos en la parte baja, apostolado presidido por el Salvador en la parte alta.

Retablo mayor decorado con tablas pintadas, escuela de Pedro Berruguete.

La capilla de Santiago es un buen museo de escultura medieval. Resaltan los sepulcros del infante Don Felipe, quinto hijo de San Fernando y su segunda mujer, Doña Leonor Ruiz de Castro, y el de otro caballero desconocido. Un gran rosetón, orientado hacia el mediodía, da luz a esta capilla.

Alfonso X el Sabio, con sus «Cantigas» y los peregrinos han dado renombre internacional a este templo de Santa María.

«Romeus que de Santiago
Ya forun-lle contando
Os miragres que a Virgen
Faz en Vila-Sirga.»

Alfonso X refleja esta devoción popular en sus «Cantigas». La **Virgen Blanca,** pétrea, sedente, se halla adosada a una columna, orientada hacia la capilla de Santiago. Otra talla preside el retablo mayor.

El poblado, antigua encomienda de la Orden del Temple, presenta hoy buen aspecto, limpio.

En la misma plaza del templo, al sur, un típico y acogedor **mesón,** regido por Pablo Mesonero, tradicional acogedor de peregrinos. Teléfonos 88 00 58 y 88 80 22.

Ermita de la Virgen del Río, conserva una buena talla de Santiago Peregrino en alabastro.

Villalcázar de Sirga. Talla de la Virgen Blanca, siglo XIII.

35

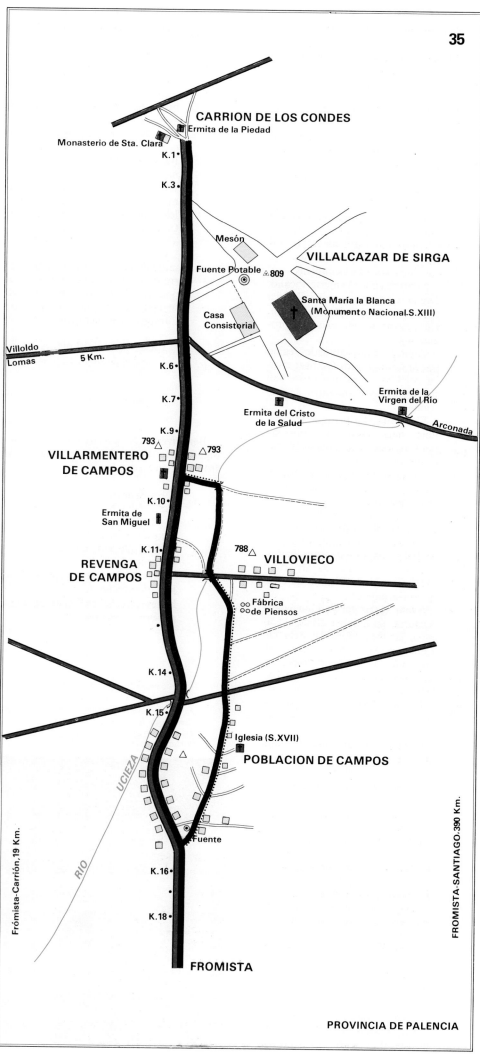

CARRION DE LOS CONDES
Ermita de la Piedad
Monasterio de Sta. Clara
K.1•
K.3•

Mesón
VILLALCAZAR DE SIRGA
Fuente Potable △809

Casa
Consistorial
Santa María la Blanca
(Monumento Nacional.S.XIII)

Villoldo
Lomas   5 Km.
K.6•

K.7•
Ermita de la
Virgen del Río
Ermita del Cristo
de la Salud
Arconada
K.9•
793△   △793
VILLARMENTERO
DE CAMPOS
K.10•
Ermita de
San Miguel

K.11•   788△
REVENGA   VILLOVIECO
DE CAMPOS
Fábrica
de Piensos

K.14•

K.15•
Iglesia (S.XVII)
POBLACION DE CAMPOS

Frómista-Carrión,19 Km.
UCIEZA
Fuente
K.16•

RIO
K.18•

FROMISTA

FROMISTA-SANTIAGO.390 Km.

PROVINCIA DE PALENCIA

CARRION DE LOS CONDES. Es población de unos 3.000 habitantes, con marcado carácter medieval. Pasas al lado de la ermita de la **Piedad** y por delante del convento de **Santa Clara.** Pronto llegas, por la puerta de Santa María, al antiguo recinto amurallado. Ya dentro, a tu derecha, el templo de **Santa María del Camino o de la Victoria.** Cruzas la plaza del pueblo por la parte más alta. En el ángulo norte tienes el templo de Santiago. El Camino pronto desciende al río Carrión y a San Zoilo.

Carrión es poblado de muy antiguo origen. Corona un altozano sobre la ribera izquierda del río Carrión. Tuvo mucha importancia en la Edad Media. Sede de concilios, cortes y asambleas.

Nuestro guía, Aymeric Picaud, dice de Carrión «que es villa rica y muy buena, industriosa en pan, vino, carne y toda clase de productos».

Capital de un condado regido por la familia Beni Gómez, rivales del Cid, de la que procedían sus yernos, «los infantes de Carrión».

El poema «La Prise de Pampelune» hace pasar a Carlomagno por Carrión, en su tarea de liberar de moros toda la ruta jacobea.

De su glorioso pasado nos han quedado, como vestigios, buenos monumentos:

Convento de Santa Clara. Erigido en el siglo XIII por dos compañeros de Santa Clara. Conserva un buen conjunto de artesonados, y en el templo guarda un grupo escultórico de la Piedad, de Gregorio Hernández.

Santa María del Camino o de la Victoria. Su nombre alude al Camino jacobeo. Obra del siglo XII, románica. Monumento Nacional. Guardián de un buen bagaje de valiosas piezas histórico-artísticas.

El pórtico, románico, parece recordar el **tributo de las cien doncellas.**

Refugio: La parroquia de Santa María ofrece refugio a los peregrinos. Teléfono 88 00 72.

Carrión quedó exento de este ignominioso tributo gracias a la irrupción que hacen unos toros en el lugar en que las cien jóvenes iban a ser entregadas a los moros. Como voto, hasta hace poco se celebraba una misa de acción de gracias en la capilla de la Victoria el tercer día de Pascua.

Templo de Santiago. Quemado en la guerra de la Independencia, 1809. Conserva la espléndida portada románica, siglo XI. Resalta su famoso friso escultórico. Preside la escena el Salvador, de finísima talla, acompañado de los tetramorfos, a los lados del apostolado. Monumento Nacional.

Nuestra Señora de Belén, en las afueras, al norte. Es la Patrona de la ciudad. Santuario gótico. Buen retablo plateresco.

Monasterio de San Zoilo. Monumento Nacional. Ha sido un gran centro de refugio para los peregrinos jacobeos. La primitiva fábrica ha sido muy restaurada. Sólo conserva pequeños vestigios románicos. El **claustro** es renacentista, 1537, obra de Juan de Badajoz, del que dice Camón Aznar que «es uno de los más maravillosos claustros del Renacimiento en España». Se conservan los sepulcros de los infantes de Carrión, hijos de los condes.

Carrión es el punto más interesante de la histórica zona de Tierra de Campos, que cruzas en tu peregrinar, en la que se dice: «No se llame Señor quien en Tierra de Campos no tenga terrón».

Casa Videla F, 12 plazas.
Casa Estefanía F, 15 plazas.

Rasbalón F, 14 plazas.

Benevívere. Desde Carrión, el Camino sigue recto hacia Benevívere, en lugar frondoso, en medio de arroyos.

En **Benevívere** existió una antigua abadía, bajo el titular de **Santa María,** fundada en el siglo XII. De esta primitiva fábrica no queda más que parte de sus muros, totalmente derruidos.

En el caserío de **Abadía de Abajo,** como recuerdo de la abadía de Benevívere, se conserva un templo-ermita parroquial.

Carrión de los Condes. Santa María del Camino o de la Victoria. Portada románica, siglo XII.

CARRION
DE
LOS CONDES

1   HOSPITAL ESPIRITU SANTO   **36**
2   CASA CONSISTORIAL
3   CAMPING
4   SAN ZOILO
5   SAN ANDRES
6   NUESTRA SEÑORA DE BELEN
7   SAN JULIAN
8   SANTA MARIA DEL CAMINO
9   PUERTA Y RESTOS DE MURALLA
10   MONASTERIO DE SANTA CLARA
11   SAN FRANCISCO
12   HOSPITAL
13   COLEGIO
14   CENTRO SANITARIO
15   SANTIAGO

CARRION DE LOS CONDES-SANTIAGO 370, Km.

N-120

C/ Santa Eulalia

Sancho II

Calle
Alfonso VII

Calle

C/ Ido IV

Calle
Escuelas

Calle
A. Merino

C/ Pedro Romero

C/ Piña Blasco

CARRION

RIO

Calle San Bartolomé

C/ Padre Gil

Pza.
Gsimo.

C/ Clérigo Pastor

C/ Santa
Maria

C/ San
Juan

Pza.
Cura

Carretera   de   Frómista   9

Calle
Tenerias

C/ Obispo Bustamante

Rizo San Millán

Avenida
Manuela

A Palencia

PROVINCIA DE PALENCIA

Desde Benevívere el Camino se orienta certeramente hacia poniente. Tienes delante de ti un largo y solitario recorrido, por camino apto para vehículos. En continuo y suave ascenso llegas a la meseta, de la que luego desciendes.

Calzadilla de la Cueza. En tu descenso de la meseta pronto comienzas a ver la torre del cementerio de Calzadilla, que se yergue, como faro orientador, en medio de continuos trigales.

El cementerio ocupa el lugar de un primitivo templo, del que se ha conservado su torre. Sus campanas se tañen los domingos y en las funciones de entierros.

Refugio: La Junta vecinal ofrece un humilde refugio.

El templo parroquial de San Martín guarda un buen retablo renacentista, procedente del antiguo monasterio de las Tiendas, próxima localidad.

El caserío de Calzadilla, de mediocre aspecto, se halla apiñado a una y otra parte de la avenida principal, la «calle de los peregrinos».

Tiendas, Santa María de las. Desde Calzadilla a Tiendas sigues la carretera, corta distancia.

Tiendas tiene un solo caserío, con vestigios de la antigua iglesia monacal, perteneciente a la Orden de Santiago. El monasterio tenía importante Hospital. Se conoce la existencia de este centro benéfico, en pro de los peregrinos, desde los siglos XI y XII.

Con los restos del monasterio se ha levantado el actual caserío.

Ledigos. Tienes que seguir la carretera hasta Ledigos, cuatro kilómetros.

Reducido poblado, citado en varios documentos medievales. El templo parroquial está dedicado a Santiago. Una buena talla del Apóstol.

Terradillos de Templarios. En estos últimos kilómetros por la provincia de Palencia tienes que seguir la carretera, que sensiblemente se trazó sobre la primitiva ruta. Los trabajos de planificación rural han barrido los vestigios de la ruta jacobea.

Terradillos constituyó territorio jurisdiccional de la Orden del Temple, que tuvo casa cerca del arroyo de Templarios, de lo que no quedan vestigios.

Moratinos. Ubicado, como Terradillos, a la izquierda de la carretera. La calle principal recibe el nombre de calle Real o calzada francesa, aludiendo a la peregrinación. Templo dedicado a Santo Tomás Apóstol.

San Nicolás del Real Camino. Es el último poblado de la provincia de Palencia.

Ya en el siglo XII, como reza un documento de 1198, existía un buen Hospital de peregrinos en esta localidad, dedicado especialmente a los leprosos. Estaba regentado por canónigos regulares de San Agustín, y se hallaba ubicado en lugar próximo al cementerio.

Refugio: El edificio escolar.

Con mucha satisfacción te hemos acompañado en el recorrido jacobeo por la provincia de Palencia. Confiamos que nuestra ayuda te haya sido útil. Amigo peregrino, ¡ultreya! ¡ultreya!...

Claustro de San Zoilo, renacentista, siglo XVI.

37

PROVINCIA DE LEON
PROVINCIA DE PALENCIA

•K.234

RIO SEQUILLO

SAN NICOLAS DEL
REAL CAMINO

△ 840

MORATINOS
•K.231

Arroyo de los Templarios

TERRADILLOS DE
LOS TEMPLARIOS

•K.228

LEDIGOS •K.225

•K.221

Tiendas

◇◇ Bodegas

Arroyo

K.219•

CUEZA

CALZADILLA DE LA CUEZA

■ Iglesia

■ Torre y Cementerio

1.000

Arroyo

K.215
Quintanilla
de la
Cueza

RIO

Encina 80

600

150

Arroyo

300

Cervatos de
la Cueza

K.213

BUSTILLO DEL
PARAMO

1.500

1.500

250

Plantación de chopos

1.000

☐ Cabana

1.000

Monte Carrión
△
862

300

Fuente del
Hospitalejo
Chopo
40

Villotilla

Chopo

Calzada de
los Molinos

K.202

Abadía de Arriba

•∴ Ruinas de la Abadía
∴ de Benevívere

K.2•

Abadía de Abajo

Arroyo

Riaño

◇

K.3•

K.5

75

Gasolinera

CARRION

K.199•

RIO CARRION

Sàn Zoilo

PROVINCIA DE PALENCIA

Carrión de los Condes-San Nicolás del Real Camino,30 Km.

CARRION DE LOS CONDES-SANTIAGO, 370 Km.

EL CAMINO DE SANTIAGO EN LA PROVINCIA DE LEON

Antonio Viñayo González

Sahagún de Campos. Iglesia de San Tirso, siglo XII.

Llegas a la provincia de León por la carretera N-120. Desde un altozano, **Alto del Carrasco**, contemplas la población de Sahagún, primer núcleo urbano leonés que toca la ruta jacobea. Tienes delante la gran paramera, que vas a recorrer.

A uno y otro lado de la carretera, los mojones limítrofes de las provincias de León y Palencia.

Tu Camino abandona la carretera, apartando a la derecha unos 25 metros antes de llegar a estos mojones.

Sigues por la cumbre de unas lomas; desde la eminencia de un altozano desolado contemplas en la hondonada el santuario de Nuestra Señora del Puente, a la vera del río Valderaduey o Araduey.

Tu Camino no llega al santuario, ha desaparecido por tierras de labor. Vuelve hacia la carretera por una trocha de carros y tractores. Pasado el río Valderaduey, tomas un camino de concentración parcelaria que sube por la margen derecha del río, directo, al santuario de la Virgen del Puente.

El cauce del río ha variado, y del antiguo puente sólo quedan unos restos casi enterrados.

El edificio es de ladrillo y poco suntuoso, con algunos restos románicos. Hubo aquí **hospedería** para peregrinos.

El Camino que desde el santuario va a Sahagún todavía se llama **Camino Francés de la Virgen**.

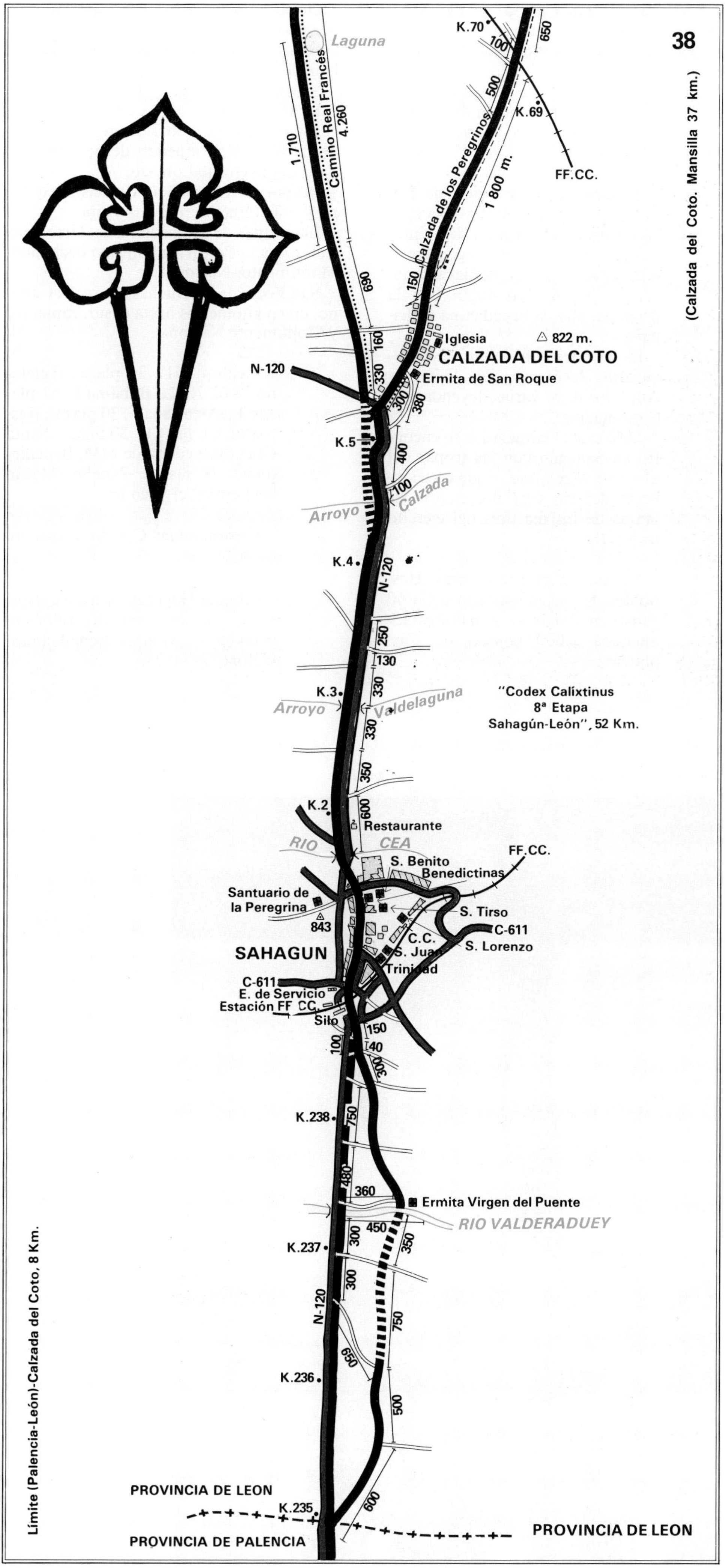

38

(Calzada del Coto. Mansilla 37 km.)

K.70

100

650

500

K.69

FF.CC.

1.710

Camino Real Francés

4.260

Laguna

Calzada de los Peregrinos

1 800 m.

690

150

160

330

Iglesia   △ 822 m.

CALZADA DEL COTO

N-120

300

380

Ermita de San Roque

K.5

400

100

Arroyo   Calzada

K.4

N-120

250

130

330

K.3

Arroyo   Valdelaguna

330

"Codex Calíxtinus
8ª Etapa
Sahagún-León", 52 Km.

350

K.2

600

Restaurante

RIO   CEA

S. Benito   FF.CC.

Benedictinas

Santuario de
la Peregrina

843

S. Tirso

C-611

C.C.   S. Lorenzo

SAHAGUN   S. Juan

Trinidad

C-611

E. de Servicio

Estación FF.CC.

Silo   150

100   40

300

K.238   750

480

360   Ermita Virgen del Puente

300   450   RIO VALDERADUEY

K.237   350

300

N-120

750

690

K.236   500

600

PROVINCIA DE LEON

K.235

PROVINCIA DE PALENCIA   **PROVINCIA DE LEON**

Límite (Palencia-León)-Calzada del Coto, 8 Km.

93

SAHAGÚN. Final de la 7.ª Etapa del «Codex Calixtinus», que ve a Sahagún como «ciudad llena de toda clase de prosperidades».

El Camino de la Virgen se halla cortado ahora por las vías de la estación de ferrocarril. Tienes que saltar sobre los rieles o dar un pequeño rodeo.

Sahagún es contracción de San Fagún o Facundo, mártir de la época romana. En 904 se fundó un monasterio. El verdadero auge lo recibió Sahagún de los monjes cluniacenses, llegados en 1080. Fue la principal abadía benedictina de España.

El «Codex Calixtinus» se encuentra fervoroso de Sahagún. Aquí localiza varias leyendas de Carlomagno.

Dice que el emperador se encontró en Sahagún con las tropas del africano Aigolando, y que en las riberas del río Cea florecieron las lanzas de los mártires del ejército imperial.

Sahagún llegó a tener **cinco Hospitales**. El del monasterio tenía 60 camas en el siglo XI, y en el siglo XV amasaba 2.000 fanegas de trigo anuales.

De su esplendoroso antaño quedan muy buenas iglesias.

San Tirso y **San Lorenzo**, románicas, de ladrillo.

San Juan de Sahagún y la **Trinidad**.

La **Peregrina**, en las afueras, al sur, antiguo convento de franciscanos. La imagen de la Virgen, en atuendo de peregrina, se halla ahora en San Lorenzo.

Museo de Madres Benedictinas, imaginería y orfebrería. Merece una visita.

Las ruinas de la **abadía**, San Tirso, San Lorenzo y la **Peregrina** han sido declarados Monumentos Nacionales.

San Pedro de las Dueñas, fuera del Camino, cinco kilómetros hacia el sur, románico y Monumento Nacional.

Codorniz H*, 35 plazas. Teléfono 78 02 76. La Bilbaína F, 61 plazas. La Asturiana F, 30 plazas. Restaurante Luna CH, 30 plazas. Santa Cruz (hospedería de MM. Benedictinas), 28 plazas. Pancho; Mesón los Faroles; el Arco Iris.

Gastronomía: Cocido y cordero asado.

Refugio: Hogar de San José, Hermanos de la Caridad, teléfono 78 00 85, y Monjas Benedictinas, teléfono 78 00 78.

Sahagún de Campos. Iglesia de San Lorenzo, románica.

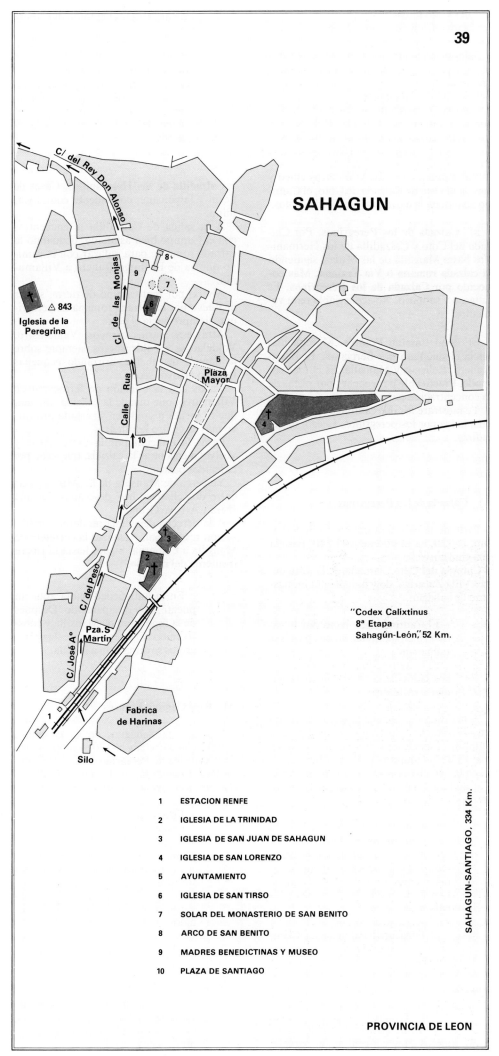

39

SAHAGUN

C/ del Rey Don Alonso

C/ de las Monjas

Calle Rua

Calle

Iglesia de la
Peregrina

△ 843

8

9

7

6

5

Plaza
Mayor

4

10

3

2

"Codex Calíxtinus
8ª Etapa
Sahagún-León" 52 Km.

C/ del Peso

Pza.S
Martín

C/ José A°

1

Fabrica
de Harinas

Silo

1	ESTACION RENFE
2	IGLESIA DE LA TRINIDAD
3	IGLESIA DE SAN JUAN DE SAHAGUN
4	IGLESIA DE SAN LORENZO
5	AYUNTAMIENTO
6	IGLESIA DE SAN TIRSO
7	SOLAR DEL MONASTERIO DE SAN BENITO
8	ARCO DE SAN BENITO
9	MADRES BENEDICTINAS Y MUSEO
10	PLAZA DE SANTIAGO

SAHAGUN-SANTIAGO, 334 Km.

PROVINCIA DE LEON

«Codex Calixtinus»
8.ª Etapa: Sahagún-León, 52 km.

Sales de Sahagún por el puente que salva el río Cea. En sus márgenes verás grandes choperas que recuerdan las lanzas floridas del ejército de Carlomagno.

Camino y carretera siguen confundidos, sobre la antigua vía romana. Rebasado el kilómetro cuatro, el Camino trepa la pendiente por la mano izquierda, mientras la carretera lo hace por la derecha.

Ya, a mitad entre los kilómetros cinco y seis, a la vista de Calzada de Coto, el Camino abandona la carretera y se divide en dos:

a) **Calzada de los Peregrinos.** Por Calzada del Coto y Calzadilla de los Hermanillos hasta Mansilla de las Mulas, siguiendo la **calzada romana o Vía Trajana.** Más conocido por **Calzada de los Peregrinos.** Es fatigoso y solitario. No aconsejable para vehículos.

b) **Real Camino Francés.** Marcha más hacia el sur. Pasa por Bercianos, El Burgo Ranero, Reliegos y Mansilla. Es el más cómodo. Practicable para coches por pistas de la concentración parcelaria.

Te mostraré los dos caminos. Ambos frecuentados por los peregrinos. Luego, tú decidirás.

A) Calzada de los Peregrinos

Parte de la carretera que viene de Sahagún, N-120, en el kilómetro 5,240, pasada una gran curva.

Calzada del Coto, llamada en la antigüedad **Villa Zacarías,** dependiente del monasterio de Sahagún.

> El Camino sigue recto por la calle principal, divide en dos partes la población.
> El caserío se fue formando a ambos lados de la calle que suele llamarse calle Real.

A la salida de Calzada te encuentras con una bifurcación de caminos. Ambos son amplios y espaciosos y de aparente buen firme. El de la izquierda te lleva a Bercianos. El de la derecha es la calzada romana hacia Calzadilla y Mansilla. Síguelo, podrás recorrerlo sin peligro de perderte.

> Delante de ti tienes una llanura que sólo limita el horizonte. Te acompañará la soledad y la grandiosidad del silencio. No encontrarás fuentes ni poblados cercanos. Quizá algún rebaño de ovejas y los pájaros.

Pasado el ferrocarril Palencia-La Coruña, pronto entras en el matorral del **monte de Valdelocajos,** lugar siniestro antaño para los peregrinos, porque en él abundaban las alimañas.

> Vas pisando la calzada romana, cuyo firme aprovecharon los ingenieros de la concentración parcela-

ria para trazar el camino que ahora sigues.

Al final del matorral que recorres hallas una granja habitada, que anima un poco tu soledad.

Muy pronto, una línea eléctrica marca el fin del extenso matorral. Luego, un arroyo y su pontón, con huellas del antiguo camino a la izquierda.

Calzadilla de los Hermanillos. Casas de tierra y larga calle, coincidente con el Camino.

A la salida de Calzadilla te encuentras con el Camino bien asfaltado, ocupando la calzada romana, para enlazar con el camino que va de El Burgo Ranero a Villamuñío.

Ahora, por mal camino de tierra, sigues de nuevo por la calzada romana de peregrinos, siempre hacia el oeste.

Atraviesas varios arroyos, Valdecastro, Valdelacasa y Valdeasneros, siempre sobre la llanura inacabable, cruzando pequeñas lomas o arroyos secos.

Topas con la estación de ferrocarril de Villamarco, que invade la calzada romana, que tú vienes pisando en su estado primitivo más de cuatro kilómetros.

Pasas la estación por la parte norte y vuelves a encontrar la calzada, que sigue por parecidos paisajes.

Ya cerca de Mansilla de las Mulas pasas entre dos charcas, hoy desecadas. Laguna Ibera y Arroyo Grande.

A la derecha dejas una moderna urbanización residencial. Alcanzas la carretera de Mansilla a Cistierna. Sigues hasta la ribera izquierda del río Esla.

> En la antigüedad había aquí un puente, hoy desaparecido. Después de la fundación de Mansilla y construcción del nuevo puente, los peregrinos se dirigieron a la villa.

B) Real Camino Francés

Después de Sahagún, en el kilómetro 5,300 de la carretera N-120, y a 60 metros de la **Calzada de Peregrinos,** parte el **Camino Real Francés** hacia Bercianos, El Burgo Ranero, Reliegos y Mansilla.

> Esta ruta va casi paralela a la Calzada de Peregrinos, más hacia el sur, ya que ambas llevan dirección oeste.
> El **Camino Real Francés** está transformado en vía de servicio de concentración parcelaria. Es ancho y está relativamente bien pavimentado.

Te vas internando por tierra casi plana, de un horizonte sólo limitado por la esfericidad del planeta.

> A la derecha ves el caserío de **Calzada del Coto,** por donde transcurre la **Calzada de Peregrinos,** la otra vía de peregrinación.

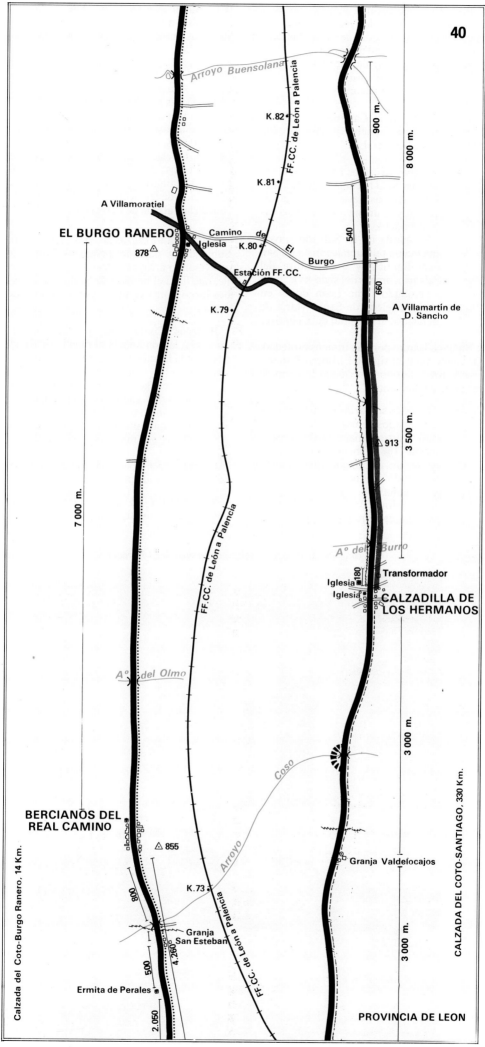

40

Arroyo Buensolana

FF.CC. de León a Palencia

K.82

900 m.

8 000 m.

K.81

540

A Villamoratiel

EL BURGO RANERO

Camino de

Iglesia

878

K.80

El

Burgo

660

Estación FF.CC.

A Villamartín de
D. Sancho

K.79

913

3 500 m.

7 000 m.

FF.CC. de León a Palencia

A° del Burro

180

Transformador

Iglesia

Iglesia

**CALZADILLA DE
LOS HERMANOS**

A° del Olmo

3 000 m.

Coso

**BERCIANOS DEL
REAL CAMINO**

855

Arroyo

Granja Valdelocajos

800

K.73

4.260

FF.CC. de León a Palencia

Granja
San Esteban

500

Ermita de Perales

2.050

3 000 m.

CALZADA DEL COTO-SANTIAGO, 330 Km.

PROVINCIA DE LEON

Pronto encuentras una laguna con chopos. Luego, la ermita de Perales, de gran devoción en la comarca, donde, según la tradición, hubo un **Hospital de peregrinos.**

Alcanzas la Granja de San Esteban, desciendes al arroyo del Coso y ya estás a las puertas del caserío de Bercianos.

Bercianos del Real Camino Francés. El Camino entra en el pueblo y sigue la calle Mayor, que es la central.

Algunos vecinos hacen derivar el Camino Real hacia la calle de la derecha. Ambas llevan la misma dirección y se unen en las últimas casas del pueblo.

Su iglesia de El Salvador posee una buena talla renacentista de San Juan Bautista y una pintura del Calvario, ambas del siglo XVI.

Fernando II de León donó, en 1186, la iglesia de Santa María de Bercianos al Hospital del **Cebreiro.**

Sigues adelante por una inmensa soledad. De frente verás el silo de El Burgo Ranero. Hacia atrás continuarás viendo la torre de la iglesia de Bercianos.

En estos solitarios parajes, entonces poblados de matorral, es donde Laffi y sus compañeros de peregrinación (1681) encuentran el cadáver de un caminante que estaban devorando dos lobos. Ahuyentan a las alimañas y lo comunican al pueblo próximo, Brunello (El Burgo), para que entierren su cuerpo.

El Burgo Ranero. A 6,5 km. de Bercianos. Casas alineadas a lo largo del Camino Real: las antiguas, de tapial; las modernas, de ladrillo.

A la salida de El Burgo sigue recto, hacia el oeste. A la izquierda dejas el cementerio.

Atraviesas la cañada de las merinas, zona de ganado trashumante. Unos corrales y, cerca, el arroyo de Buen Solana, con charcas y árboles. Entre los arroyos de Valdeasneros y Utielga encuentras dos corrales de ovejas. Luego, a tu izquierda, al sur, el pueblo de Villamarco, y a la derecha, al norte, la estación de ferrocarril, por donde pasa la ruta de la **Calzada de Peregrinos.**

Más adelante cruzas la vía del ferrocarril. Subiendo y bajando pequeñas lomas, y atravesando arroyos, llegas a un ameno valle, que lleva el nombre de Santa María. Subes luego a una campera con un corral de ovejas.

Reliegos. Continuando por la campera, ya ves en la hondonada el pueblo de Reliegos, y en la lejanía, la villa de Mansilla.

Reliegos es la **Palantia** de los itinerarios romanos, estación donde confluían tres calzadas.

Aquí también encuentras la calle Real, eje transversal del caserío.

Caminas ahora por una extensa planicie, sólo interrumpida por el arroyo Grande.

MANSILLA DE LAS MULAS. Es la «Manxilla» de nuestro guía, Aymeric.

Bercianos del Real Camino. Iglesia parroquial de El Salvador.

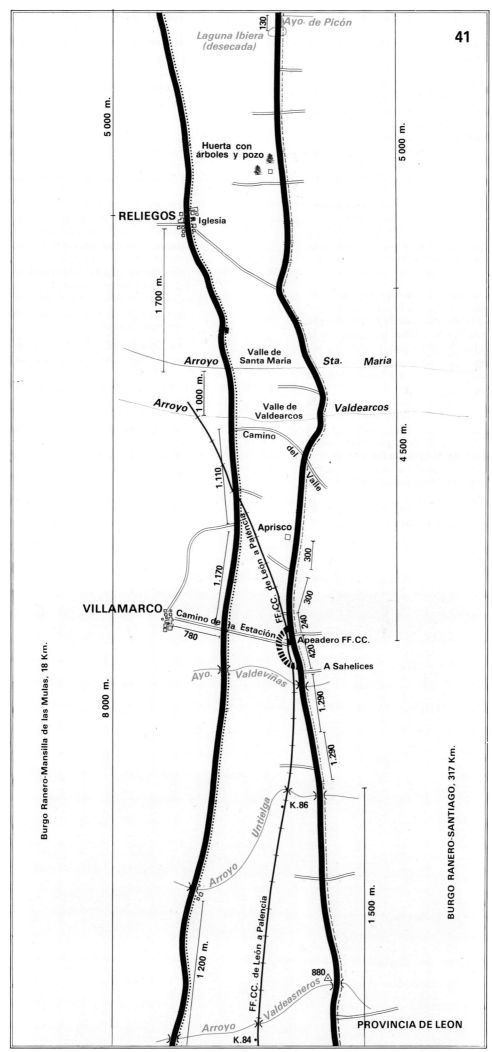

Burgo Ranero-Mansilla de las Mulas, 18 Km.

BURGO RANERO-SANTIAGO, 317 Km.

41

Ayo. de Picón

Laguna Ibiera
(desecada)

130

5 000 m.

5 000 m.

Huerta con
árboles y pozo

RELIEGOS Iglesia

1 700 m.

4 500 m.

Arroyo Valle de
Santa María *Sta.*   *María*

Arroyo Valle de
Valdearcos *Valdearcos*

1 000 m.

Camino

del

1.110

Valle

Aprisco

1.170

300

300

VILLAMARCO Camino de la Estación

FF.CC. de León a Palencia

240

780

Apeadero FF.CC.

420

A Sahelices

Ayo. Valdeviñas

1.290

8 000 m.

1.290

1 500 m.

Untielga

K.86

Arroyo

1 200 m.

880

FF.CC. de León a Palencia

Valdeasneros

Arroyo

PROVINCIA DE LEON

K.84

99

Villa amurallada con cuatro puertas.

Los peregrinos que seguían la ruta de la **Calzada** entraban por el arco oriental, llamado de Santa María, que todavía se conserva.

Delante de ellos se abría la calle de la Concepción, que empalmaba con la de Olleros, y terminaba al oeste, en el arco de San Agustín.

Los que llegaban por el **Camino Real** entraban por la puerta sur, desaparecida, y se encaminaban también hacia el arco de San Agustín, donde se encontraba el **monasterio** del que este Santo era titular.

Allí, cerca, está la actual calle de los Peregrinos, en donde existía la **Casa de los Peregrinos.**

Desde el monasterio de San Agustín seguían hacia el norte, por la actual plaza de la Pícara Justina y la Ronda del Río, para salir por la septentrional y ganar el puente sobre el río Esla, que también menciona Aymeric, así como su buena agua.

No sabemos cuándo fue fundada la villa de Mansilla, acaso no mucho antes de 1181, fecha en que Fernando II de León le dio carta puebla y el fuero de Benavente.

Fue feudo del conde de Benavente hasta 1594, en que se derribó el castillo.

La gozó la familia Enríquez, almirante de Castilla.

Todavía conserva algún trozo de su recinto amurallado, con almenas y torres aisladas de protección.

Hoy le quedan dos templos abiertos al culto:

El parroquial, antigua iglesia de Santa María, y la capilla de Nuestra Señora de Gracia, a la entrada de la villa por la carretera de Valladolid.

Templos sin culto:
San Martín, siglo XIV, convertido en almacén.

Convento de San Agustín, fundado en 1500. Hoy sus ruinas sirven de frontón y de matadero.

Quedan los solares de los templos de **San Nicolás, San Lorenzo** y el **monasterio de San Adrián**, éste fuera de las murallas, al oriente.

Se señalan en esta villa tres Hospitales para los peregrinos. La regla de los Hospitales de Sancti Spiritus y Santiago, de 1570, se guarda en el templo parroquial.

La Estrella HR*, 23 plazas. Teléfono, 31 02 18. Madrid F, 6 plazas. Casa Marcelo F, 2 plazas. La Ruta F, 25 plazas. Restaurantes: Apóstol Santiago, el Hórreo, Casa Mateo y La Herrera.

Gastronomía: Bacalao, callos, truchas.

Refugio: La parroquia ofrece refugio a los peregrinos.

Sales de Mansilla por el puente de ocho ojos, sobre el Esla, al noroeste de la villa. Desde aquí tu Camino coincide con la carretera N-601.

Murallas de Mansilla de las Mulas.

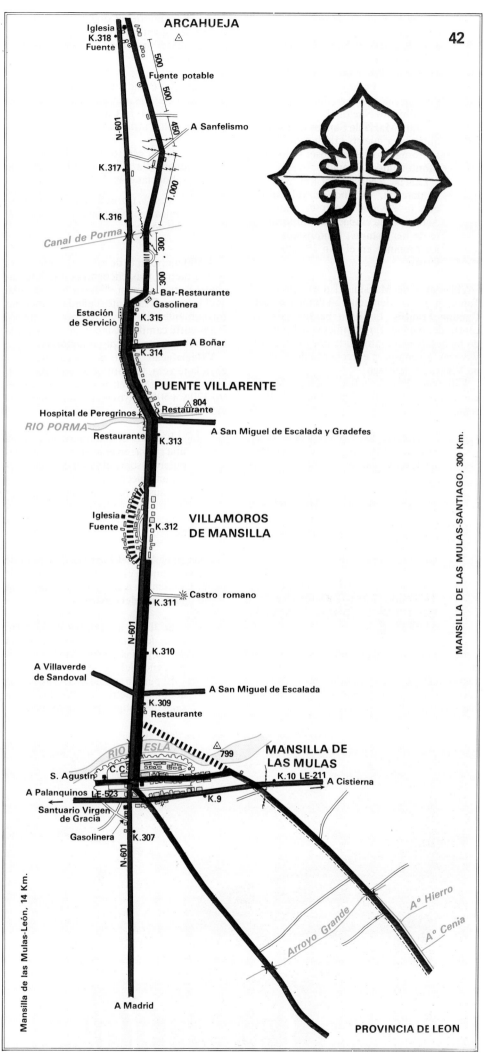

ARCAHUEJA

42

Iglesia
K.318
Fuente

Fuente potable

500
500
450

N-601

A Sanfelismo

K.317

1.000

K.316

Canal de Porma

300
300

Bar-Restaurante
Gasolinera

Estación
de Servicio

K.315

A Boñar

K.314

PUENTE VILLARENTE

804
Restaurante

Hospital de Peregrinos
RIO PORMA
Restaurante

A San Miguel de Escalada y Gradefes

K.313

Iglesia
Fuente

VILLAMOROS
DE MANSILLA

K.312

Castro romano

K.311

N-601

K.310

A Villaverde
de Sandoval

A San Miguel de Escalada

K.309
Restaurante

RIO ESLA

799

MANSILLA DE
LAS MULAS

S. Agustín
C.C.

K.10 LE-211
A Cistierna

A Palanquinos LE-523

K.9

Santuario Virgen
de Gracia

Gasolinera
K.307

N-601

MANSILLA DE LAS MULAS-SANTIAGO, 300 Km.

Mansilla de las Mulas-León, 14 Km.

A Madrid

PROVINCIA DE LEON

Arroyo Grande
A° Hierro
A° Cenia

San Miguel de Escalada. Poco más allá del km. 309, a la derecha, parte la carretera hacia el monasterio mozárabe de San Miguel de Escalada, 12 km. Consagrado el templo en 913. Es hoy el mejor ejemplar de su estilo en la provincia. Monumento Nacional.

Santa María de Sandoval, a la izquierda, a cuatro kilómetros. Iglesia románico-cisterciense, siglo XII. Monumento Nacional.

Lancia. Rebasado el km. 311, a la derecha, camino de vehículos que te lleva al cerro de Lancia. Asiento de la ciudad más importante de los **Astures,** conquistada por los romanos en el año 19 antes de Cristo.

Villamoros de Mansilla. En el km. 312. También se la denominó **Villamoros del Camino Francés.** La Ruta pasaba por el centro del pueblo. En las afueras del poblado ha desaparecido invadida por los prados y cercas. Se conserva el recuerdo del **Camino Viejo o de Santiago.**

Villarente. Pasada la fusión del río Moro con el Porma se halla el poblado de Villarente.

Aymeric hace referencia a este «puente ingente». Con una veintena de ojos y carril serpeante.

A la salida del puente, a la izquierda, el edificio del **Hospital de peregrinos,** fundado en el siglo XVI, y como dotación especial, una borrica para el traslado de los peregrinos enfermos a León.

La Montaña HR**, 11 plazas. Teléfono 31 08 61. Delfín Verde, El, HR*, 14 plazas. Teléfono 31 09 15.

En el km. 315,200 el Camino se apartaba de la carretera, desaparecido en los 50 primeros metros. Para seguirlo entras por el acceso a un bar, a la derecha. El Camino marcha paralelo a la carretera.

Más adelante tienes que bordear un vertedero de escombros. Pasas luego el cauce de un canal y atraviesas el camino vecinal de Sanfelismo.

Arcahueja. Pasado un lavadero, con agua potable, asciendes a una colina en la que se sienta Arcahueja. El **Camino Real,** no apto para vehículos, atraviesa el caserío.

En el centro del pueblo, una pequeña plaza, con agua potable. A la salida, las eras.

Ves las torres de televisión y telefónica de la Candamia, sobre la ciudad de León.

A 500 metros a la derecha, el cementerio. A 200 metros más encuentras una bifurcación en una campera. Sigue a la izquierda, es el Camino Real, antes cañada de merinas trashumantes, hoy invadido por las fincas. Pasas entre campos de labor. A tu izquierda la carretera general y varias factorías.

Valdelafuente. Pasas dos bocacalles, luego, a la tercera, tu Camino se confunde con la carretera, 200 metros antes del kilómetro 320 y a 500 metros de la estación de servicio del Portillo.

Rebasas el kilómetro 321, y en una curva, en el mismo alto, a la izquierda, sobre el talud de la carretera, un **crucero** de piedra. Es moderno, sustituye a otro medieval que fue trasladado hace unas décadas a la plaza del hostal de San Marcos de León.

Estás en el **Alto del Portillo,** desde donde ves en su plenitud el caserío de la ciudad de León. Comienzas a descender hacia el río Torío y su **puente del Castro.**

Se llama así porque en el cerro de la derecha se asentaba la **aljama de los judíos,** destruida en los últimos años del siglo XII.

El puente es del siglo XVIII. Aguas abajo, 50 metros, quedan los arranques del antiguo puente romano.

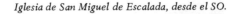

Iglesia de San Miguel de Escalada, desde el SO.

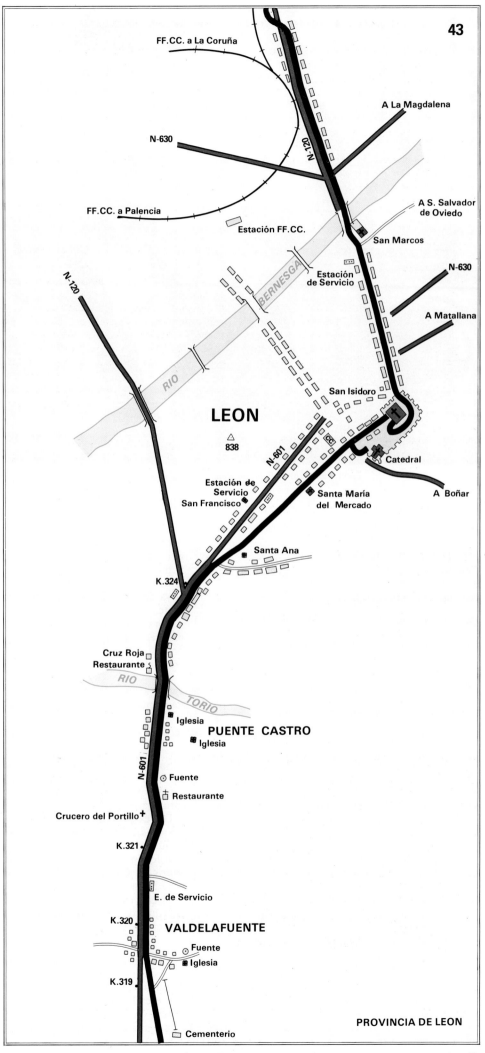

43

FF.CC. a La Coruña

A La Magdalena

N-630

FF.CC. a Palencia

Estación FF.CC.

N-120

A S. Salvador de Oviedo

San Marcos

Estación de Servicio

N-630

A Matallana

BERNESGA

RIO

San Isidoro

LEON

△ 838

N-601

Catedral

A Boñar

Estación de Servicio
San Francisco

Santa María del Mercado

Santa Ana

K.324

Cruz Roja
Restaurante

RIO

TORIO

Iglesia

PUENTE CASTRO

Iglesia

N-601

⊙ Fuente

Restaurante

Crucero del Portillo ✝

K.321

E. de Servicio

K.320

VALDELAFUENTE

⊙ Fuente

Iglesia

K.319

PROVINCIA DE LEON

Cementerio

León. San Isidoro. Panteón Real. Pinturas románicas.

LEÓN. Final de la 8.ª Etapa del «Codex Calixtinus». Ya te encuentras, peregrino, en León, una de las ciudades de mayor trascendencia en la ruta jacobea.

Aymeric, nuestro guía, afirma que León es una de las poblaciones «más grandes» de España, «real y curial, llena de toda especie de felicidades».

Es de origen romano. Nacida como campamento de la Legio VII Gemina (10-VI-68).

Tenía un recinto amurallado con cuatro puertas, cuyos lienzos se conservan, si bien restaurados en su casi totalidad.

Abandonada la ciudad con la invasión musulmana, Ordoño II la convierte, a principios del siglo X, 910-924, en capital del reino cristiano, y llega a ser con Alfonso VII, 1135, ciudad imperial, con vasallos en toda la Península Ibérica y aún más allá de los Pirineos.

En el siglo XIII, fusionado este reino con el de Castilla, pierde su hegemonía.

Hoy es ciudad moderna, de 130.000 habitantes, que guarda un gran tesoro artístico y monumental.

Pasado el puente sobre el río Torío, sigue recto, hacia el centro de la ciudad. Pronto topas, a la derecha de la vía, la plaza y la iglesia de **Santa Ana.**

La iglesia de Santa Ana, en el siglo XII, se denominaba del Santo Sepulcro. Pasó en el siglo XII a la Orden de San Juan de Jerusalén, cuya cruz aparece sobre la puerta oeste.

Por esta misma zona se hallaba la **malatería de San Lázaro,** para leprosos; el Hospital del **Santo Sepulcro** y el suburbio de **los francos.**

El peregrino atravesaba la cerca medieval por **Puerta moneda.** A su derecha encontraba la iglesia de **Santa María del Mercado,** y a la izquierda, el **convento de la Concepción.**

Santa María del Mercado se llamó antes **Santa María del Camino,** románica, siglo XII, mutilada y reformada.

Detrás del templo de **Santa María** se halla la **plaza del Grano,** con su fuente monumental, neoclásica, y al fondo, el **monasterio de Santa María de Carbajal,** de las madres benedictinas.

El **convento de la Concepción,** a la izquierda, se fundó en 1518, en edificio del siglo XIV.

Sigues por la **Rúa (de los Francos),** calle típica de la peregrinación que bordeaba la muralla romana. Conserva casas antiguas y palacios con escudos.

Desembocas en la **calle Ancha,** hoy del **Generalísimo,** una de las arterias vitales de esta ciudad.

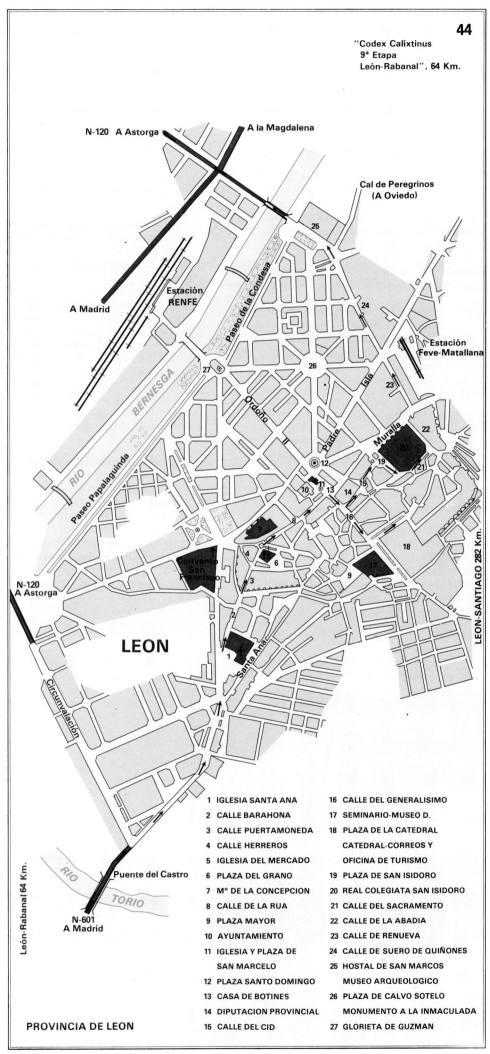

44

"Codex Calíxtinus
9ª Etapa
León-Rabanal", 64 Km.

N-120 A Astorga

A la Magdalena

Cal de Peregrinos
(A Oviedo)

Estación
RENFE

A Madrid

Paseo de la Condesa

25

24

Estación
Feve-Matallana

27

26

Isla

23

Ordoño II

Padre

Muralla

22

20

19

21

12

11

13

10

15

14

8

16

7

18

4

5

6

17

9

3

2

Convento
San
Francisco

N-120
A Astorga

1

Santa Ana

LEON

León-Santiago 282 Km.

Paseo Papalaguinda

RIO BERNESGA

Circunvalación

León-Rabanal 64 Km.

RIO TORIO

Puente del Castro

N-601
A Madrid

PROVINCIA DE LEON

1 IGLESIA SANTA ANA	16 CALLE DEL GENERALISIMO
2 CALLE BARAHONA	17 SEMINARIO-MUSEO D.
3 CALLE PUERTAMONEDA	18 PLAZA DE LA CATEDRAL
4 CALLE HERREROS	CATEDRAL-CORREOS Y
5 IGLESIA DEL MERCADO	OFICINA DE TURISMO
6 PLAZA DEL GRANO	19 PLAZA DE SAN ISIDORO
7 Mº DE LA CONCEPCION	20 REAL COLEGIATA SAN ISIDORO
8 CALLE DE LA RUA	21 CALLE DEL SACRAMENTO
9 PLAZA MAYOR	22 CALLE DE LA ABADIA
10 AYUNTAMIENTO	23 CALLE DE RENUEVA
11 IGLESIA Y PLAZA DE	24 CALLE DE SUERO DE QUIÑONES
SAN MARCELO	25 HOSTAL DE SAN MARCOS
12 PLAZA SANTO DOMINGO	MUSEO ARQUEOLOGICO
13 CASA DE BOTINES	26 PLAZA DE CALVO SOTELO
14 DIPUTACION PROVINCIAL	MONUMENTO A LA INMACULADA
15 CALLE DEL CID	27 GLORIETA DE GUZMAN

A tu izquierda, la **plaza de San Marcelo**, con palacios y monumentos importantes: **iglesia de San Marcelo**, siglo XVI, con esculturas de Gregorio Fernández; el Ayuntamiento, siglo XVI; la **Casa de Botines**, obra de Gaudí.

Al otro lado de la calle, el **Palacio de los Guzmanes**, sede de la Diputación Provincial, siglo XVI, con bello patio. Junto a San Marcelo estuvo, hasta este siglo, el **Hospital de peregrinos de San Antonio Abad**.

Al dejar la **calle de la Rúa**, tuerce a la derecha. Aquí se encontraba **la puerta Cauriense**, la **sinistra** del campamento romano. Por ella entraban los peregrinos.

En seguida, alineada con la acera, encuentras una capillita neorrománica, dedicada al Santo Cristo de la Victoria.

Según la tradición esta capilla está edificada sobre el solar de la casa de San Marcelo, centurión de la Legión VII Gémina y mártir romano.

Al otro lado de la calle tienes la fachada meridional del palacio de los Guzmanes. Al final de este palacio comienza la calle del **Cid**, que te lleva a la **plaza de San Isidoro** y a su **basílica** por el auténtico **Camino de los peregrinos**.

Si lo prefieres, puedes seguir por la calle del Generalísimo, para visitar la catedral, que se encuentra al final de la misma.

La catedral de León, «pulchra leonina», es la más bella de las catedrales góticas. Se comenzó en 1205 y casi se terminó en el mismo siglo. Ocupa el emplazamiento de unas termas romanas y el de la antigua catedral románica.

Planta de cruz latina y tres naves, con muy ricas portadas de grupos escultóricos en los brazos del crucero y una en cada nave del hastial de poniente.

En el parteluz de la portada central, la **Virgen Blanca**; a la derecha, la estatua de **Santiago peregrino**, sobre una columnilla desgastada por las manos de los peregrinos y rayada al contacto de medallas y rosarios.

En el interior del templo, en retablos y portadas, la imagen de Santiago.

La verdadera sorpresa de este monumento son sus **vitrales**, toda cristal y toda luz, con el mínimo de piedra para engarzar las vidrieras. Son 125 ventanales, 57 óculos o rosas, tres rosetones gigantescos: cerca de 1.800 metros cuadrados de vidriería artística. Además, puedes visitar el **claustro**, gótico y renacentista; el **museo** y el **archivo,** con notables ejemplares de orfebrería, imaginería y códices miniados.

Al costado sur de la catedral, el Seminario Mayor, con el Museo Diocesano, en trance de ser tralado al templo catedralicio.

Al norte, la Obra Hospitalaria de Nuestra Señora de Regla, heredera del Hospital de San Marcelo y San Antonio, instalada en un palacio barroco, trasladado de otro emplazamiento.

Real basílica de San Isidoro, uno de los pocos templos que nuestro guía, Aymeric Picaud, manda visitar:

León. Catedral, gótica, siglo XIII.

«En la ciudad de León se ha de visitar el venerable cuerpo de San Isidoro, obispo y confesor o doctor, quien estableció una piadosísima regla para los clérigos de su iglesia, infundió sus doctrinas al pueblo español y honró a toda la Santa Iglesia con sus floridos escritos.»

Te encuentras en la **plaza de San Isidoro;** a tu izquierda, la fuente, del siglo XVIII; a la derecha, al fondo, una columna de 1968; ambos monumentos conmemorativos de la legión romana fundadora de la ciudad. Enfrente, ocupando toda la manzana, la **Real Colegiata Basílica**, uno de los hitos fundamentales del Camino de peregrinación por su historia y tesoros monumentales, artísticos, culturales y religiosos.

En el ángulo occidental del campamento romano, quizá sobre el solar de un templo de Mercurio, se levantó una iglesia en honor de San Juan, que era ya antiquísima en el siglo X.

En 966 se edificó otra contigua en honor del niño mártir San Pelayo. Ambas fueron arrasadas a finales del siglo X por Almanzor.

En los comienzos del siglo XI se restauraron y fueron convertidas en **Panteón Real**.

En 1063 llegaron desde Sevilla los restos de San Isidoro, y fueron alojados en la nueva iglesia levantada por los reyes Fernando y Sancha, que con ella inauguraban el primer templo románico en el Camino de peregrinación.

A finales del siglo XI se ensanchó esta iglesia, que se concluyó en el primer tercio del siglo XII.

Hoy se conserva el **Panteón**, donde reposan 23 cuerpos reales. Están decoradas sus bóvedas con pinturas románicas del siglo XII, que han merecido para el recinto el título de **Capilla Sixtina del arte románico.**

La colegiata está considerada como el conjunto más completo del románico, donde nada falta: arquitectura, capiteles y tímpanos historiados, telas, orfebrería, marfiles, códices miniados, documentos en pergamino, etc.

Puedes visitar sus museos, con colecciones de los más variados estilos, comenzando por el epigráfico romano, el tesoro, la biblioteca, el panteón, el claustro.

Verás el famoso cáliz de ágata, el pendón de San Isidoro con la mano de Santiago, la Biblia visigótica, uno de los códices medievales más célebres.

El **templo** no se cierra prácticamente ni de día ni de noche, porque en él, sobre el arca con el cuerpo de San Isidoro, está perennemente expuesto, por privilegio inmemorial, el Santísimo Sacramento.

Cuida la basílica una comunidad de canónigos con su abad, que viven en la misma colegiata y atienden toda una serie de obras religiosas y culturales.

Si gustas de emociones profundas, asiste a la liturgia capitular de las nueve de la noche.

Son muchas las tradiciones jacobeas de esta basílica. También ella tiene su **puerta del perdón**.

El último domingo de abril puedes asistir a la celebérrima fiesta de las **Cabezadas**, disputa secular e

León. San Isidoro. Panteón Real.

inacabable entre el Cabildo isidoriano y el municipal.

Entra en la basílica por la puerta meridional. Sobre la portada ves la estatua de un obispo a caballo. No es Santiago, sino San Isidoro en la batalla de Baeza (1144). Encontrarás la iglesia acompañada siempre de adoradores.

Los peregrinos salían por la puerta del crucero sur, la del Perdón, esculpida por el maestro Esteban, el mismo de la portada de las Platerías, que verás en Compostela.

Desde esta puerta el Camino bordeaba el ábside de la basílica y la colegiata por su lado oriental, actual **calle del Sacramento,** que desemboca en la plaza de **Santo Martino** (canónigo de la colegiata, en donde reposan sus restos), con la entrada de honor a la residencia sacerdotal.

Cierra la plaza, al norte, un centro de enseñanza, que antaño fue **Hospital de la Colegiata** para peregrinos.

Sigue a tu izquierda, bordeando la huerta de San Isidoro, **calle de la Abadía** abajo, y te encuentras con la **muralla romana** rota donde estaba la **puerta de Renueva,** abierta para comodidad de los peregrinos en 1168.

Atraviesas la calle de **Ramón y Cajal** y comienzas la de **Renueva** (Rúa nova del siglo XII), típica de peregrinos. Sigue adelante hasta encontrarte con la del **P. Isla,** que, asimismo, atravesarás para andar la de **Suero de Quiñones,** que te llevará hasta la **plaza y el hostal de San Marcos.** En el centro de la plaza, un crucero gótico de piedra.

Hospital de San Marcos. A lo largo de la calle, a la derecha, comienzas viendo un modesto edificio de dos plantas. Era el Hospital para los peregrinos.

Contiguo a él, el edificio renacentista, casa matriz de los Caballeros de Santiago de la Espada para seguridad de los peregrinos santiaguistas (1170).

Junto al puente que atravesaba el río Bernesga edificó la reina Doña Sancha, en el siglo XII, una hospedería para los **pauperes Christi.** En el mismo siglo llegaron allí los freires convertidos en orden militar.

En 1513 se dispone la erección del nuevo edificio, comienzo del plateresco en León, que se rematará en la época del barroco.

Veneras peregrinas cubren el frontón y aparecen por todas partes. Bustos de reyes y reinas, priores y guerreros se alinean en la fachada principal, cubierta de columnas de candelabro y grutescos.

En el interior es notable el **claustro y la sacristía,** obra en buena par-

Hostal de San Marcos, siglo XVI.

León. Plaza de San Marcelo.

te de Juan de Badajoz, «el Mozo». Merece contemplarse el **coro de la iglesia**, obra de Juní y Guillén Doncel.

En San Marcos se aloja el **Museo Arqueológico Provincial**, con excelente colección de epigrafía y numismática romanas, así como ricas piezas de escultura y orfebrería medieval y estilos posteriores.

El Hospital de San Marcos era el más conocido y celebrado en los relatos de la peregrinación; aunque eran muchos más, 17 están documentados.

San Marcos H*****, 503 plazas. Teléfono, 23 73 00. Conde Luna H****, 255 plazas. Teléfono 20 65 12. Riosol H**, 224 plazas. Teléfono 22 36 50. Quindós HR**, 156 plazas. Teléfono 23 62 00. Reina HR*, 17 plazas. Teléfono 20 52 12; París HR*, 125 plazas. Teléfono 23 86 00. Don Suero HR**, 166 plazas. Teléfono 23 06 00. Reino de León HR**, 45 plazas. Teléfono 20 32 51.

Gastronomía: Sopas de ajo, cecina, truchas escabechadas, cachelada leonesa, mollejas, embutidos y quesos.

Refugio: Los canónigos de la Basílica de San Isidoro acogen tradicionalmente a los peregrinos. Teléfono 23 66 00.

«Codex Calixtinus»
9.ª Etapa: León-Rabanal, 64 km.

Pasas el río Bernesga por un puente del siglo XVI. Dejas atrás la ciudad de León, donde se afincan las raíces de España.

Luego encuentras el cruce de carreteras, **el crucero**, donde en 1434 figuró un coloso monigote señalando el Camino jacobeo, y el puente del «Paso Honroso» sobre el río Orbigo.

La Virgen del Camino. En tu Camino, de frente, contemplas el caserío de la Virgen del Camino. Pronto ves el depósito de aguas y la torre del santuario. Atraviesas un erial. Ya junto a las casas, una bifurcación. Sigue a la derecha, hacia el depósito de aguas. Cruzas la carretera que va al **aeródromo militar.** Caminas por campos, y ya te encuentras en la explanada posterior y junto al recinto cerrado del Santuario de la Virgen.

Trobajo del Camino. Es un arrabal de León, distinta municipalidad. Difícil seguir la ruta medieval. Me esforzaré en orientarte..

El Camino coincide con la carretera los primeros 1.200 metros de recorrido, hasta el cruce con el ferrocarril de Gijón. La carretera gira a la derecha para ganar el paso elevado. Tu Camino sigue recto 200 metros. Atraviesas luego la carretera hacia la derecha y tuerces hacia la izquierda para recorrer la primera calle paralela a la carretera —Reguero de la Botija, hoy **calle de los Peregrinos**—, atravesando la **presa del Bernesga.** Son 200 metros de calle, para salir hacia la izquierda de nuevo a la carretera, a la altura de un cine.

Por la acera del cine —Eduardo Contreras— sigues la carretera, e inmediatamente, a tu derecha, te encuentras con una humilde ermita dedicada al Apóstol Santiago, con fecha de 1777, pero de antigua ascendencia.

Vas remontando, carretera arriba, y a 175 metros antes del kilómetro 3, el Camino se desvía hacia la izquierda —**calle del Atajo,** ahora, **Doña Sira Sampedro**— y forma una L, mientras la carretera describe una gran curva para salvar la altura.

A los 300 metros el Camino vuelve a la carretera, cruzándola hacia la derecha, al final de la curva.

Ahora el Camino se aparta de la carretera y comienza a remontar un repecho bien pendiente, a la derecha, que se inicia asfaltado. Vas entre las clásicas bodegas o almacenes de vino soterrados.

En lo alto de la cuesta te encuentras con el pedestal de cinco gradas y la base de un **crucero** antiguo, señalando el Camino. La parte de la cruz ha desaparecido.

Desde este punto vuelve la vista atrás. ¡Soberbia panorámica sobre la ciudad de León!

Luego un bar-restaurante, «Mirador de la Cruz». Detrás de él un bar. Deja éste a la izquierda, y un almacén a la derecha, por entre ambos sigue tu ruta hacia la Virgen del Camino.

Atraviesas un camino vecinal y pasas bajo un tendido eléctrico. Avanzas 150 metros, a tu izquierda un cementerio de coches. Bajas a una hondonada, una bifurcación a la izquierda va a la carretera. Tú sigue recto hasta pasar una escombrera.

A 750 metros tu Camino toca a la carretera, no entres en ella, sigue a la derecha por un camino de carros y remonta una loma.

Pasas por entre almacenes y factorías. En lo más alto de la loma hay una bifurcación Sigue a la izquierda.

Lo que hoy es pueblo y santuario de la Virgen del Camino era en el primer año del siglo XVI un altozano descampado con una pequeña ermita o humilladero.

Por el descampado atravesaba el Camino francés de peregrinos.

Entre los años 1502 a 1511 se apareció allí la Santísima Virgen a un pastor llamado Alvar Simón, solicitando que se le construyese un santuario en el lugar que ocupa el actual.

La imagen prodigó los milagros y el templo se constituyó en lugar de romerías. Es la Patrona de la región leonesa. Sus fiestas principales se celebran el 15 y 29 de septiembre y el 15 de octubre.

El santuario actual fue inaugurado en 1961. Es de atrevidas líneas modernas, obra del arquitecto dominico P. Coello de Portugal.

En la fachada, 13 colosales estatuas en bronce de Subirachs, de seis metros de altura.

Del mismo artista son las cuatro puertas de bronce. La primera del costado sur, que se abre al camarín de la Virgen, relata el milagro de la aparición.

En el interior se conserva el retablo barroco de 1730, y en su centro, en trono de plata, la Piedad, siglo XVI.

Desde 1954 rigen el santuario los PP. Dominicos, que asimismo atienden la «Fundación de la Virgen del Camino» y el gran complejo religioso, cultural y social. Puedes contemplar sus instalaciones, frente al santuario, al otro lado de la carretera.

Soto HR**, 51 plazas. Teléfono 23 61 15. El Central H*, 29 plazas. Teléfono 30 00 11. Julio César HR*, 20 plazas. Teléfono 30 01 29. La Cuesta F, 20 plazas.

Refugio: Los Padres Dominicos ofrecen digna acogida. Teléfono 30 00 01.

De nuevo en la carretera N-120. Te queda a la izquierda el colegio vocacionario de los PP. Dominicos. Caminas por ella 50 metros, y en la misma curva, a la izquierda, un sendero con un terraplén te baja al Camino antiguo.

Pasas un regato por una alcantarilla moderna y comienzas a subir, dejando a tu izquierda el cementerio del poblado.

El Camino sigue a la izquierda de la carretera y paralelo a ella en muchos tramos.

45

Fuente

Arroyo Lavadero

VILLADANGOS DEL PARAMO

890

Iglesia
Restaurante

K.19

A Sta. María del Páramo

Urbanización
CAMINO DE SANTIAGO

K.18

Est. de Servicio

Restaurante

K.17

A Carrizo

A la Estación

K.16

Arroyo   Raposeras

K.15

N-120

K.14

K.13
915

Iglesia
**SAN MIGUEL
DEL CAMINO**

K.12

Restaurante

Arroyo del Valle

K.11   905

Iglesia

Arroyo de la Oncina   K.10   **VALVERDE DE LA VIRGEN**
887

500

K.9

N-120

A Madrid   por la autopista A. 66

A Oviedo

K.8

Cementerio

K.7

Aeródromo

Santuario del
Camino

**LA VIRGEN
DEL CAMINO**
905

Humilladero

K.6

Est. de Servicio

Restaurante

K.5

K.4

A Montejos

Restaurante

Est. de Servicio   Crucero
Restaurante

**TROBAJO
DEL CAMINO**

Iglesia
Capilla de Santiago   **PROVINCIA DE LEON**

León-Villadangos del Páramo, 19 Km.

LEON-SANTIAGO, 282 Km.

*Virgen del Camino,
patrona de todo un reino.*

*Virgen del Camino,
Esculturas de la
fachada,
por Subirachs.*

Así caminarás, con pequeñas desviaciones, siguiendo la carretera hasta Astorga.

Te encuentras en pleno **Páramo leonés,** de inmensidad inacabable. Sigue siempre recto. Hacia el noroeste divisas las imponentes masas calizas de la cordillera Cantábrica.

Vas viendo la carretera salpicada de factorías.

Comienzas el descenso hacia el valle de Fresno, a la altura del km. 8 de la carretera, hoy ocupado por el trébol de la autopista León-Asturias.

El vallecillo de Fresno, que acabas de atravesar, ha sufrido una gran transformación por las obras de la **autopista Asturias-León,** sin que se haya tenido en cuenta tu milenario Camino, el monumental Camino de Santiago.

Pasado el trébol, se ofrece a tu vista un espectáculo majestuoso. Hacia el este contemplas la torre del santuario de la Virgen del Camino. Hacia el oeste, el pueblo de Valverde, y en forma de anfiteatro semicircular, a norte, oeste y suroeste, en la lejanía, cresterías de montañas: **Peña Portilla, Peña Ubiña, el Teleno,** etc.

Valverde de la Virgen (antes, del Camino). Aquí coinciden Camino y carretera por el centro del poblado. Aunque de gran antigüedad, figura en la documentación del siglo X, no guarda vestigios de la peregrinación más que en el nombre, y ahora ni siquiera en él.

Los dos kilómetros que separan Valverde del inmediato pueblo de San Miguel reciben el Camino coincidiendo con la carretera.

San Miguel del Camino. Al comienzo del pueblo el Camino se aparta de la carretera y se introduce, por la derecha, en la calle larga, para salir entre unos prados, más allá del km. 12, a la misma carretera que atraviesa hacia la izquierda y continuar entre dos barrancos, en los que se abren las entradas de las bodegas del poblado.

En San Miguel existió en el siglo XII un **Hospital de peregrinos.** En el Museo Arqueológico de León se guarda una bella imagen de Santiago peregrino, siglo XV, que perteneció a esta parroquia.

El Camino sigue paralelo a la carretera, tocándola por la parte izquierda siete kilómetros, hasta el poblado de Villadangos.

En el km. 18, en el lugar del **Montico,** con estación de servicio y hostal, una nueva urbanización de chalés residenciales lleva el nombre de «Camino de Santiago».

Villadangos del Páramo. El Camino baja a la izquierda de la carretera, por entre ésta y el nuevo grupo escolar; atraviesa una pequeña hondonada y un regato, donde la carretera describe una curva. Inmediatamente antes de llegar al km. 19 el Camino pasa a la derecha de aquélla, continuando por la inmediata **calle Real.** Todavía lleva el nombre del **Camino Real Francés.**

Atraviesas el **canal de riegos del Páramo** y el camino de servicio del mismo. Sigues entre prados otros 250 metros. Ya en las eras, vuelves a la carretera, 50 metros antes del kilómetro 20.

Villadangos es una antigua villa de ascendencia romana. En 1111 se dio aquí una batalla entre las tropas de Alfonso de Aragón y las de su esposa, Doña Urraca de León.

Tuvo **Hospital de peregrinos,** cuyo solar señalan en la calle Real.

Su iglesia de Santiago tiene esculpidas en lo alto de las hojas de la puerta de entrada dos escenas de la batalla de Clavijo. En el retablo del altar mayor aparece un Santiago Matamoros, vestido pintorescamente.

Otros tres kilómetros en que el Camino se confunde con la carretera.

Hace veinticinco años que todo ha cambiado. A la antigua monotonía y aridez de la paramera se suceden hoy verdaderos vergeles.

Verás, a uno y otro lado del Camino, el suelo surcado de canales de agua. Son los **Riegos del Orbigo** que han transformado el paisaje.

San Martín del Camino. Aquí se aparta el Camino de la carretera, a la derecha, por la **calle Ancha**, que da comienzo hacia la mitad del pueblo, en la plaza, antes del «Bar Cubano», que hace esquina con la carretera.

Calle adelante, hacia la mitad, el solar del antiguo **Hospital** de peregrinación. Al final, calle y Camino desembocan en la carretera, poco antes del km. 24.

Después carretera y Camino se confunden durante cinco kilómetros.

Hospital de Orbigo. Sobrepasas el kilómetro 29, y a los 250 metros, a tu derecha, el Camino abandona la carretera, por la derecha, y parte recto hacia el **puente del Orbigo,** distante 750 metros. Frente a ti ves la espadaña de la iglesia de Santa María.

Pronto encuentras el celebérrimo **puente** sobre el río **Orbigo.** En el centro, a cada lado, un monolito de piedra, recordando la hazaña de don Suero de Quiñones.

El río Orbigo es célebre en la historia por las batallas que allí han tenido lugar: suevos y visigodos (456); moros y cristianos en los tiempos de Alfonso III.

El **puente** es uno de los más destacados en el Camino jacobeo. La mayor celebridad se la dio el caballero leonés don Suero de Quiñones en el Año Santo de 1434.

Prisionero de amor de una dama esquiva, se comprometió a mantener unas justas caballerescas o **Paso,** desafiando a cuantos caballeros de Europa quisieran aceptar su reto y comprometiéndose a defender el paso del Orbigo con otros nueve caballeros leoneses, hasta romper trescientas lanzas.

Comenzaron las justas el 10 de julio y se mantuvieron durante treinta días. La fama del hecho llegó a toda Europa y entró en la literatura.

Los campeones, terminado felizmente el **paso,** al que se le dio el título de «Honroso», se encaminaron a Compostela a dar gracias al Apóstol y a depositar en su relicario una gargantilla de oro, que todavía adorna el busto procesional de un Santiago Menor, procedente de San Isidoro de León.

Pasado el puente, el pueblo de **Hospital.** Sigue recto. A la derecha la iglesia de San Juan, de los antiguos hospitalarios.

Al otro lado de la plaza los nativos enseñan las **ruinas del Hospital.** En el centro de la misma, un modesto crucero de piedra.

A 500 metros del río, siguiendo por delante de la iglesia, cruza la carretera de la Magdalena. Sigue 200 metros adelante. Te encuentras una bifurcación y una casa en chaflán con una fuente artesiana adosada.

A la derecha parte el **Camino de Villares,** que utilizaron algunos peregrinos. Hoy está casi ciego, invadido por las fincas de labor.

A la izquierda del chaflán y del artesiano sigue el Camino, describiendo una curva, 1.200 metros, por en medio de la vega, para encontrarse con la carretera de Astorga en el kilómetro 32,400.

Hospital de Orbigo. Puente del "Paso Honroso".

46

K. 38

K.37

N-120

ESTEBANEZ
DE LA
CALZADA

Iglesia

K.36

K.35

SANTIBAÑEZ DE
VALDEIGLESIAS
Iglesia

845

K.34

VILLARES DE
ORBIGO

919

Iglesia

K.32

N-120

1.400

A La Bañeza

K.31

Fuente

A La Magdalena

RIO

Restaurante

500

E. de Servicio

Fuente

Crucero
Iglesia

HOSPITAL DE ORBIGO

819

Ayuntamiento

500

Camping

Puente
romano

ORBIGO

Iglesia

K.30

350

A Santa María del Páramo

400

K.29

Acequia

Cerrajera

Arroyo de   la Huerga

K.25

Hospital de Orbigo-Astorga. 14 Km.

Canal

K.24

del Páramo

SAN MARTIN
DEL CAMINO

Iglesia

CR.

Restaurante

K.23

N-120

K.22

Arroyo

K.21

Riego

HOSPITAL DE ORBIGO-SANTIAGO, 252 Km.

PROVINCIA DE LEON

Paso Honroso HR**, 18 plazas. Teléfono 37 49 75. Suero de Quiñones F, 18 plazas. Teléfono 37 49 38. Avenida HR. Teléfono 37 49 11.

Gastronomía: Sopas de ajo con truchas; alubias a la bañezana; cangrejos, etc.

Refugio: Ayuntamiento y parroquia ofrecen refugio. Teléfonos 38 82 06 y 38 84 44.

Ahora tu Camino sigue la carretera. Comienzas a subir por un áspero sequedal de barrancas, tomillares y monte bajo.

En el km. 39 remontas el montículo y puedes contemplar, al suroeste, las cumbres del Teleno.

Pasado el km. 40, a 250 m., el Camino continúa recto, por la derecha, mientras la carretera describe una gran curva. Encuentras el **crucero de Santo Toribio,** obispo astorgano del siglo V. La vista que tienes enfrente es realmente magnífica.

San Justo de la Vega. Desciendes del **crucero** y, por carretera, llegas al pueblo de San Justo.

El templo, a excepción de la torre, ha sido renovado. Conserva una talla de San Justo, obra de Gregorio Español, siglo XVI, y un buen retablo, siglo XVII.

Ideal HR*, 34 plazas. Teléfono 61 66 81.

Pasas el puente sobre el río Tuerto; 50 metros más allá, a la derecha, desciende el Camino, que sigue paralelo a la carretera, hasta pasar el puente romano, de tres arcos, donde tendrás que volver a la carretera.

Astorga. El solar astorgano es un espolón avanzado de oeste a este, tajado por todos sus lados, menos por el occidente.

El Camino subía hacia la puerta oriental de la muralla, hoy desaparecida, llamada Puerta Sol. Quedan a tu izquierda los muros del **Hospital de las Cinco Llagas,** incendiado hace pocos años. Ocupa el solar de otros dos anteriores: San Esteban y San Feliz. A la derecha, el **convento de San Francisco,** ocupado ahora por los PP. Redentoristas.

Sigues por la antigua calle de las Tiendas, hoy de San Francisco. Desembocas en la plaza de España, sede del Ayuntamiento. Luego la calle Pío Gullón, antes Rúa Nueva; calle de Santiago Crespo; calle de Santiago Apóstol, la Caleya Yerma de los antiguos, que te lleva al gran complejo arquitectónico y artístico de la capital de la Maragatería: el **Palacio Museo de los Caminos,** obra de Gaudí; detrás de él, la **muralla romana**; a la izquierda, la parroquia de **Santa María**; delante de ti, la **catedral de Santa María,** con la efigie de Pero Mato, el héroe de Clavijo, en lo alto de la cabecera.

Formando ángulo con la fachada principal, a los pies de la catedral, el **Hospital de San Juan,** donde afirma la tradición que convaleció San Francisco.

Luego, por las calles de Leoncio Núñez y San Pedro, llegas a la iglesia de **San Pedro de Afuera,** o del **Arrabal de Rectivía.** Es edificio moderno.

Cruzas la carretera N-VI y tomas la carretera de Santa Colomba y Foncebadón.

ASTORGA. «Asturica», primero castro prerromano de los Amacos, luego centro de operaciones de Augusto, de quien recibió el título de «Augusta», convento jurídico, nudo de comunicaciones del que partían nueve itinerarios. Sede episcopal desde los comienzos de la cristianización. Su recinto amurallado es de ascendencia romana.

Confluencia de dos calzadas de peregrinación: **Camino Francés** y **Vía de la Plata.** De aquí partían otras dos rutas: Foncebadón y Manzanal.

Si atendemos a los documentos, Astorga fue el lugar español, después de Burgos, que más Hospitales levantó para los peregrinos: veintidós.

Catedral. Tres ha conocido Astorga desde su repoblación. La actual, comenzada en 1471, es una superposición de estilos: gótico florido, renacimiento y barroco. Sus joyas escultóricas fundamentales son: Virgen de la Majestad, románica, del siglo XI; Retablo mayor, de Becerra; Inmaculada, de Gregorio Fernández; púlpito y sillería coral.

Palacio Episcopal de Astorga, obra de Gaudí.

47

A Sanabria

Restaurante
Estación de Servicio
S. Pedro

K.325
S. Juan
Catedral
Restaurante
Sta. Marta
Palacio Gaudí

A Villamejil

N-VI
Muralla
ASTORGA
868

C.C.
S. Francisco

Puerta Sol
FF.CC. a Zamora
León a La Coruña
Restaurante
Presa de la Molinera
FF.CC. de K.45
Puente romano

Fca. Hilaturas

N-120

K.44

TUERTO

Restaurante

RIO
K.43

Iglesia
Restaurante
SAN JUSTO DE LA VEGA
847

K.42

500

K.41

400
Crucero de Sto. Toribio
125
250

K.40

N-120

ASTORGA-SANTIAGO, 238 Km.

PROVINCIA DE LEON

Astorga. Catedral.

En la catedral se visita el **Museo Diocesano,** con notables colecciones.

Palacio Episcopal, obra de Gaudí, comenzado en 1889. En este palacio se alberga el **Museo de los Caminos:** epígrafía romana, epigrafía y escultura medieval; Camino de peregrinación y Camino de Arriería maragata.

Ayuntamiento, barroco, del siglo XVII, el **Monumento de los Sitios,** la **Ergástula romana,** las **Emparedadas,** iglesias de **San Bartolomé, Fátima, Santa Marta, San Esteban, San Francisco, Santa Clara y San Andrés** son lugares de más o menos obligada visita.

Si sientes interés por los pergaminos y documentos, visita el Archivo Diocesano, detrás de la catedral.

Gaudí H***, 70 plazas; Las Cadenas H**, 16 plazas. Teléfono 61 60 18. Gallego HR**, 99 plazas. Teléfono 61 54 50. La Peseta HR **, 64 plazas. Teléfono 61 53 00. Norte H*, 18 plazas. Teléfono 61 66 66. Coruña HR*, 34 plazas. Teléfono 61 50 09. Delfín HR*, 28 plazas. Teléfono 61 62 10.

La Concha P*, 12 plazas. Teléfono 61 61 59. García P*, 5 plazas. Teléfono 61 60 46.

Gastronomía: Cocido maragato, truchas al ajoarriero, alubias con callos, congrio al ajoarriero, mantecadas de Astorga.

Refugio: Los Hermanos Holandeses, de la Congregación de Nuestra Señora de Lourdes, ofrecen asilo a los peregrinos. Teléfono 61 59 76.

Hacia los puertos de los Montes de León. Como hemos advertido, partían de Astorga dos rutas de peregrinos, siguiendo otras dos calzadas romanas: una, más al norte, por el **Puerto de Manzanal;** la otra, por **Foncebadón** y **monte Irago.**

La **ruta de Foncebadón,** la clásica, antaño más fácil, más concurrida, es la que sigue y describe nuestro «guía», Aymeric Picaud, en el siglo XII, la que también seguiremos nosotros.

Una advertencia: Sigue la ruta de Foncebadón un buen camino asfáltico, estrecho. Si lo haces en coche, recuerda que no tendrás estaciones de servicio a lo largo de 50 kilómetros.

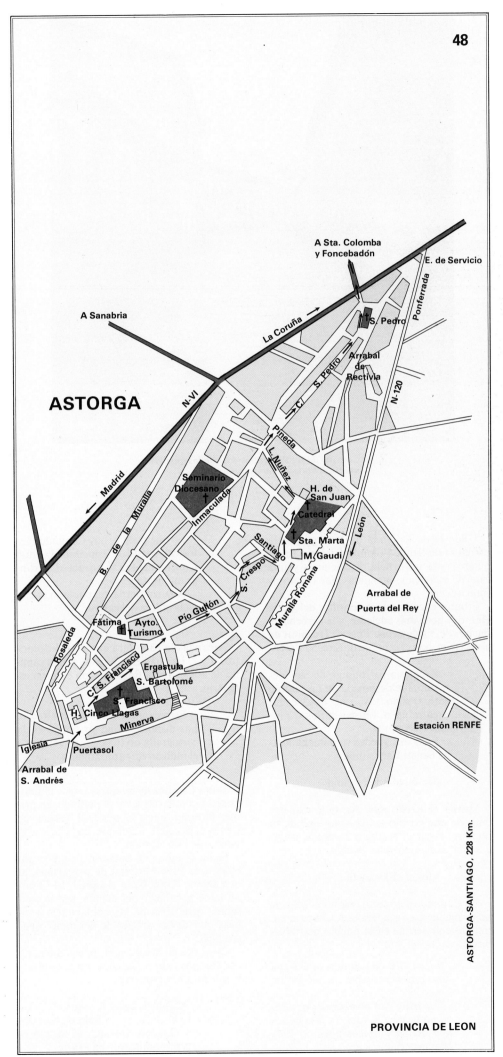

48

A Sta. Colomba
y Foncebadón

E. de Servicio

A Sanabria

La Coruña

S. Pedro

Ponferrada

N-120

Arrabal
de
Rectivía

ASTORGA

N-VI

Madrid

Cl S. Pedro

Pineda

L. Núñez

B. de la Muralla

Seminario
Diocesano
Inmaculada

H. de
San Juan

Catedral

Santiago

S. Crespo

Sta. Marta

M. Gaudí

León

Arrabal de
Puerta del Rey

Muralla Romana

Fátima

Ayto.
Turismo

Pío Gullón

Rosaleda

C/ S. Francisco

Ergástula

S. Bartolomé

S. Francisco

H. Cinco Llagas

Minerva

Estación RENFE

Iglesia

Puertasol

Arrabal de
S. Andrés

ASTORGA-SANTIAGO, 228 Km.

PROVINCIA DE LEON

119

Castrillo de los Polvazares, uno de los pueblos
más típicos de la Maragatería.

Valdeviejas. Saliendo de Astorga por la carretera de Santa Colomba, dejas a tu izquierda una residencia de ancianos y una casa de ejercicios, atendidas por religiosas franciscanas.

Pronto encuentras la ermita del Ecce Homo, y poco más adelante, a la derecha, el pueblo de **Valdeviejas.** Poseyó **Hospital de peregrinos,** con el nombre de Sancha Pérez.

Su iglesia parroquial, de San Verísimo, fue despojada de un retablo gótico, siglo XIV, que hoy se encuentra en el Museo de los Caminos, en Astorga.

En la antigüedad se llamaba «Villa Sancti Verissimi».

Mesón «La Peregrina».

Murias de Rechivaldo. Acaso lo más notable de este pueblo sea la sonoridad de su nombre. Aquí el Camino tuerce a la izquierda, al comienzo del pueblo.

Mesón «El Rancho».

Tu Camino sigue recto, forma la base de un triángulo, cuyos laterales los hace la carretera, con vértice en el pueblo de **Polvazares.**

Este trozo de Camino se designa hoy con el nombre de «Camino Francés».

Castrillo de Polvazares, por donde no pasaba la ruta, es uno de los más bellos y típicos pueblos de la Maragatería.

En este pueblo, hoy Conjunto Histórico-Artístico, concibió y situó Concha Espina su novela «La esfinge maragata».

A la izquierda del poblado se eleva la colina del **castro.**

Alcanzas la carretera entre los kilómetros 6 y 7. La atraviesas y sigues por el camino de asfalto hacia Rabanal, con entorno estepario.

Este camino no está señalizado. Las distancias que yo pongo en la cartografía no tienen otro valor que el indicativo y aproximado.

Santa Catalina de Somoza. Desde el kilómetro 1 comienzas a ver el poblado, en primer término; hacia el oeste, el **Teleno;** de frente, el **Becerril,** y al fondo, en la altura, el pueblo de Foncebadón.

Santa Catalina de Somoza. Pequeño poblado que tuvo **Hospital de peregrinos,** al que alguno llama **Gran Hospital.** El Camino sigue por medio del pueblo, por la consabida **calle Real** de las poblaciones jacobeas, por detrás del ábside del templo parroquial.

De nuevo en la carretera, sigues subiendo por campos pobres. Te encuentras en el corazón de la **Maragatería.**

Al fondo, hacia la izquierda, casi a tu alcance, el símbolo de esta tierra: el **monte Teleno,** que los romanos personificaron en Marte.

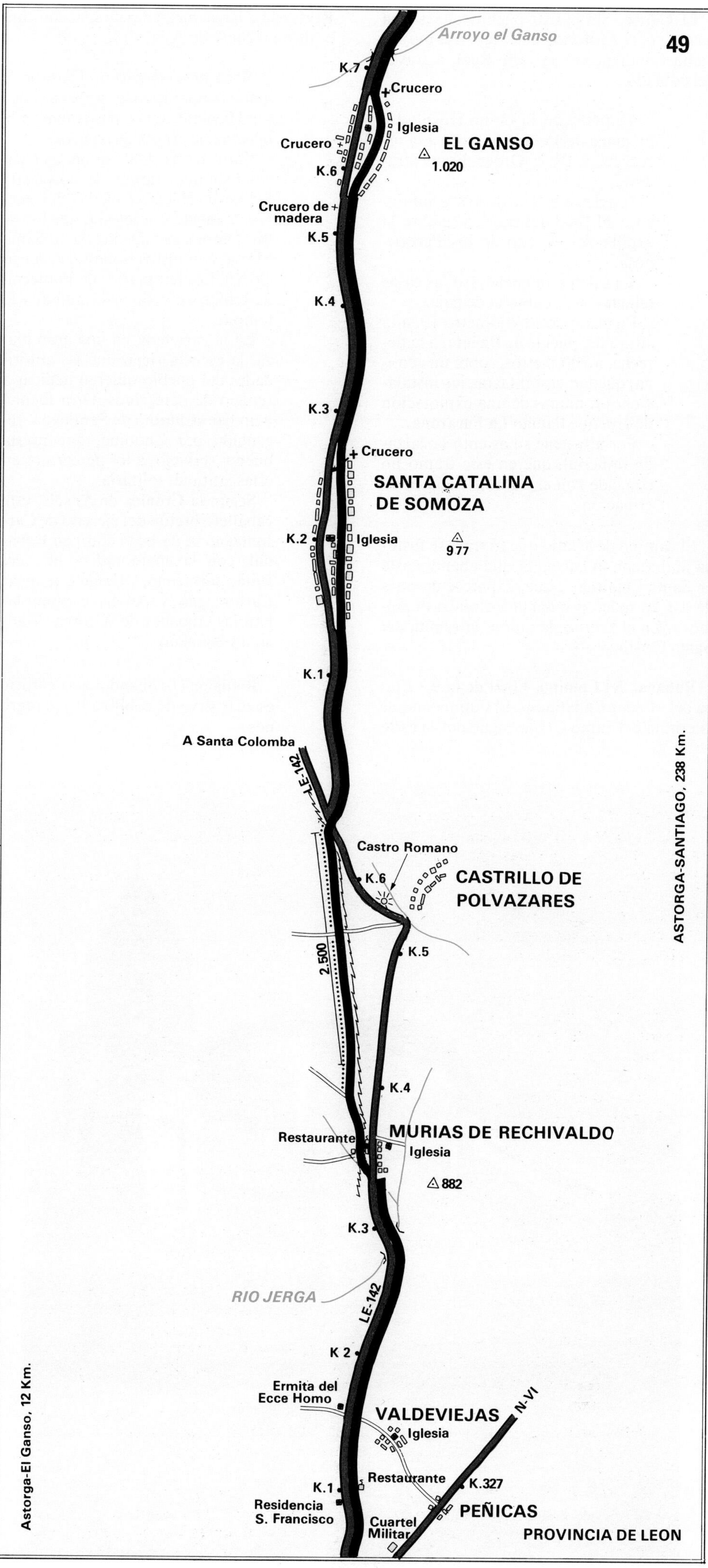

49

Arroyo el Ganso

K.7

+ Crucero

○ Iglesia

Crucero + □

EL GANSO
△ 1.020

K.6

Crucero de + madera

K.5

K.4

K.3

+ Crucero

SANTA CATALINA
DE SOMOZA

K.2 ■ □ Iglesia
△ 977

K.1

A Santa Colomba

LE-142

Castro Romano

K.6

CASTRILLO DE
POLVAZARES

2.500

K.5

K.4

Restaurante

MURIAS DE RECHIVALDO

Iglesia

△ 882

K.3

RIO JERGA

LE-142

K 2

Ermita del
Ecce Homo

VALDEVIEJAS

Iglesia

N-VI

Restaurante

K.1

K.327

Residencia
S. Francisco

PEÑICAS

Cuartel
Militar

PROVINCIA DE LEON

ASTORGA-SANTIAGO, 238 Km.

Astorga-El Ganso, 12 Km.

El Ganso. Simpático pueblo que suena fuerte en el Camino, que sigue, como en Santa Catalina, por la **calle Real**, a través del poblado.

Ya tenía, en 1142, un **Hospital** y un **monasterio**, que pasaron a la jurisdicción de la Orden Premostratense.

Su iglesia está dedicada a Santiago, y al final del pórtico se abre la capilla del «Cristo de los Peregrinos».

Ya salen a tu encuentro las casas **teitadas**, o de cubierta de paja.

En el supuesto kilómetro 10, a la altura del **puente de Pañote**, a la derecha, a 700 metros, sobre una colina, quedan casi intactas las instalaciones romanas de una explotación de oro, que llaman **La Fucarona.**

Por allí tiene su asiento la calzada imperial, que en este tramo no coincide con el Camino de la peregrinación.

El camino de asfalto que tú traes se fusiona ahora con la carretera que abandonaste en Santa Catalina, y que reaparece después de dar un rodeo por Santa Colomba de Somoza. En el ángulo de unión, la **ermita del Santo Cristo.**

Rabanal del Camino. Final de la 9.ª Etapa del «Codex Calixtinus». El Camino, desde la ermita del Santo Cristo, sigue por la **calle Real,** recta, larga, bien empedrada, con cauce de un reguero de agua.

Nada más comenzar el caserío, a mano izquierda enseñan la casa que fue **Hospital.** Unos pasos más, a la derecha, la ermita de San José.

Calle arriba, la Casa de las Cuatro Esquinas, donde se hospedara Felipe II. Hacia el medio del pueblo, la **fuente** y la **iglesia,** que fue de los templarios. Dedicada a Santa María, con restos románicos del siglo XII. Los templarios de Ponferrada tenían su residencia adosada al templo.

En la carretera, en una gran plaza, la **escuela vieja,** que las autoridades del pueblo quieren dedicar a refugio de peregrinos. Otra fuente, y un bar «Camino de Santiago», regentado por Chonina, que presta buenos servicios a los peregrinos en estas latitudes solitarias.

Según la **Crónica de Anseis,** este caballero bretón del ejército de Carlomagno se desposó aquí, en Rabanal, con la enamoradiza hija del sultán sarraceno, y desde este lugar Carlomagno y Anseis contemplaban las ciudades de Astorga, Mansilla y Sahagún.

Refugio: Un abandonado edificio escolar sirve de cobijo a los peregrinos.

Rabanal del Camino, ábside románico de la iglesia parroquial.

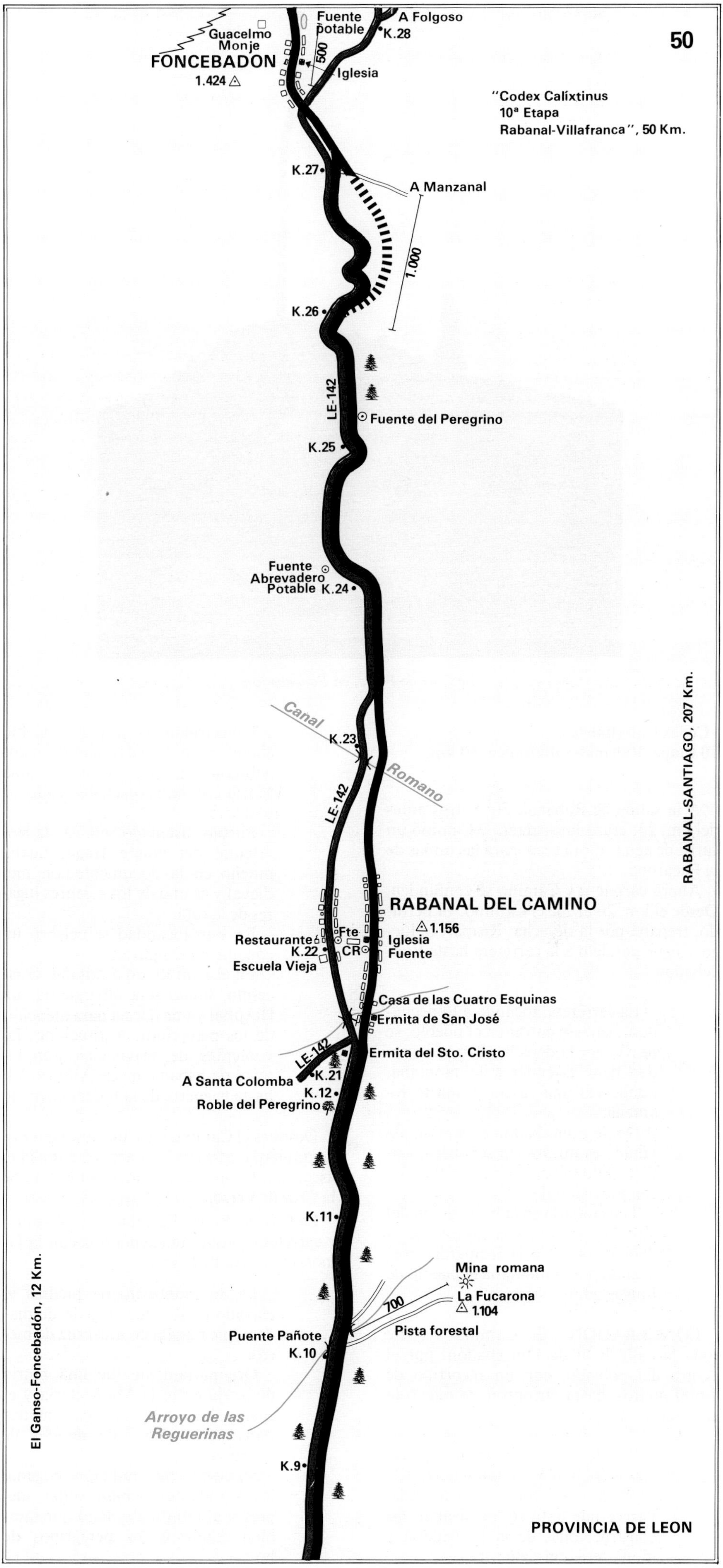

50

"Codex Calíxtinus
10ª Etapa
Rabanal-Villafranca", 50 Km.

A Folgoso
K.28

Fuente potable

Guacelmo Monje
FONCEBADON
1.424 △

Iglesia
500

K.27

A Manzanal
1.000

K.26

LE-142

Fuente del Peregrino

K.25

Fuente Abrevadero Potable K.24

Canal

K.23

Romano

LE-142

RABANAL DEL CAMINO
△ 1.156

Restaurante Fte
K.22 Iglesia
CR Fuente
Escuela Vieja

Casa de las Cuatro Esquinas
Ermita de San José

LE-142

Ermita del Sto. Cristo

A Santa Colomba K.21
K.12
Roble del Peregrino

K.11

Mina romana
La Fucarona
△ 1.104
700
Pista forestal

Puente Pañote
K.10

Arroyo de las Reguerinas

K.9

RABANAL-SANTIAGO, 207 Km.

El Ganso-Foncebadón, 12 Km.

PROVINCIA DE LEON

La Cruz de Ferro, en Foncebadón.

«Codex Calixtinus»
«Codex Calixtinus»
10 Etapa: Rabanal-Villafranca, 50 km.

A la salida de Rabanal, 50 metros antes del km. 23, cruza la carretera y Camino un carril de agua, ahora seco, para las minas de la Fucarona.

Ahora carretera y Camino se confunden. Desde el km. 26 al 27, el Camino, ya perdido, trepaba por la derecha. Reaparece luego y sigue paralelo a la carretera hasta Foncebadón.

La carretera, tocando a Foncebadón, pero sin entrar en el pueblo, se desvía por la derecha, dando un rodeo para ascender a la montaña, donde ves una caseta y una torre-antena.

Desde Foncebadón el camino asfaltado es nuevo, sin señalizar. Los datos kilométricos de la cartografía son provisionales.

Ten cuidado en la bifurcación del km. 28. No tomes el camino de la derecha, sigue a la izquierda, bordeando por la montaña el pueblo de Foncebadón.

FONCEBADON. El Camino recorre toda la calle Real de Foncebadón, por el centro del poblado, con un recorrido de 1.600 metros, hasta encontrar de nuevo la carretera.

Pasado el caserío te encuentras con una charca y una escuela, a la derecha, y una torre a la izquierda. Parece que aquí se localizaban las construcciones de la hospedería y monasterio del siglo XII.

Foncebadón es hoy un pueblo abandonado. Quedan como únicos habitantes de esta soledad la viuda María y su hijo Angel, dedicados al pastoreo.

Pueblo asentado en la ladera oriental del **monte Irago.** Suena mucho en la documentación medieval y es uno de los célebres lugares de la ruta.

En esta localidad se celebró un concilio en el siglo X.

En el siglo XI, un ermitaño, Guacelmo, fundó una albergería, un Hospital y una iglesia para atención de los peregrinos, instituciones favorecidas de privilegios por los reyes de España, desde Alfonso VI, hasta la guerra de la Independencia.

Después el Camino hace una gran curva a la izquierda, atraviesa un arroyo e inicia el ascenso a la carretera, comenzando a verse la **Cruz de Ferro.**

La Cruz de Ferro. Fusionados ya Camino y carretera, pronto te encuentras con la famosísima **Cruz de Ferro.**

Es un montículo de piedras y, clavado en lo alto, un palo de madera que remata en una cruz de hierro.

Originariamente fue una muria divisoria entre la Maragatería y el Bierzo, hitos a los que los romanos daban el nombre de **montes de Mercurio.**

Siguiendo la tradición pagana, los viandantes debían echar una piedra al montículo. Rito que también seguimos los peregrinos de hoy.

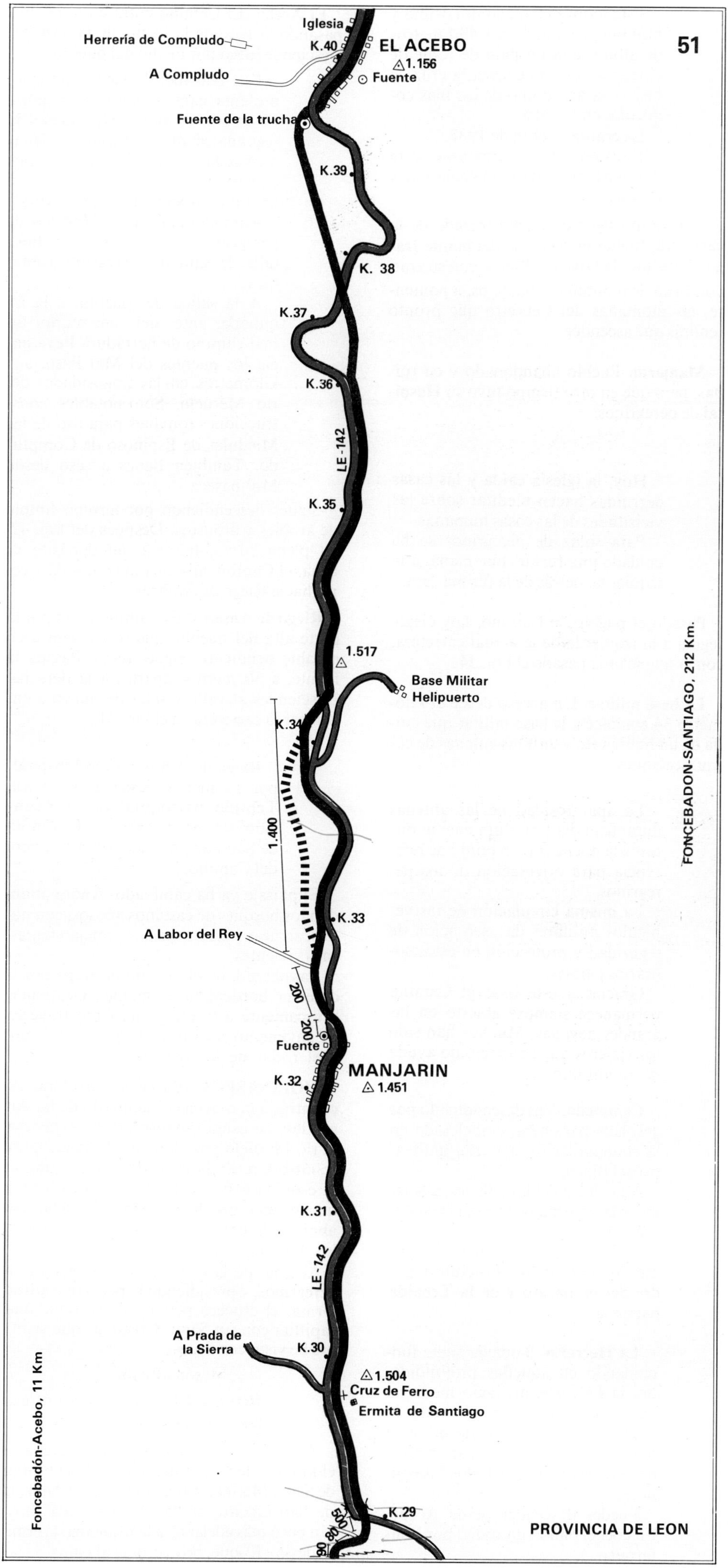

51

Herrería de Compludo

Iglesia

K.40

EL ACEBO

A Compludo

△1.156

⊙ Fuente

Fuente de la trucha

K.39

K. 38

K.37

K.36

LE -142

K.35

1.517
△

Base Militar
Helipuerto

K.34

1.400

K.33

A Labor del Rey

200

200

Fuente

MANJARIN

K.32

△ 1.451

K.31

LE -142

A Prada de
la Sierra

K.30

△1.504
Cruz de Ferro
Ermita de Santiago

500

K.29

48

90

FONCEBADON-SANTIAGO, 212 Km.

Foncebadón-Acebo, 11 Km

PROVINCIA DE LEON

Este monumento, simplicísimo y humilde, levantado a 1.490 metros de altura, con un palo de roble de cinco metros y una sencilla cruz de hierro, es acaso uno de los más conocidos en Europa.

La ermita es obra de 1982.

Pisas en estas alturas una tierra desolada, pero de gran majestad y belleza.

El Camino sigue el mismo trazado de la carretera. Inicias el descenso del **monte Irago.** A tus pies la hoya del Bierzo con su gran contorno de montaña. Allá, lejos, a poniente, las montañas del Cebreiro que pronto tendrás que ascender.

Manjarín. Pueblo abandonado y en ruinas, pero que en otro tiempo tuvo su **Hospital** de peregrinos.

Hoy, la iglesia caída y las casas derruidas hacen meditar sobre las vicisitudes de las cosas humanas.

Para solaz de peregrinos se ha cuidado una fuente, que mana, a la izquierda, detrás de la última casa.

Pasado el pueblo, el Camino, hoy ciego, seguía a la izquierda de la actual carretera, con la que se unía pasado el km. 34.

La base militar. Un acceso desde el kilómetro 34 conduce a la base militar que cuida de un helipuerto y de unas antenas de comunicaciones.

La aparatosidad de las antenas durante el día y su iluminación durante la noche son un punto de referencia para orientación de los peregrinos.

La misma circulación de los vehículos militares da sensación de seguridad y protección en estos solitarios parajes.

Gracias a este base el Camino permanece siempre abierto en las grandes nevadas. Muchos han sido los viajeros que han recibido ayuda de los militares.

Compludo. Vas descendiendo por desolada paramera, embelesado en la contemplación del gran anfiteatro del Bierzo.

A la altura del km. 38 ves, a la izquierda, la sima donde se asienta el poblado de Compludo.

Allí fundó en el siglo VII su primer monasterio San Fructuoso, padre del monacato y de la Tebaida berciana.

La Herrería. Todavía sigue funcionando en aquellas profundidades la **Ferrería,** artilugio medieval para batir hierro, donde todo lo mueve el **agua:** el martillo-pilón, el fuelle del horno, y hasta se encarga de la refrigeración de todos los cojinetes.

Puedes descender desde Acebo. En coche, dando un rodeo por Ponferrada.

El Acebo. El Camino entra en el pueblo pasando al lado de la fuente de la Trucha. Desciende luego por medio del pueblo.

Este poblado, de aspecto antiguo, presenta características especiales. Casas con escaleras exteriores a la segunda planta, avanzadas solanas o corredores sobre la calle y techos cubiertos de pizarra, lo que ofrece un nuevo aspecto de vivienda rural.

También aquí hubo **Hospital** de peregrinos, y en la iglesia, valiosa talla de Santiago peregrino, románica.

A la salida del pueblo, a la izquierda, antes del cementerio, un mal camino de herradura lleva hacia los puentes del Mal Paso, a 5 kilómetros en las fragosidades del río Meruelo. Son notables construcciones romanas para uso de las Miédulas de Espinoso de Compludo. También tienes acceso desde Molinaseca.

Sigues descendiendo por terreno limpio de árboles y arbustos. Después del km. 42, en plena curva, frente a un depósito de agua, el Camino aparta a la izquierda y corre hacia Riego de Ambrós.

Riego de Ambrós. El Camino entra por la parte alta del pueblo, que se encuentra en notable pendiente. Sigues recto. Pasada la fuente, a 50 metros, apartas a la derecha. Desciendes al valle y sales de nuevo a encontrar la carretera en el km. 11.

Riego de Ambrós tuvo **Hospital,** por lo menos desde el siglo XII. Templo parroquial de la Asunción, sin mérito especial. La ermita de San Fabián y Sebastián a la vera del Camino.

El paisaje ya ha cambiado. Ahora abundan los bosques de castaños añosos, con nudos, arrugas y cicatrices que semejan fantasmas vivientes.

Pasado el km. 11 el Camino trepa por la derecha bordeando el monte. Desciendes bruscamente a través de un largo trayecto, de pavimento rocoso, gastado por el tiempo y el rodar de los peregrinos.

MOLINASECA. Ya en la carretera, encuentras a la derecha el santuario de las Angustias, en estado semirruinoso. Atraviesas el río Meruelo por el puente románico, que te introduce en la calle Real. Adelante, en la esquina con la calle Torre, la casa en la que se dice que habitó Doña Urraca. Más abajo, a la derecha, la mansión torreada de los Balboa.

Al final de la calle Real, el Hospital de peregrinos, y presidiendo la plaza que allí se forma, el crucero pétreo que sostiene una capillita con un Santo Cristo, al que siempre he visto con flores.

Mesón «Real».

Refugio: El Ayuntamiento ofrece refugio a los peregrinos.

A partir de Molinaseca, nada más rebasar el km. 6, a la izquierda, se levanta la ermita de Santa Marina, 300 metros más adelante, la de San Lázaro, ambas desaparecidas hoy. Un poco más adelante, a la izquierda, la ermita de San Roque, hoy cerrada al culto.

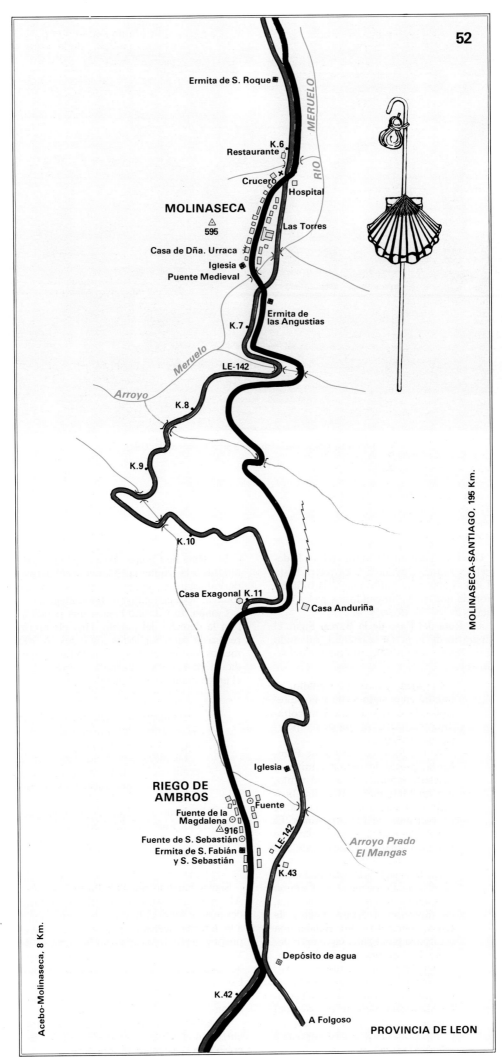

52

Ermita de S. Roque

RIO
MERUELO

K.6
Restaurante

Crucero

Hospital

MOLINASECA

595

Las Torres

Casa de Dña. Urraca

Iglesia

Puente Medieval

Ermita de
las Angustias

K.7

Meruelo

LE-142

Arroyo

K.8

K.9

K.10

Casa Exagonal K.11

Casa Anduriña

MOLINASECA-SANTIAGO, 195 Km.

Iglesia

**RIEGO DE
AMBROS**

Fuente

Fuente de la
Magdalena

916

Fuente de S. Sebastián

Ermita de S. Fabián
y S. Sebastián

LE-142

*Arroyo Prado
El Mangas*

K.43

Depósito de agua

K.42

A Folgoso

PROVINCIA DE LEON

Acebo-Molinaseca, 8 Km.

127

Ponferrada. Iglesia mozárabe de Santo Tomás de las Ollas.

Desde esta ermita el Camino pasa a la derecha y avanza cercano a la carretera hasta el km. 3,500. Este punto marcó la bifurcación de dos rutas, buscando los pasos más fáciles de los ríos Boeza y Sil:

a) **Ruta del Paso de la Barca.** Sigue el itinerario de la actual carretera, salvando el río Boeza por un moderno puente del siglo XIX.

El puente anterior, romano, se hundió en el siglo XVIII, y no se reedificó hasta el siglo XIX. Una cofradía puso a disposición de los peregrinos una barca.

Allí se formó el pueblo de **Pomboeza,** presidido por la ermita de Nuestra Señora del mismo título, otra en honor de San Blas, una hospedería, un Hospital, y más tarde un convento de PP. Agustinos. El pueblo desapareció, pero todavía se le sigue llamando a este puente San Blas y Paso de la Barca.

Hasta el siglo XI, antes de la fundación de Ponferrada, el Camino remontaba el monte de la derecha, en dirección a **Santo Tomás de Ollas,** sobre el río Sil. Bajaba una escarpada pendiente, seguía por delante de la **ermita de San Miguelín,** así se llama hoy este lugar, atravesando el río cerca del **pozo de la Sepultura,** la célebre **Fuente del Azufre,** junto a la presa del embalse del mismo nombre y la térmica de Compostilla. Hoy es casi imposible seguir esta ruta.

b) **Ruta de Campo.** Desde el km. 3,500 apartas a la izquierda. Atraviesas el arroyo de Valdegarcía y sigues el viejo Camino que todavía lleva el nombre de **los Gallegos.**

Campo. El Camino bajaba una pendiente a la derecha del pueblo. Hoy el caserío rebasa la ruta por todos los lados. A 300 metros, por la derecha, queda la fuente medieval, parecida a una ermita soterrada. Era el único manantial del pueblo.

Campo es un bello pueblo, lleno de encantos, colgado de una ladera, con calles de sabor típico.

La plaza está flanqueada por la ermita del Santo Cristo, la escuela y la Casa Rectoral, ahora mesón, edificaciones todas de sillería.

Junto al mesón, el pozo del pueblo. Fuera de éste, por la carretera hacia Villar, en descampado, la iglesia parroquial, siglo XVII.

Sigues bajando por la **calle la Francesa.** Al final encuentras la carretera que parte del puente sobre el Boeza. El Camino sigue a la derecha, acercándose al río por entre el pueblo nuevo, hasta alcanzar la carretera de Villar y, entre las casas, con el Boeza a la derecha, desembocas en la carretera de San Esteban de Valdueza, que llaman de Sanabria, y en el puente medieval, titulado Mascarón.

Pasado el Boeza por el puente Mascarón, entras en el barrio ponferradino de **La Borreca** y en la carretera de Sanabria.

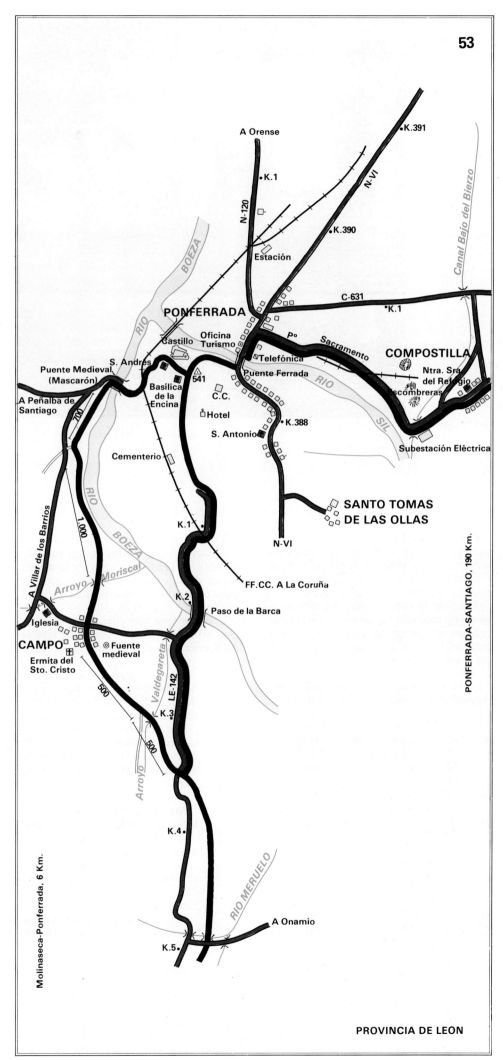

53

A Orense

K.391

N-VI

K.1

N-120

K.390

Estación

C-631

K.1

PONFERRADA

Oficina Turismo

Castillo

Pº

Sacramento

COMPOSTILLA

S. Andrés

Telefónica

Ntra. Sra.
del Refugio

Puente Medieval
(Mascarón)

Puente Ferrada

541

RIO

Escombreras

Basílica
de la
Encina

C.C.

SIL

A Peñalba de
Santiago

Hotel

K.388

Subestación Eléctrica

S. Antonio

700

Cementerio

RIO

BOEZA

SANTO TOMAS
DE LAS OLLAS

1.000

K.1

A Villar de los Barrios

N-VI

Arroyo   Moriscal

FF.CC. A La Coruña

K.2

Iglesia

Paso de la Barca

CAMPO

Fuente
medieval

Ermita del
Sto. Cristo

Valdegareta

LE-142

500

K.3

500

Arroyo

K.4

RIO MERUELO

A Onamio

K.5

RIO BOEZA

Molinaseca-Ponferrada, 6 Km.

PONFERRADA-SANTIAGO, 190 Km.

Canal Bajo del Bierzo

PROVINCIA DE LEON

Ponferrada. Castillo de los Templarios, siglo XIII.

PONFERRADA. Seguir el Camino en esta entrada es un verdadero laberinto, consecuencia de su pujanza industrial y de su incontenible expansión. Te ayudaré lo que pueda, y que Santiago eche una mano.

Antes de la construcción del castillo y santuario todo esto era un encinar. Lo atravesaban los peregrinos, pasando al otro lado del montículo y descender al río **Sil** por el **puente Ferrado,** que edificó el obispo de Astorga, Osmundo, a fines del siglo XII.

En 1498 los Reyes Católicos fundaron el **Hospital de la Reina,** que también señaló el Camino.

Pasado el puente Mascarón, sobre el Boeza, subes a la izquierda, por la calle Bajada de San Andrés, Buenavista, Estafeta, hasta encontrar, a la derecha, con la del **Hospital,** que te lleva a la plaza que se abre ante el castillo del **Temple.**

A la derecha encuentras la iglesia de San Andrés, la bordeas y, por detrás, sigues la calle del Comendador, que marcha hacia el santuario de la Encina.

Santuario de la Encina. Es el punto donde se unen los dos caminos, que se bifurcan para salvar el río Boeza.

Después de saludar a la Patrona del Bierzo, los peregrinos bajaban por la calle del Rañadero, hoy Mateo Garza, al puente Ferrado sobre el río Sil.

Otros peregrinos seguían de frente por la calle del Reloj, pasaban el arco del Reloj, a la plaza del Ayuntamiento. Desde aquí, a la izquierda, bajaban por la calle de la Calzada, y carretera hoy de Madrid, al puente Ferrado.

Ya en el **puente Ferrado,** salvas el río Sil. A la izquierda, la **Oficina de Turismo;** a la derecha, la **Telefónica,** solar de la antigua iglesia de San Pedro, construida, como el puente, por el obispo Osmundo a finales del siglo XI.

Una manzana más allá, parte, a la derecha, río arriba, el espacioso paseo **Huertas del Sacramento,** que tú debes seguir.

Esta ribera recibe el nombre del Sacramento por un milagro acaecido en el siglo XVI, donde se edificó una ermita al Santísimo.

Los peregrinos encontraban en esta zona las ermitas de Nuestra Señora del Refugio y la del Apóstol Santiago, en el lugar de Valdesantiago.

Más hacia el río están el pozo de la Sepultura y la fuente del Azufre.

A esta altura, en la margen izquierda del río Sil, se asentaba la ermita de San Miguelín; a la derecha, la de San Martín, por donde discurría el camino que bajaba de Santo Tomás de Ollas.

Hoy, como verás, todo ha cambiado en esta explosiva e industrial Ponferrada.

Ponferrada parece que tiene raíces prehistóricas y romanas, aunque sus poblados, si existieron, fueron abandonados.

Castillo del Temple. Fernando II de León repobló la villa y la donó a la Orden del Temple en 1185, de la

54

A Orense N-120

A La Coruña N-VI

A Villablino C-631

Estación RENFE

PONFERRADA

C/ Real

Carretera de Madrid

Paseo del Sacramento

13

Puente G. Ojeda

RIO

SIL

BOEZA

Estafeta
Salinas

2

4

3

12

11
10

9

La Borreca

6

Pregonero

7

8

Cruz de Miranda

A Sanabria

RIO

Cementerio Viejo

✝

A Molinaseca

N-VI A Madrid

PONFERRADA-SANTIAGO 190, Km.

1	PUENTE SOBRE EL BOEZA
2	HOSPITAL DE LA REINA
3	IGLESIA DE SAN ANDRES
4	CASTILLO DEL TEMPLE
5	SANTUARIO DE LA ENCINA
6	CONVENTO DE LAS CONCEPCIONES Y CALLE DEL RELOJ
7	AYUNTAMIENTO
8	CALLE DE LA CALZADA
9	CALLE MATEO GARZA
10	PUENTE FERRADA
11	TELEFONICA
12	OFICINA DE TURISMO
13	PLAZA DE LAZURTEGUI

PROVINCIA DE LEON

Ponferrada. Ayuntamiento, siglo XVII.

que fue expulsada en 1312. Todavía hoy impresiona esta fortaleza militar, de distintas épocas y estilos arquitectónicos. En 1924 fue declarado Monumento Nacional.

Basílica de Nuestra Señora de la Encina. Poco después de la llegada de los templarios se apareció la Virgen en el próximo encinar. La devoción a la Virgen de la Encina se propagó a toda la comarca. En 1958 se declaró **Patrona del Bierzo,** y su templo fue elevado al rango de basílica. El templo actual se inicia en el siglo XVI.

San Andrés, iglesia barroca, siglo XVII, retablo barroco, y Cristo del Castillo, siglo XIV.

Convento de las Concepcionistas, obra de 1542.

Ayuntamiento, de finales del siglo XVII.

Torre del Reloj, siglo XVI.

Excursiones: Santo Tomás de Ollas, en un barrio ponferradino, mozárabe, siglo X. **Santa María de Vizbayo,** al otro lado del río Boeza, románica, siglo XI. **Santiago de Peñalba,** mozárabe, siglo X, Monu-

mento Nacional. **San Pedro de Montes,** románica del siglo XII, cercana a Peñalba, con recuerdos de San Fructuoso, San Valerio y San Genadio.

El Temple HR***, 197 plazas. Teléfono 41 09 31. Conde Silva HR**, 100 plazas. Teléfono 41 04 07. Madrid H**, 87 plazas. Teléfono 41 15 50. Lisboa H**, 25 plazas. Teléfono 41 13 50. La Madrileña H*, 32 plazas. Teléfono 41 28 57. Fonteboa HR*, 22 plazas. Teléfono 41 10 91. Hostal Cornatel. Teléfono 41 09 12. María Encina P*, 9 plazas. Teléfono 41 12 37.

Gastronomía: Botillo berciano, cachelada berciana, chanfaina, pulpo al ajillo, embutidos y cecina, pimientos del Bierzo, vinos bercianos.

Refugio: La parroquia de la Basílica de Nuestra Señora de la Encina ofrece cobijo a los peregrinos. Teléfonos 41 19 78 y 41 00 59.

La torre de la basílica de la Encina, destaca, iluminada, en el nocturno ponferradino.

La llamada Torre del Reloj, único resto de la muralla ponferradina.

Compostilla. Por el paseo de las **Huertas del Sacramento** te acercas a las primeras escombreras de la térmica de Compostilla, las dejas a la izquierda y llegas a una bifurcación. La carretera de la derecha continúa a la **fuente del Azufre;** la carretera de la izquierda, que es la tuya, pasa entre las escombreras y la subestación eléctrica. Sigue recto a la nueva iglesia de Compostilla, rodeándola por este y sur.

La actual iglesia de Compostilla, moderna, neorrománica, ocupa el emplazamiento de la antigua **ermita de Nuestra Señora del Refugio,** que ya suena en documentos del siglo XII. La imagen titular, románica, se conserva en el Museo Provincial de Orense.

Desde Compostilla el Camino continúa hacia la iglesia de Columbrianos, conservándose vestigios de la calzada romana.

En esta zona todo ha cambiado. Surgen edificaciones por todas partes. Las carreteras N-VI y el ferrocarril de Villablino también han invadido estos terrenos.

Columbrianos. Desde la iglesia de Compostilla desciendes a la carretera de Villablino. Ves en el alto del Teso la iglesia de Columbrianos. Cruzas la carretera de Villablino y sigues recto la calle diagonal, dirección noroeste, a la carretera de Vega de Espinareda, también la cruzas, y por la calle de las Eras sigues el Camino Real, todavía se conoce hoy así, hacia Fuentes Nuevas.

A pocos metros, a la derecha, el solar del antiguo Hospital de peregrinos.

Columbrianos es poblado prerromano. Quedan dos conocidos castros: el de Columbrianos y el de Montejos.

El templo es de triple nave y cúpula. Retablo barroco.

Fuentes Nuevas. Camino Real y Camino del Couso se unen poco antes de llegar a Fuentes Nuevas y comienza la calle Real, inseparable en toda la ruta de peregrinación. Al comienzo, a la izquierda, la ermita del Campo, dedicada al Divino Cristo. Hacia mitad del pueblo, a la derecha, la iglesia parroquial, y a la salida, el cementerio. A un kilómetro, en Camponaraya, enlazas con la carretera N-VI.

Camponaraya. Desde el Camino Real sales a la carretera, frente a la casa número 328. Sigues la carretera hacia La Coruña hasta el final del pueblo.

Camponaraya tuvo dos Hospitales de peregrinos: la Soledad y San Juan de Jaberos.

Cerca del kilómetro 397 el Camino tuerce hacia la izquierda, por delante de la Cofradía Vinícola, y atraviesa entre los cerros de Raimunda y Arrevaca, para llegar a la carretera entre los puntos kilométricos 399 y 400, en el lugar de Fontousal.

Atraviesas la carretera y te encuentras al otro lado la calzada ensanchada. En seguida pasas un canal y su camino de servicio y pronto comienzas a bajar la cuesta de San Bartolo, hacia el caserío de Cimadevilla.

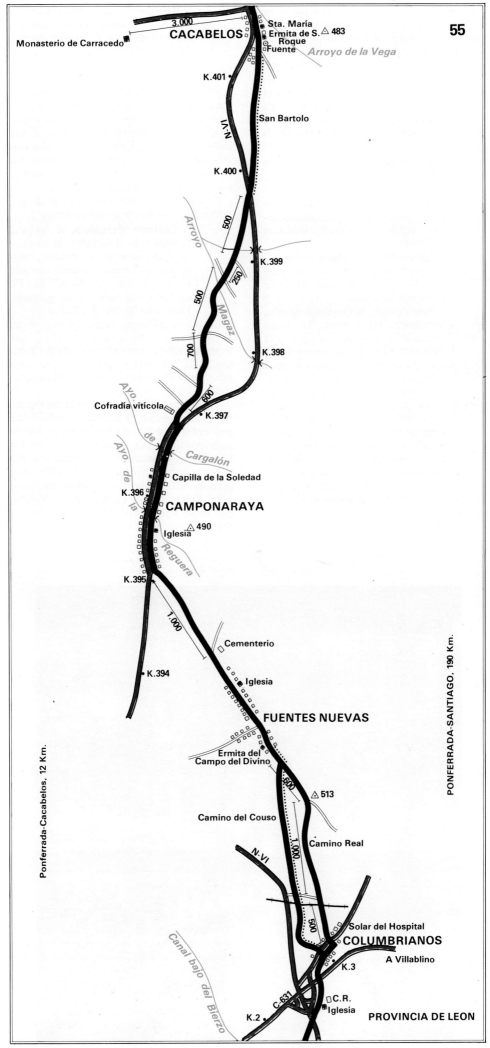

Monasterio de Carracedo

3.000

CACABELOS

Sta. María
Ermita de S. △ 483
Roque
Fuente

Arroyo de la Vega

K.401

IV-N

San Bartolo

K.400

Arroyo

500

K.399

250

Magaz

500

K.398

700

600

Ayo.

Cofradía vitícola

K.397

de

Ayo. de la

Cargalón

Capilla de la Soledad

K.396

CAMPONARAYA

Iglesia △ 490

Reguera

K.395

1.000

Cementerio

K.394

Iglesia

FUENTES NUEVAS

Ermita del
Campo del Divino

600

△ 513

Camino del Couso

1.000

Camino Real

N-VI

500

Solar del Hospital

COLUMBRIANOS

A Villablino

K.3

C.R.
Iglesia

C-631

K.2

Canal bajo del Bierzo

PROVINCIA DE LEON

Ponferrada-Cacabelos, 12 Km.

PONFERRADA-SANTIAGO, 190 Km.

Cacabelos. Entras en Cacabelos por entre esplédidos viñedos. Al comienzo, a la derecha, la plaza de San Lázaro, con su fuente. Aquí tuvo asiento una antigua ermita dedicada al Santo. Más adelante hallas la ermita de San Roque, el Santo peregrino. Luego la iglesia parroquial de Santa María, y la calle del mismo nombre, que desemboca cerca del puente sobre el río Cúa. Pasado el puente, a la derecha, el santurario de la Quinta Angustia.

Cacabelos perteneció, hasta hace poco, a la mitra de Compostela. Localidad citada en la historia compostelana y en los diarios de peregrinos. Cerca las estaciones arqueológicas de Castrum Bergidum y Edrada.

Iglesia de Santa María, siglo XVI, con vestigios del siglo XII. Cristo del siglo XVI y pequeña talla pétrea de la Virgen, siglo XIII.

Santuario de la Quinta Angustia, neoclásico, siglo XVIII. Ya documentado en el siglo XIII; junto a él figura un Hospital de peregrinos, y parece que existieron otros cuatro.

Museo Arqueológico. Guarda interesantes piezas localizadas en esta comarca.

Excursiones: Hacia el norte, **Vega de Espinareda,** con su monasterio benedictino de San Andrés. Al sur, el monasterio cisterciense de **Carracedo,** con interesantes restos románicos, un kilómetro, y la iglesia románica de **Carracedelo.**

Miralrío F, 8 plazas. Venecia F, 8 plazas.

Refugio: La parroquia ofrece como refugio unos porches abiertos en el Santuario de las Angustias. Teléfono 54 61 10.

Pieros. Desde Cacabelos la calzada romana subía hacia la iglesia de Pieros, por un vallejo que hoy invade un arroyo, y marchaba hacia **Valtuille de Arriba,** donde daba vuelta hacia Villafranca. La ruta más frecuentada por los peregrinos pasaba por delante de la iglesia, dedicada a San Martín, con una inscripción exterior de 1086.

El Camino se normalizó más tarde por donde hoy discurre la actual carretera.

Castrum Bergidum se halla a la izquierda, limítrofe a la carretera. Fue ciudad de los astures, batida por los romanos y documentada en el siglo XIII, cuando Alfonso IX de León restauró allí un poblado. Estás ante la cuna del Bierzo.

Carretera adelante, pasado el puente del arroyo de Valtuille, queda una venta que todavía recibe el nombre de **Venta del Jubileo.** A su lado este partía el Camino viejo por detrás de un cerro, hoy casi desaparecido.

Tú sigue por la carretera hasta los Prados de Valdonege. En el kilómetro 406,700 se encuentra otra vez el Camino viejo. Desde aquí, por una loma, trepa una carretera. En la primera bifurcación, a la izquierda, era por donde marchaba el viejo Camino, hoy perdido. Continúas ascendiendo un poco más. Topas con el Camino de la Virgen, que va de Valtuille de Arriba a Villafranca. Síguelo torciendo a la izquierda.

Vista aérea parcial de Cacabelos.

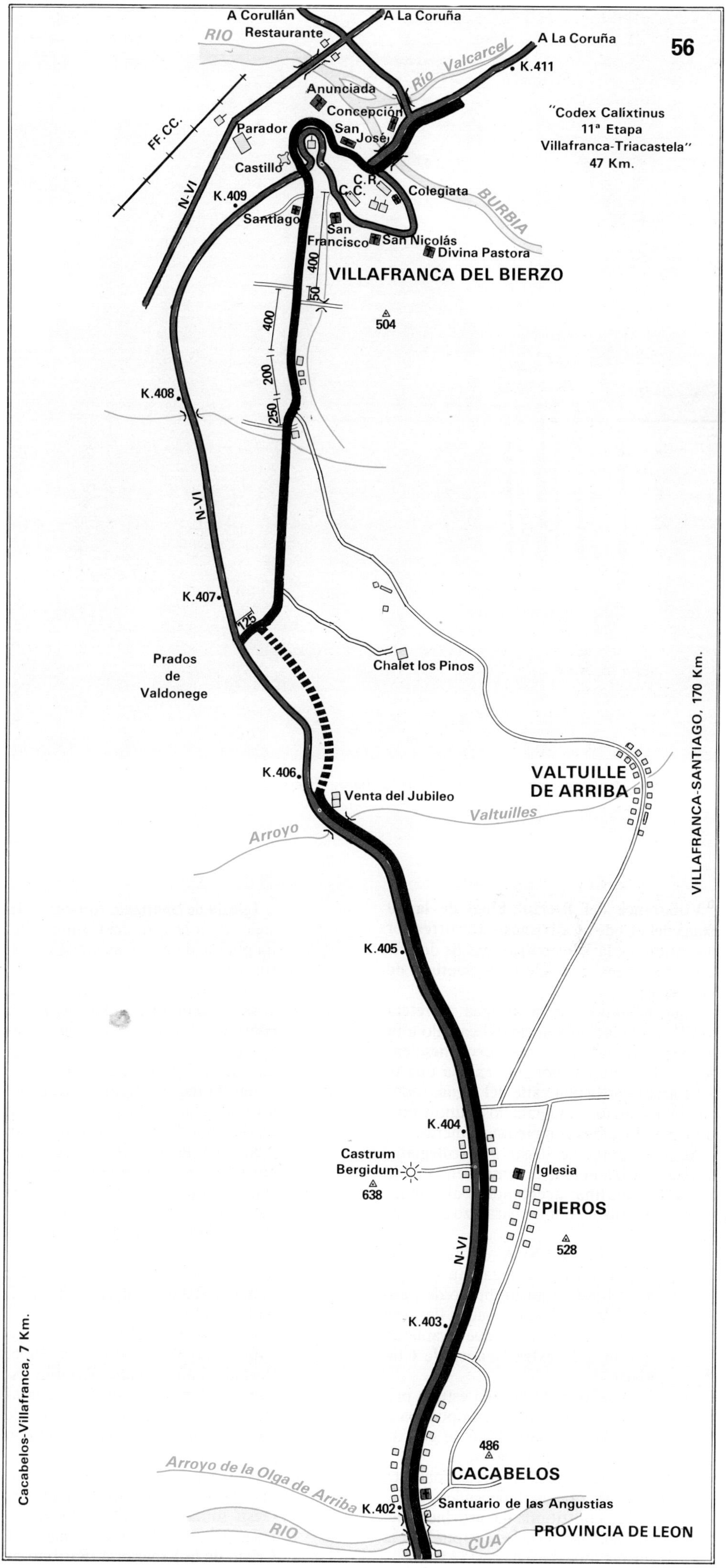
56
A Corullán
A La Coruña
A La Coruña
Restaurante
RIO
Río Valcarcel
K.411
Anunciada
Concepción
San José
FF.CC.
Parador
Castillo
"Codex Calíxtinus
11ª Etapa
Villafranca-Triacastela"
47 Km.
C.R.
C.C.
Colegiata
BURBIA
K.409
N-VI
Santiago
San Francisco
San Nicolás
Divina Pastora
VILLAFRANCA DEL BIERZO
400
50
400
504
200
250
K.408
N-VI
K.407
125
Prados de Valdonege
Chalet los Pinos
VILLAFRANCA-SANTIAGO, 170 Km.
K.406
VALTUILLE DE ARRIBA
Venta del Jubileo
Arroyo
Valtuilles
K.405
K.404
Castrum Bergidum
638
Iglesia
PIEROS
528
N-VI
K.403
Cacabelos-Villafranca, 7 Km.
486
CACABELOS
Arroyo de la Olga de Arriba
K.402
Santuario de las Angustias
RIO
CUA
PROVINCIA DE LEON

Villafranca del Bierzo. Iglesia de Santiago, "Puerta del Perdón", siglo XII.

Villafranca del Bierzo. Final de la 10 Etapa del «Codex Calixtinus». Recorres por el Camino de la Virgen algo más de dos kilómetros y llegas a la iglesia de **Santiago de Villafranca.**

Sigue bajando por la antigua carretera N-VI, con la fachada norte del castillo a tu izquierda. Pasada una gran curva, desciendes, a la izquierda, por una calleja que te lleva a la famosísima **calle del Agua**, señorial, bien cuidada, con palacios a uno y otro lado, ennoblecidos con piedras armeras.

Al final, antes de llegar a la **colegiata**, tuerces a la izquierda, sin entrar en la calle de Santa Catalina, acercándote al puente sobre el río Burbia por un pasadizo angosto.

VILLAFRANCA es hija de la peregrinación jacobea. En el siglo XI se fundó aquí un burgo de francos, «Villa franca». Luego llegaron los monjes de Cluny, que levantaron iglesia a **Nuestra Señora de Cluniaco.**

El señorío de la villa estuvo primero en manos reales, después pasó a los Osorios. En 1486 se crea el **Marquesado de Villafranca.**

Sufrió asaltos y ocupaciones en la guerra de la Independencia. En 1822, constituida la **provincia del Bierzo**, fue declarada capital de la misma, que duró hasta 1833.

Iglesia de Santiago, románica del siglo XII, a la vera del Camino. Bella puerta al norte con capiteles historiados.

Los peregrinos que llegaban aquí y se sentían impedidos de poder continuar su peregrinación ganaban en este templo todas las perdonanzas de Compostela.

San Francisco, frente a Santiago, a tu derecha, en lo alto de la villa. Se dice que la fundó el mismo San Francisco. Portada románica del siglo XIII. Nave con interesante artesanado mudéjar. Cabecera gótica del siglo XIV.

Colegiata de Santa María, siglo XVI, sobre trazas de Gil de Hontañón. Sólo llegó su construcción a la mitad. Retablo valioso de la Trinidad, siglo XVI.

La Anunciada, fundado como convento de Franciscanas en 1606. Portada italianizante. Retablo escuela de Becerra, siglo XVII. Sagrario venido de Roma. Sepulcro de San Lorenzo de Brindisi. Panteón de los Marqueses.

San Nicolás, convento de jesuitas, siglo XVII, barroco, remedo del Gesù romano. Retablo churrigueresco. Claustro barroco. Imagen del **Cristo de la Esperanza**, Patrono de

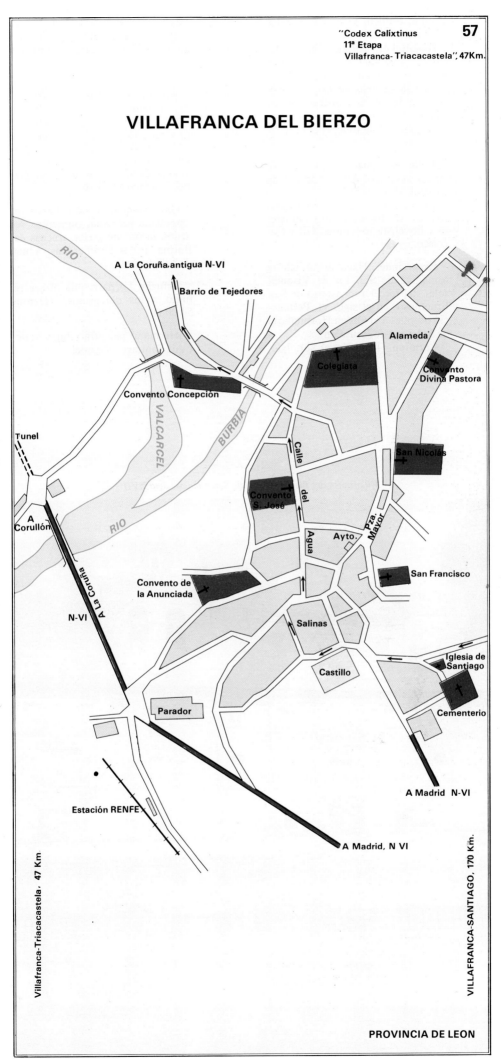

VILLAFRANCA DEL BIERZO

RIO

A La Coruña antigua N-VI

Barrio de Tejedores

Alameda

Coleglata

Convento
Divina Pastora

Convento Concepción

VALCARCEL

BURBIA

Tunel

San Nicolás

Convento
S. José

Calle

del

A
Corullón

RIO

Agua

Ayto.

Pza.
Mayor

N-VI

A La Coruña

Convento de
la Anunciada

San Francisco

Salinas

Iglesia de
Santiago

Castillo

Parador

Cementerio

A Madrid N-VI

Estación RENFE

A Madrid, N VI

Villafranca-Triacacastela. 47 Km.

VILLAFRANCA-SANTIAGO, 170 Km.

PROVINCIA DE LEON

la villa. Edificio regentado por los PP. Paúles.

Hospital de Santiago, ahora colegio de la Divina Pastora. Se cree que hubo otros cinco Hospitales.

Castillo-palacio de los Marqueses. Comenzó su construcción en 1490, y fueron derruidas sus torres en la guerra de la Independencia.

Calle del Agua, con los palacios de Torquemada, Alvarez de Toledo y capilla de Omañas.

En esta calle nacieron el polígrafo Fray Martín Sarmiento y el poeta y novelista romántico Gil y Carrasco.

Excursiones: Hacia el sur, iglesia románica de **San Fiz de Visonia,** solar del tercer monasterio de San Fructuoso, en el siglo VI. Perteneció después a la Orden Hospitalaria de San Juan de Jerusalén.

Corullón. También al sur. Iglesias románicas de San Miguel y San Esteban. Castillo del siglo XIV. Perteneció a los Valcarce, Osorios y marqueses de Villafranca. Mirador sobre el Bierzo.

Parador Nacional H***, 70 plazas. Teléfono 54 01 75. Comercio H*, 27 plazas. Teléfono 54 00 08. El Cruce H*, 37 plazas. Teléfono 54 01 85. La Charola HR*, 9 plazas. Ponterrey HR*, 16 plazas. Teléfono 54 00 85. El Carmen F, 25 plazas. Teléfono 54 00 30.

Gastronomía: Caldo berciano, empanada berciana, pimientos rellenos, lacón con grelos, truchas del Burbia, frutas almibaradas. **Vinos** de Villafranca.

Refugio: La parroquia ofrece refugio a los peregrinos. Teléfono 54 00 80.

¡Hermano peregrino, buen viaje, y que Santiago te ayude!

Villafranca del Bierzo. Iglesia de San Nicolás, siglo XVII.

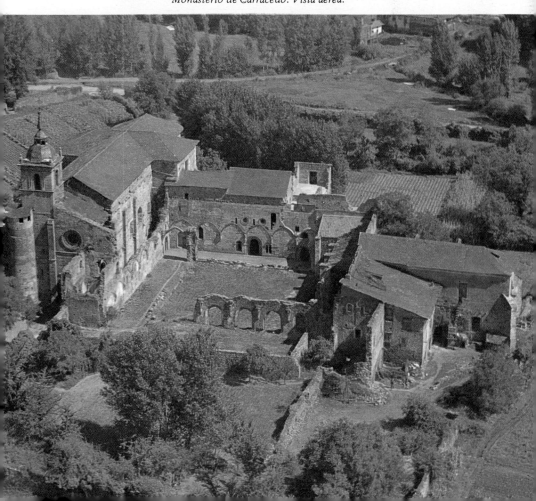

Villafranca.
Calle del Agua.

Monasterio de Carracedo. Vista aérea.

EL CAMINO DE SANTIAGO HACIA TIERRAS DE GALICIA

Elías Valiña Sampedro

«Codex Calixtinus»
11.ª Etapa: Villafranca-Triacastela, 47 km.

Inicias ahora una dura etapa para ascender a los montes del Cebreiro. El paisaje es agradable, pintoresco, a la vera del río Valcarce y arroyos.

Estos pueblos de la provincia de León, y hoy de la diócesis de Astorga, pertenecieron a la diócesis de Lugo hasta 1953. Es zona totalmente asimilada a Galicia. El límite real de León finaliza en Villafranca.

A la salida de Santa María de Cluny cruzas el río Burbia, de limpias aguas, desciende de la sierra galaico-leonesa de los Ancares. Pronto, a 150 metros, hallas otro río, el Valcarce, que desciende de las montañas del Cebreiro, cuyo curso y cuenca seguirás hasta alcanzar esas alturas.

Río y valle reciben el nombre de Valcarce, que significa valle encarcelado, angosto, de «vallis carceris».

Pronto hallas la carretera N-VI, Madrid-La Coruña, que, a través de un túnel, cruza la colina que tú has bordeado por la vertiente norte.

Aunque no te agrade, tendrás que seguir esta carretera, trazada sobre el primitivo Camino jacobeo.

No te puedo indicar otro camino, so pena de duplicar los kilómetros y las dificultades, dado lo accidentado del terreno.

Es la ruta de pueblos prehistóricos, de la calzada romana, invasiones, etc.

El nuevo trazado de la carretera N-VI se aparta notoriamente de la ruta jacobea.

Pereje. Pasado el km. 414 seguirás, a la derecha, la desviación al pueblo de Pereje.

Cebreiro. Prehistórica palloza.

HERRERIAS
Capilla de S. Froilán
RUITELAN
K.429
Samprón
K.428
K.427
VALCARCE
Iglesia
Castillo de Sarracín
VEGA DE VALCARCE
K.426
630
AMBASCASAS
Puentes de Gatín
VALBOA
Valboa
Iglesia
RIO
AMBASMESTAS
Castillo
K.425
Gasolinera
K.424
PORTELA
H** Restaurante
Antigua Herrería
K.423
K.422
Regato de Barjas
Parada
K.421
(Castillo de Auctares)
Madrid-Coruña
K.420
Iglesia
TRABADELO
Bar
Restaurante H**
K.419
C.N-VI
Regato de Moral
K.418
K.417
K.416
Madrid-Coruña
C.N-VI
PEREJE
Iglesia
Cementerio
K.415
Cerro del Real
K.414
883
K.413
Fuente potable
K.412
Río Redoniña
Taller
VALCARCE
RIO
Regato del Real
Cerro de Anguía
710
Túnel
RIO
BURBIA
Santa María de Cluny
504
VILLAFRANCA
PROVINCIA DE LEON

Villafranca-Herrerías, 20 Km.

VILLAFRANCA-SANTIAGO, 168 Km.

El núcleo de Pereje todavía presenta buen aspecto medieval en muchas de sus casas viviendas.

Es el pueblo que conserva más documentación medieval en esta comarca del Valcarce.

Desde 1118 perteneció al Cebreiro como donación de la reina Doña Urraca, hasta el siglo XIX.

El Hospital de Cebreiro crea en Pereje una nueva casa y Hospital para atención de los peregrinos, lo que da motivo a una querella entre las casas de Cluny, de Villafranca, y de Aurillac, del Cebreiro. Intervienen en esta contienda: la reina Doña Urraca, Alfonso IX, Urbano III, obispo de Astorga, arzobispo de Compostela, obispo de Lugo, abad de Samos, etc. La contienda se solucionará en favor del Cebreiro.

Esta casa y Hospital eran muy beneficiosas para los peregrinos, sobre todo en las épocas de invierno, cuando no podían ascender al Cebreiro por causa de las nieves.

Trabadelo. Desde Pereje tendrás que seguir dos kilómetros por carretera. Ya avanzado el km. 418, a la derecha, seguirás la desviación que te lleva al poblado de Trabadelo. A la vera del Camino, a la derecha, poco antes de llegar al pueblo, estuvo ubicada la capilla de San Lázaro.

Trabadelo perteneció a la iglesia de Compostela, como donación de Alfonso III, desde 895 hasta el siglo XIX.

En 1703 pertenecía a la jurisdicción de Sarracín, era de presentación del marqués de Villafranca y de colación del arzobispo de Compostela. Ultimamente perteneció a la diócesis de Lugo. Hoy, como toda la zona de Valcarce, pertenece a la diócesis de Astorga.

Nova Ruta H**, 17 plazas. Teléfono 54 04 81.

Castillo de Auctares. Auctares es una de las fortalezas antiguas de más renombre. Es el «Uttaris» del itinerario romano de Antonino. A la salida de Trabadelo una colina presenta socavones. ¿Podrían ser vestigios de la ubicación de la fortaleza de Auctares?

El castillo de Auctares ha sido guarida de bandoleros asaltantes de viandantes y peregrinos.

Alfonso VI suprime el derecho de portazgo que cobraba este castillo, abusando de los peregrinos de España y de todo Europa, y lo hace porque los peregrinos no tienen otro protector que el rey.

Portela. Desde Trabadelo a Portela tienes que recorrer dos kilómetros por carretera.

Portela es un reducido pueblo rural. En la nueva carretera se ha instalado un hostal y estación de servicio.

Hostal Valcarce H**, 55 plazas. Teléfono, 54 04 98.

Ambasmestas. Poco después de pasar Portela, antes de llegar a Ambasmestas, abandonamos definitivamente la nueva carretera N-VI.

Antes de entrar en el pueblo cruzamos el río Valboa, que vierte sus aguas en el río Valcarce, de ahí el nombre de Ambasmestas (aguas mestas, aguas juntas).

Vega de Valcarce. Este pueblo ha surgido a la sombra de los castillos de Sarracín y Veiga. Hoy es el pueblo mayor de la zona del Valcarce.

El 20 de marzo de 1520, cena y pernocta en esta localidad el emperador Carlos V.

Castillo de Sarracín. A la salida de Vega de Valcarce, a tu izquierda, coronando la montaña, puedes contemplar las ruinas del castillo de Sarracín, siglos XIV-XV. Su origen lo puedes remontar a los siglos IX-X. Ultimamente pertenció a los marqueses de Villafranca.

Enfrente de Sarracín, coronando la montaña que se eleva a tu derecha, se ha levantado la fortaleza de Castro de Veiga, hoy sin vestigios.

Ruitelán. Humilde poblado que se extiende a ambos lados del Camino.

Sobre las casas, a la derecha, se halla la capilla dedicada a San Froilán. Una tradición popular sostiene que el Santo, desde Lugo, se retiró a hacer vida de ermitaño a estas aisladas tierras. Más tarde Froilán tendrá que abandonar su eremo para ocupar la sede episcopal de León.

Herrerías. Muy cerca de Ruitelán hallas el poblado de Herrerías. A la altura de las primeras casas dejas la carretera y desciendes al valle, cruzando el río Valcarce. A tu izquierda, sobre una colina, dejas el templo parroquial. Caminas por un paraje sumamente pintoresco. Casas a tu izquierda, frondosos prados y río a tu derecha.

A Laffi, peregrino bolonés, le causó admiración la magnitud de los martillos con los que trabajaban el hierro en las herrerías que aquí había.

Hospital Inglés. Las últimas casas de este poblado de Herrerías reciben el nombre de Hospital.

En una bula de Alejandro III, 1178, se menciona esta localidad con el nombre de **Hospital de los Ingleses**. En el mismo documento se dice que tenía iglesia, en la que, según costumbre, se enterraría a los peregrinos. Lo que corrobora los vestigios humanos no hace mucho descubiertos por los vecinos del pueblo.

Camino de la Faba. Siguiendo tu ruta desciendes de nuevo al río, que cruzas por un moderno puente de 1981. Continúas ascendiendo paralelo al río, apartándote cada momento más de él.

Cebreiro. Templo, siglo X, y Hospedería.

Llevas buen camino, apto para vehículos. Pronto pasarás sobre el arroyo que desciende de Pedrafita. Pasado este arroyo, partía a la derecha el Camino que seguían los peregrinos que iban a Lugo.

Künig sigue el itinerario lucense. Así escribe: «Pero al llegar a otra (puente), si me entiendes bien, no subirás al Allefaber (La Faba). Déjalo quedar a la mano izquierda, y ve por el puente, a la mano derecha.»

En tu caminar vas dejando muy profundo el río Valcarce. Una forzada curva, marcada por la montaña que bordeas, te abre nuevos horizontes hacia el oeste. Un poco alto, entre árboles, ya puedes ver el pueblo de La Faba. Pasas la curva, a los 50 metros desciendes por un sendero que se acerca a los prados y arroyo, el que cruzas más adelante, iniciando tu ascenso a La Faba, a la sombra de buenos castaños.

La Faba. Localidad muy citada en las guías jacobeas. Es la última parroquia de la diócesis de Astorga y provincia de León. El Camino continúa ascendiendo por medio del pueblo. Cada vez el paisaje es más grandioso. Los árboles van desapareciendo. Allá lejos, donde se une la montaña con el cielo, puedes vislumbrar la silueta del legendario Cebreiro.

Laguna de Castilla. Desde La Faba a Laguna de Castilla todavía no ha sufrido modificación alguna la primitiva ruta jacobea. Laguna es un pequeño pueblo de acomodados campesinos montañeses. Desde aquí sigues un nuevo camino hasta el Cebreiro, paralelo y cercano al antiguo, que, semioculto por la maleza, sigue a tu izquierda.

Tu gran escalada llega a la meta. Vas a coronar el «mons Februari», «mons Zeberrium», a 1.300 metros de altura, «la cime la plus abrupte du chemin français».

Un nuevo mundo a tu vista, ¡Galicia!, y allá lejos, al norte, el mar Cantábrico.

Nuestro guía, **Aymeric Picaud,** siglo XII, nos ha dejado un esquema de las peculiares características que él captó a su paso por Galicia:

«... pasado el monte Cebreiro, se encuentra la tierra de los gallegos. Abunda en bosques, es agradable por sus ríos, sus prados y riquísimos pomares, sus buenas frutas y sus clarísimas fuentes; es rara en ciudades, villas y sembrados. Escasea el pan de trigo y vino, abunda el pan de centeno y sidra, en ganados y caballerías, en leche y miel y en grandísimos y pequeños pescados de mar; es rica en oro y plata, y en tejidos y pieles silvestres, y en otras riquezas, y sobre todo en tesoros sarracenos. Los gallegos se acomodan a nuestro pueblo galo, pero son iracundos y muy litigiosos».

GALICIA:
EL CAMINO DE SANTIAGO EN
LA PROVINCIA DE LUGO

Elías Valiña Sampedro

CEBREIRO. Es el pórtico de acceso a Galicia. Uno de los jalones más interesantes del Camino jacobeo, con marcado carácter prehistórico, medieval, corona las montañas del macizo galaico-leonés, marcando la línea divisoria de aguas del Atlántico y Cantábrico. Pueblecito de nueve hogares. Conjunto Histórico-Artístico Nacional.

El Cebreiro surgió con los peregrinos y para los peregrinos. Es uno de los primeros refugios que surgen en favor de todos los que se dirigen a la tumba del Apóstol. Más tarde, ya con rango de **Hospital,** Alfonso VI, en 1072, lo pone en manos de los monjes de la abadía de San Geraud d'Aurillac, luego anexionada a Cluny, para así mejor atender a los peregrinos extranjeros, sobre todo a los franceses. Este Hospital siempre estuvo regido por monjes benedictinos, hasta 1854, fecha en que lo abandonaron, como consecuencia de la ley de desamortización.

Todos los peregrinos hacen mención de su estancia en el Cebreiro.

Siempre agradecidos de la hospitalidad que aquí han recibido.

El Milagro Eucarístico del Cebreiro ha dado renombre en toda Europa a esta pequeña localidad de alta montaña. Principios del siglo XVI:

«Un campesino del pueblecito de Barxamaior sube a oír misa al Cebreiro un día de gran tempestad. Celebra un monje de poca fe, que desprecia el sacrificio del campesino. Pero, en el momento de la Consagración, la hostia se convierte en Carne y el vino en Sangre, visibles.»

Los peregrinos fueron los divulgadores de este milagro. Wagner encuentra en la narración de los peregrinos tema para su Parsifal. Se conserva el cáliz del milagro, valiosa joya románica, siglo XII. Los Reyes Católicos, peregrinos en 1486, contemplan el milagro y donan el relicario que, junto con el cáliz, se expone, en caja fuerte, a la contemplación de los fieles.

El templo es una interesante pieza arqueológica, de estructura prerrománica, siglos IX-X.

Santa María la Real, titular y Patrona de la comarca, talla románica, siglo XII.

ALTO DO POIO
(1.337 m/a)
(Capilla de Santa María)

59

Cementerio

PADORNELO
Iglesia

TEMPLE

1.463
Rañadoiro △

RIO

100 m.
40 m.

K.27
K.28

△ 1.260
HOSPITAL DA CONDESA
⊙ Fuente potable
K.29
K.30

CAUREL
PACIOS

VEIGA DE FORGAS
Alto de San Roque
Iglesia
Pazo
ZANFOGA

(Capilla de San Roque)
K.31 △ 1.306
Camino ciego

1.264

RIO LOR

Iglesia

LIÑARES

RUBIALES

(minas)

K.32
K.33
⊙ Fuente
K.34 potable

LAGUA DE TABLAS

BARXAMAYOR

NAVIA

△ 1.394
Pozo da Area

CEBREIRO

Museo (viviendas pallozas)
Conjunto histórico-artístico
△ 1.300
Refugio de
Iglesia Peregrinos

GALICIA
PROVINCIA DE LUGO

CASTILLA
PROVINCIA DE LEON
PENASEARA
Hospedería

Cruceiro
K.35

CERNADA

FONTEVEDRA

T.V.E.-Telefónica

Penaseara

2.000

Fuente potable
1.100 △

LAGUNA DE
CASTILLA

1.402

△

K.440
PEDRAFITA

1.098
△

2.000

Postes

Regato

Porciso

Fuente
⊙

CASTRO

Coruña

LA FABA
△ 917

Regato de Lamas

VALCARCE

Madrid-

SAN
TIRSO

LAMAS

1.800

Regato

1.200

Castrillós

RIO

Carretera

vieja

CN-VI

HOSPITAL
Inglés
LINDOSO

△
1.011

K.43
HERRERIAS

Mesón

PROVINCIAS DE LUGO Y LEON

Herrerías-Alto del Poio, 17 Km.

CEBREIRO-SANTIAGO, 143 Km.

Las fiestas patronales de Santa María y Santo Milagro, días 8 y 9 de septiembre, reúnen en el Cebreiro a unos 30.000 romeros de las regiones límitrofes de León y Lugo.

Los restos del primitivo **Hospital** y residencia de los monjes se han remozado y convertido, en 1965, en un típico y acogedor mesón.

Las «viviendas-pallozas» de los campesinos, de tradición prehistórica, desempeñan la función de **Museo Etnográfico** de la comarca.

Dos de estas «pallozas» se han habilitado para albergue de peregrinos.

San Giraldo de Aurillac H**, 12 plazas. Típico: Caldo gallego, cocido, chorizos caseros, queso «do Cebreiro». Teléfono (982) 36 90 25.

Refugio: Las citadas «pallozas». Teléfono 36 90 25.

La carretera que parte hacia el sur se dirige a la mina de Rubiales, cuatro kilómetros, uno de los mejores yacimientos europeos de cinc y plomo. Explotación dotada de las técnicas más modernas de la minería.

Liñares. Desde el Cebreiro a Linares la carretera sigue totalmente la ruta jacobea.

A la altura de la última casa del Cebreiro, a la izquierda, ascendiendo al monte, tienes un buen camino que, en medio de pinos, también te conduce a Liñares.

A medio camino ves a tu derecha el poblado de Lagúa de Tablas, cuna de famosos caballeros de Santiago.

Liñares es el «Linar de Rege» de Aymeric. En un documento de 714 ya se hace mención de esta localidad.

Los templos de Liñares, Veiga de Forcas y Hospital presentan cierta similitud con la iglesia madre del Cebreiro, y restauradas a expensas de las obras realizadas en la iglesia madre en 1963.

Alto de San Roque. A la salida de Liñares, a la izquierda, ves, un poco lejos, a tres kilómetros, la gran explotación minera de Rubiales. Inicias la subida a una colina llamada «Alto de San Roque», 1.264 metros de altura. El primitivo Camino asciende paralelo a la carretera, a la derecha, hoy semiciego.

En el «Alto de San Roque» hubo una capilla dedicada a este santo, a la vera del Camino, a la derecha. Desde aquí, si te atreves a hacer una pequeña desviación por el camino que tienes a tu izquierda, 200 metros, hasta coronar la colina, podrás ver un pintoresco valle que nace a tus pies y el poblado de Veiga de Forcas, en el que se halla ubicado el pazo blasonado de los Armesto, que ha dado insignes caballeros a la Orden de Santiago, como Pedro y Juan de Armesto y Valcarce, 1604.

El «monte de Cebreiro» figura en las guías de los peregrinos como el paso más difícil de toda la Ruta jacobea. A diferencia de otros puertos, aquí tendrás que seguir por el lomo de la sierra un recorrido de 17 kilómetros a una altitud de más de 1.000 metros, desde Laguna de Castilla a Filloval. Hoy todo ha cambiado. Una carretera sigue este mismo recorrido.

Hospital da Condesa. En el mismo «alto de San Roque» la carretera se desvía hacia el sur. Tú puedes seguir recto un sendero, vestigio del primitivo Camino, para fusionarte de nuevo con la carretera. Pasa por medio del pueblo, a la derecha de la carretera.

Se cree que esta localidad debe su nombre a un antiguo **Hospital**, fundado por doña Egilo a finales del siglo IX.

Padornelo. Siguiendo por la carretera pronto hallas una desviación a tu derecha, apta para vehículos. La sigues unos 100 metros. Luego la abandonas y te diriges a tu izquierda. Pronto verás el poblado de Padornelo, de tres vecinos. El Camino pasa por delante del humilde templo, caseríos y cementerio.

El gran Gelmírez, en su afán de engrandecer la iglesia del Apóstol y favorecer a los peregrinos, se agenció con varias posesiones a lo largo del Camino de los peregrinos. Padornelo ha sido una de las localidades que han pertenecido a Compostela.

Los hermanos hospitalarios de San Juan de Malta también se han establecido en este poblado para ofrecer su ayuda a los peregrinos. Como vestigio, el templo parroquial conserva la advocación de San Juan.

En el actual cementerio estuvo ubicado otro templo, el de Santa María Magdalena.

Cebreiro. Santa María la Real, siglo XII.

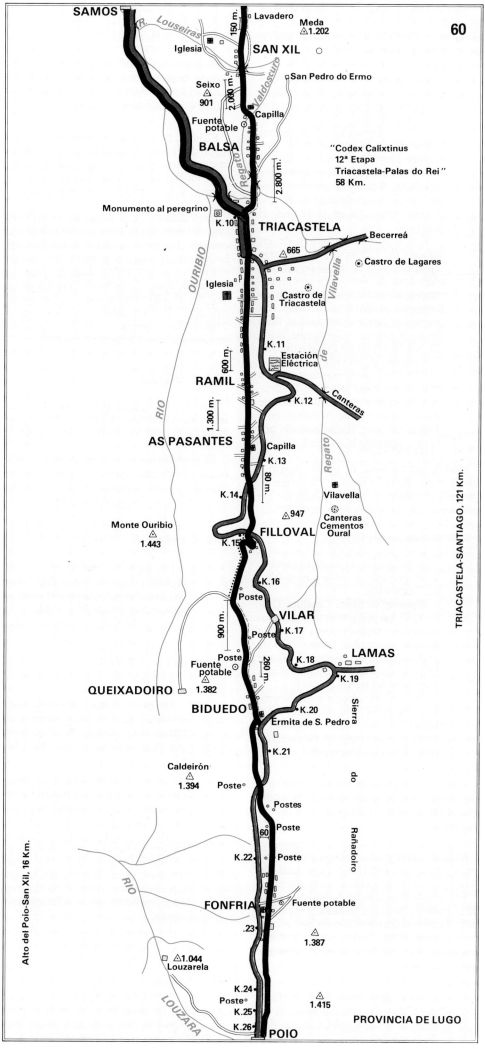

SAMOS

R. Louseiras

150 m.

Lavadero
Meda
△1.202

60

Iglesia

SAN XIL

San Pedro do Ermo

Seixo
△
901

2.000

Valdoscuro

Capilla

Fuente
potable

BALSA

2.800 m.

"Codex Calíxtinus
12ª Etapa
Triacastela-Palas do Rei"
58 Km.

Monumento al peregrino

K.10

TRIACASTELA

Becerreá

OURIBIO

△665

Castro de Lagares

Iglesia

Castro de
Triacastela

Vilavella

RIO

600 m.

K.11

Estación
Eléctrica

de

RAMIL

1.300 m.

K.12

Canteras

AS PASANTES

Capilla

K.13

Regato

80 m.

K.14

Vilavella

Monte Ouribio
△
1.443

△947

FILLOVAL

Canteras
Cementos
Oural

K.15

K.16

900 m.

Poste

VILAR

K.17

Poste

LAMAS

Poste

K.18

QUEIXADOIRO

Fuente
potable
△
1.382

260 m.

K.19

Sierra

BIDUEDO

K.20

Ermita de S. Pedro

K.21

Caldeirón
△
1.394

Poste

do

Postes

Rañadoiro

60

Poste

K.22

Poste

RIO

FONFRIA

Fuente potable

.23

△
1.387

□ △1.044
Louzarela

K.24

Poste

△
1.415

LOUZARA

K.25

K.26

POIO

PROVINCIA DE LUGO

TRIACASTELA-SANTIAGO, 121 Km.

Alto del Poio-San Xil, 16 Km.

149

Alto del Poio. Desde Padornelo tienes que afrontar la corta, pero brusca, escalada al puerto del Poio, 1.337 metros de altura, donde hallas de nuevo la carretera.

Los peregrinos pasaban por delante de una ermita que se hallaba en el mismo puerto, a la derecha. Estaba dedicada a Santa María. En los documentos se menciona como **Santa María del Poio.** Hoy existen cuatro casas, modernas.

Ahora tu Camino inicia un suave descenso. A la derecha un grandioso paisaje sobre la cuenca del río Navia. Atrás, ya en la lejanía, el Cebreiro.

Este interminable puerto de los montes del Cebreiro puso en serio aprieto la vida de varios peregrinos. Así, Jean de Tournai y su compañero Guillaume cruzan estas montañas en el invierno de 1488. La nieve cae con insistencia. Les llega hasta la cintura. Guillaume llora. Dios y Santiago les ayudan. Salvan la montaña y... su vida.

Camino y carretera siguen ahora fusionados hasta cerca de Fonfría. A tu izquierda ves los poblados de Pallarvello, Porfía, Valdefariña y Louzarela, este último acotado por el rey Fernando II, en 1158.

Fonfría del Camino. El pueblo surgió a uno y otro lado del Camino. La carretera, paralela al Camino, va por las afueras del pueblo, al sur. El frontis del templo, orientodo al Camino, se han mudado hacia la carretera en reformas de 1964.

Su buena fuente ha dado nombre a este poblado. Fonfría = Fons frígida, Fuente fría.

Hospital de Santa Catalina. Desde 1535 los peregrinos han disfrutado de un refugio en esta localidad de alta montaña. Estaba bajo la protección del convento de Sancti Spiritus de Melide. Desapareció a mediados del siglo XIX.

Este refugio ofrecía gratuitamente a los peregrinos «lumbre, sal y agua» y «cama con dos mantas». A los enfermos se les daba un «cuarto de pan, huevos y manteca».

Allá, fuera del pueblo, cuando se inicia el descenso, Camino y carretera se fusionan, se apartan y cruzan, tardando ya en volverse a encontrar.

Biduedo. Interesante jalón de referencia en la actual ruta jacobea, ya que aquí Camino y carretera se apartan notoriamente.

El Camino llega a Biduedo pasando al sur de la primera casa, que hallas a la izquierda de la carretera; sin tocarla, pasa por delante de la capilla de San Pedro, y sigue por medio del pueblo, con buen camino, semiapto para vehículos.

Estás abandonando la serranía del Cebreiro. Los paisajes son inmensos, comparables a los de Port de Cize y Somport.

Hallas una primera bifurcación, tú sigues, a la izquierda, el camino principal, bordeando el monte Caldeirón.

Ya, un poco lejos, una segunda bifurcación que tú seguirás, a la derecha, descendiendo bruscamente, por amplio camino, sobre el lomo de un estribo de la montaña que se extiende hasta Triacastela.

Filloval. En tu descenso encuentras el poblado de Filloval. Pasas a la izquierda de las casas. Cruzas la carretera que has abandonado en Biduedo y desciendes paralelo a la misma, y a su derecha, un largo trayecto.

As Pasantes. A la altura de la primera casa del poblado la carretera ha cortado tu camino. Tú cruzas la carretera y sigues por un sendero. Pasada la primera casa ya tienes buen Camino. Pronto llegas al poblado de **Ramil,** bajo la sombra de vetustos castaños. Es el «Ranimirus» de un documento del siglo IX. Tu Camino que desciende a Triacastela es profundo, sombrío, milenario, gastado por el rodar de peregrinos.

TRIACASTELA

Fin de la 11 Etapa del «Codex Callixtinus»: de Villafranca a Triacastela. Importante jalón jacobeo a través de los siglos.

El pueblo primitivo se extiende a ambos lados de la ruta jacobea. Triacastela ha prestado apoyo al peregrino, pero también ha sido una de las localidades más beneficiadas con las peregrinaciones. El templo parroquial, con ábside románico, está dedicado al Apóstol.

Las primeras noticias que tenemos de Triacastela están relacionadas con el conde Gatón y el monasterio de San Pedro y San Pablo.

El conde Gatón aparece como fundador del citado monasterio, ubicado en el poblado de San Pedro do Ermo. Por diversos documentos deducimos que tendría que ser a mediados del siglo IX.

Ordoño II, en el año 922, hace donación de este monasterio a la iglesia del Apóstol, como ofrenda por el alma de su esposa, Doña Elvira.

Gelmírez acompaña a la reina Doña Urraca hasta Triacastela en la campaña contra Alfonso II el Batallador, año 1112.

Alfonso IX es el mayor benefactor que ha tenido Triacastela a través de los siglos. Quiso hacer de Triacastela una gran ciudad. En un documento de 1228, el mismo Rey hace mención de la «Triacastelle nova».

La ciudad medieval que Alfonso IX creyó iniciada no ha tenido éxito. Pasaron los siglos, y Triacastela continuó siendo un pequeño poblado rural.

Triacastela también tuvo Hospital de peregrinos. Todavía se conserva la casa en la que estuvo emplazado. No ha tenido mucha im-

Samos. Monasterio. Vista general.

portancia. Se conoce su documentación desde 1654 a 1792, en que desaparece.

En el fondo del pueblo, a la vera de la carretera que parte para Samos, Triacastela ha levantado un pequeño monumento al peregrino jacobeo.

Villasante F, habitaciones.

Refugio: El Ayuntamiento ofrece humilde asilo. Teléfono 54 70 47.

«Codex Calixtinus»
12 Etapa: Triacastela-Palas do Rei, 58 km.

Todavía en el pueblo, ya al final, una bifurcación te pone en la disyuntiva: seguir la ruta del Camino Real, Camino francés, Camino de Santiago, o seguir por carretera la desviación que te lleva al monasterio de Samos. Nosotros seguiremos la ruta del Real Camino.

La **abadía de Samos** siempre ha sido visitada por muchos peregrinos, disfrutando de la ayuda y calor del hogar de los hijos de San Benito. Su visita es interesante.

Refugio: Es tradicional el asilo de estos monjes. Teléfono 54 60 46.

A Balsa. Desde Triacastela tienes buen camino hasta A Balsa, por fértil y angosto valle. Pequeño poblado. Pasas por delante de la capilla de Nuestra Señora de las Nieves e inicias una buena ascensón hasta San Xil, a la sombra de castaños, robles y abedules.

San Xil. Con paisaje pintoresco, abierto hacia el sur, la zona de Samos. Poblado de caseríos disgregados. Templo en la parte más baja del pueblo, guardián de un buen cáliz del siglo XV.

El Camino sigue ascendiendo suavemente, bordeando las estribaciones sur de la sierra de La Meda, 1.202 metros de altura. Con amplio paisaje a tu izquierda. Llegas al arroyo Riocabo, desde donde se hace más pronunciada la subida. Pronto ganas el alto de Riocabo.

Alto de Riocabo. Es interesante hito, a 896 metros de altura, con grandiosos paisajes a tu vista. Desde aquí contemplas un largo recorrido de tu Camino hasta la localidad de Brea, entre Sarria y Portomarín. Puedes descansar, ojear la carta y decidir qué ruta vas a seguir. Yo te aconsejo el Camino Real, a la derecha. Es bueno, casi apto para vehículos, en continuo y suave descenso, con paisaje alegre, despejado. A tu izquierda, el poblado de **Montán.**

> El templo de Montán conserva nave románica, humilde. El presbiterio es obra reciente, de mal gusto. En las guías medievales se cita como «Mután». El pueblo tiene hoy 13 hogares.

Fontearcuda. Recibe el nombre de una fuente cercana al Camino. Núcleo de tres hogares. Desde aquí ya ves los poblados de Zoo, a la derecha; **Furela,** de frente, y a tu izquierda, a un kilómetro, se halla **San Román,** con peculiar templo románico. Camino y carretera van cercanos. Tú sigues el que prefieras, los tienes a la vista.

> **Zoo** tiene humilde templo dedicado al Apóstol Santiago.

Furela. Conserva una capilla dedicada a San Roque, a la vera derecha del Camino. Sobre la capilla, un caserío con piedra heráldica.

Brea. A la salida de Furela el Camino se vuelve a fusionar con la carretera. La zona por la que circulas ahora recibe el nombre de Brea, que significa «vereda, ruta». Ya inicias el descenso hacia el frondoso valle de Sarria.

Pintín. Cruzas el pueblo, a 400 metros, el descenso se acentúa y la carretera se aparta del Camino, que, recto, desciende bruscamente. La carretera da una pronunciada curva a la izquierda, cruza el Camino y vuelve de nuevo a fusionarse con él. En la primera curva se halla el templo parroquial de San Esteban de Calvor.

Calvor. Es una interesante localidad del itinerario jacobeo, estación prehistórica, con extraordinario paisaje sobre toda la comarca de Sarria.

> El templo se ha levantado sobre un prehistórico **castro.** Desde el templo, al sur, todavía puedes contemplar socavones, movimientos de tierras, etc., huellas de primitivas civilizaciones.
> («Castro» es una construcción fortaleza defensiva de los pueblos prerromanos. Generalmente coronan prominencias o colinas. Presentan varias rotondas circulares concéntricas y superpuestas. Habitualmente los muros de estas rotondas son de tierra. En el noroeste de la Península Ibérica existen varios millares. Desde aquí mismo podrías localizar ejemplares como, por ejemplo, el «Castro» de Mondín, que, al sur, como a unos tres

kilómetros, corona una colina bien notoria a la vista. En el Bierzo también se te ha señalado el «Castrum Bergidum».)

> En el siglo VIII el presbítero Adilán funda en esta localidad un monasterio bajo la advocación de San Pablo y San Esteban. Dentro del templo un buen capitel visigótico hace de pilón de agua bendita.
> La primitiva fábrica del actual templo ha sido románica, de la que sólo restan algunos vestigios.
> Al sur de Calvor, en el valle, se halla el poblado de Perros. Conserva un buen pazo, blasonado, cuna de los progenitores del sabio benedictino Fray Martín Sarmiento.

Aguiada. Es el pueblo más cercano al solitario templo parroquial de Calvor. El Camino desciende por medio del poblado.

> La última casa, a la izquierda, todavía hoy se la designa con el nombre de «Hospital», como vestigio de un primitivo Hospital de peregrinos.

San Mamede do Camiño. Desde Calvor, carretera y Camino siguen fusionados hasta Sarria. Este pueblecido, San Mamede do Camiño, te reafirma en la autenticidad de tu ruta, casi cubierta por el ramaje de un espeso bosque de robles.

San Pedro do Camiño. Un solo caserío. El apelativo «Camiño» te vuelve a confirmar en la veracidad de tu ruta medieval.

Carballal. Dos casas, un poco aisladas del Camino, a la izquierda.

Vigo de Sarria. Este poblado se halla hoy fusionado con la villa de Sarria. Aquí cruzas la carretera que, desde Triacastela, pasando por el monasterio de Samos, siguen otros peregrinos y vehículos.

Caminas por un barrio nuevo, zona escolar. Te acercas al río Ouribio, que salvas a través de un puente denominado «Ponterribeira», reformado, casi totalmente, en 1981. Pasado el puente, a la izquierda, hallas una buena fuente potable, «Fonterribeira».

SARRIA. Pasado el río Ouribio muy pronto hallas la carretera Lugo-Monforte. Siguiendo unos metros, a la derecha, por esta carretera se te ofrecen tres caminos para subir a la parte alta de la villa: gran escalinata, acceso de vehículos y una segunda escalinata.

En la parte alta se conserva la villa antigua, de fuerte carácter medieval: casas blasonadas, iglesia dedicada a Santa Marina, mártir gallega; iglesia románica de El Salvador y, en la cima, el castillo medieval.

> **Sarria** no figura en el «Codex Calixtinus». Pero su historia está muy ligada con las peregrinaciones.
> **Calle Mayor.** En torno a esta calle se centra la vida medieval de la villa.

61

SARRIA-SANTIAGO, 106 Km.

San Xil-Sarria, 12 Km.

Estación

F.C. Madrid-Coruña

Ponte Aspera
Cementerio
PP. Mercedarios
Castillo
El Salvador (románica)
Hospital de S. Antonio
(Hoy Juzgado)

San Lázaro
(Capilla)

Río Celeiro

Ouribio

Lugo 30 Km.

Portomarín

Monforte

Iglesia

Becerreá

Río

△453

SARRIA

Colegio N.

VIGO

CARBALLAL

SAN PEDRO DO CAMIÑO

SAN MAMEDE DO CAMIÑO

K.5

K.2

5.000

Bar

AGUIADA

Casa
Hospital
Capilla
606
Castro de
Mundín

△491

K.4

CALVOR

K. 5

2.000

Bar

PINTIN

K.6

Castro de
Estraxide

Capilla

△659

Franco

FURELA

Castro de Moure

San Román
(románica)

2.200 m.

ZOO

Transformador

Iglesia

Lousada

150 m.

300 m.

Fuente

FONTEARCUDA

Ouribio

Río

K.12

Abadía

SAMOS

Monumento Nacional

△532

MONTÁN

3.300 m.

RENCHE

Iglesia

Ouribio

REAL

ALTO DE
RIOCABO

△896

Riocabo

Río

Regato

1.400 m.

PROVINCIA DE LUGO

SAN XIL

Al principio de la calle tienes la **iglesia de Santa Marina,** moderna, con esbelta torre chapitelada, sustituye a un primitivo templo románico.

En tu suave ascenso por la calle, uno de los rincones más evocativos del Camino de Santiago, podrás rememorar la riada de peregrinos que han contemplado estas mismas casonas pétreas.

El templo parroquial de El Salvador corona la acera izquierda de la calle. Es románico: planta rectangular; puerta principal gótica; puerta lateral norte de arquivolta algo apuntada, tímpano con Pantocrátor y buenos herrajes en la puerta. Ábside de sección rectangular y semicircular. Se hace mención de este templo en 1094.

El Hospital de San Antonio ocupó la casa existente frente al templo de El Salvador, hoy destinada a Juzgado. Se cree fundación del conde de Lemos. Fue su gran protector el clérigo Dionís de Castro y Portugal, hijo del marqués de Sarria, como se deduce de su testamento de 1588. A los peregrinos se les obsequiaba con cama, luz y asistencia de cirujano.

La fortaleza de Sarria. Corona la parte más alta de la villa. De las cuatro torres que ha tenido sólo se conserva un torreón, protegido por muralla poligonal con cubos. Su origen parece que se remonta al siglo XIV. En 1467 sufre el ataque demoledor de los «hirmandiños».

Londres H**, 33 plazas. Teléfono 53 06 89.

El Camino continúa bordeando la parte norte del castillo, descendiendo luego al convento de la Magdalena.

Convento de la Magdalena. Fundación de dos clérigos italianos, de la regla de San Agustín.

Este centro estuvo bajo la protección de los frailes agustinos hasta la desamortización del pasado siglo. Más tarde se hacen cargo de este histórico conjunto los padres de La Merced, que lo restauran y acrecientan. Tradicionales acogedores de peregrinos.

Sarria. Convento de los PP. Mercedarios.

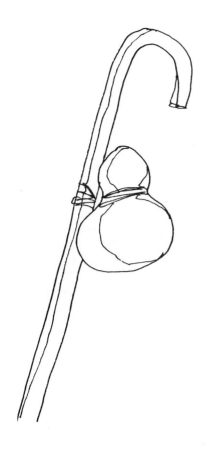

Sarria. Castillo medieval.

El Hospital de este convento de la Magdalena ha tenido gran importancia en la historia de las peregrinaciones. Bulas pontificias alaban la hospitalidad de este hito jacobeo, donde se socorría a los peregrinos con cama y limosna.

Refugio: Los Padres Mercedarios, herederos de este centro hospitalario, continúan hoy ofreciendo refugio a los peregrinos. Teléfono 53 10 20.

El templo es una buena pieza gótico-isabelina. En la fachada noroeste del convento una puerta conservaba en su dintel la inscripción «Charitas aedificat».

Desde el convento de la Magdalena tienes dos caminos para descender a Ponte Aspera, sobre el río Celeiro. Uno desciende al este del cementerio que tienes frente al convento. Otro, bordeando el muro de la finca del convento, desciende al barrio de San Lázaro.

Una capilla dedicada a **San Lázaro** perpetúa el recuerdo de un antiguo Hospital-lazareto destinado a dar cobijo a los peregrinos afectados de lepra o enfermedades similares.

Desde **Ponte Aspera,** medieval, de un solo arco, pronto topas con el ferrocarril Madrid-La Coruña. Puedes seguir por la vía, a la izquierda, o por el camino que, paralelo, entre el río y la vía férrea te conduce hasta la localidad de **San Miguel,** donde ves una casita abandonada. Cruzas aquí la vía férrea, giras por detrás de la casita y sigues, paralelo, a la misma vía hasta salvar el arroyo. Luego asciendes a la sombra de un robledal.

De nuevo en tu Camino, descubres en primer plano el solitario caserío de «Paredes», protegido con muro circundante. Buena familia, habitualmente acogedora de los peregrinos jacobeos.

Aymeric Picaud es probable que no haya pasado por Sarria. En su Guía del Liber Sancti Jacobi, siglo XII, no cita Sarria, y sí la localidad de «Villa Sancti Michaelis». Pero, ahora, ¿dónde ubicamos este hito?

Se podría tratar del actual «Vilasante», cercano a Vigo de Sarria, al sur.

Otra localización podría ser el ya citado San Miguel, en la vía férrea. En su entorno parece que ha existido un primitivo poblado, que todavía continuaría habitado en tiempos de Picaud.

En el siglo XIII Sarria ya es hito obligado en el itinerario de los peregrinos, para su cobijo se levanta el gran Hospital de la Magdalena.

Santiago de Barbadelo. Portada románica.

Barbadelo. Adentrado ya en la parroquia de Barbadelo, pasas al poblado de Vilei, donde hallas el acceso de vehículos que te llevará al templo.

El templo es un buen ejemplar románico, Monumento Histórico-Artístico Nacional. Te recomiento su visita. Ofrece especial interés su tímpano historiado, todo el frontis y lateral norte. El resto del templo ha sufrido profundas reformas. Los panteones adjuntos mutilan este gran monumento jacobeo.

El lugar del templo y caserío adjunto conserva el nombre del «Mosteiro», vestigio de un primitivo monasterio que, según el P. Yepes, se anexionó a Samos en el 874.

Más al sur del templo un caserío, priorato benedictino hasta la desamortización del siglo XIX. Hoy casa rectoral, deshabitada, ruinosa.

Aymeric Picaud cita a Barbadelo y Triacastela como estaciones frecuentadas por los emisarios de hoteleros compostelanos que pretendían embaucar a los peregrinos con falsas promesas de hospitalidad.

Rente. Desde Barbadelo el Camino asciende adjunto al lateral suroeste del colegio abandonado. Muy pronto, a tu derecha, dejas las casas de San Silvestre. Ya ves, cerca, el poblado de Rente, de cuatro casas.

Mercado da Serra. Desde Rente tienes buen camino de vehículos. Mercado da Serra se halla en la carretera de Vilamaior a Sarria. Puedes cruzarla y seguir descendiendo suavemente, por camino semiabandonado, o tomar la carretera a la derecha y, en medio de un pastizal, a la izquierda, seguir el primer camino de vehículos que hallas. Los dos caminos se fusionan, y juntos llegan al molino de **Marzán.** Tú apartas a la derecha. Cruzas el arroyo Marzán en el lugar llamado «O Real».

Leimán. Desde «O Real», a través de un robledal, pronto llegas a campo abierto. De frente ya ves una casa nueva de Leimán. Cruzas la carretera de Sarria a Portomarín. Buen camino te conduce a Leimán. Desde aquí inicias un largo recorrido con certera orientación a poniente.

Pena. Pequeño poblado, muy cercano a Leimán y a Peruscallo, con camino de vehículos.

Al sur, como a 1.500 metros, se halla el templo parroquial de Velante, humilde pieza románica rural.

Peruscallo. En este poblado finaliza el camino de vehículos.

Desde esta localidad a Portomarín es uno de los recorridos más interesantes del Camino de Santiago. Es zona poblada, pero muy incomunicada hasta hace poco. El contacto con los campesinos es fácil y de sumo interés para el estudioso.

Cortiñas. Pequeño pueblecito formado por cinco viviendas.

Pertenece a la parroquia de Viville, de la que ya se hace mención en documento de 1118. El templo conserva vestigios románicos. Ubicado al sur, a dos kilómetros.

Lavandeira. Un robledal te da acceso al pueblo. Pasas por delante de un antiguo colegio, cruzas un camino de vehículos.

Casal. Desciendes, y luego hallas el caserío de Casal, un hogar.

Brea. Continúas descendiendo por antiguo Camino de viejos muros con vestigios de calzada. En el arroyo Chelo inicias un buen ascenso a Brea, cuyo Camino se va reduciendo según te acercas al poblado.

Brea, cinco vecinos, en campo abierto, faro orientador de peregrinos y viandantes, de aquí su etimología «vereda, camino».

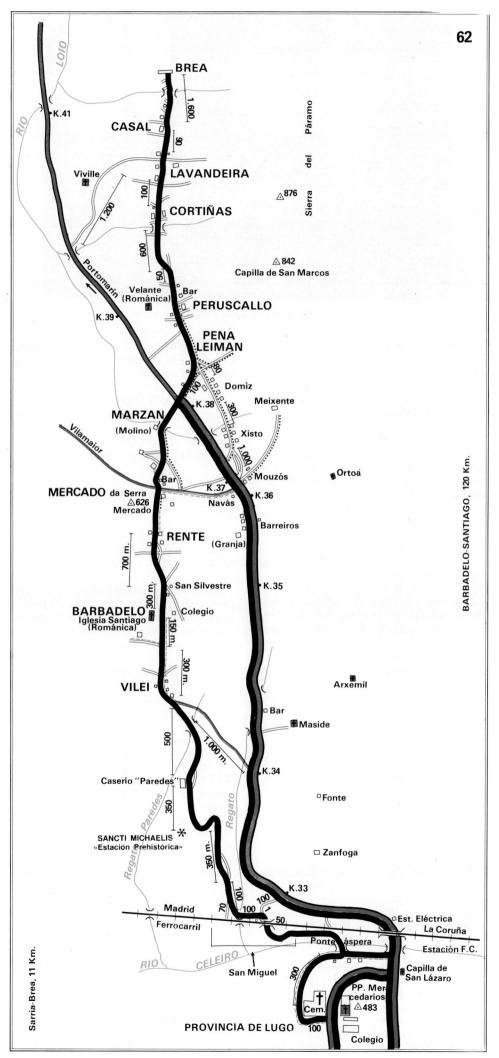

62

BARBADELO-SANTIAGO, 120 Km.

BREA

K.41

CASAL

90

Viville

LAVANDEIRA

100

CORTIÑAS

1.200

600

Sierra

del

Páramo

△876

Capilla de San Marcos

△842

50

Velante
(Románica)

Bar

PERUSCALLO

K.39

PENA
LEIMAN

80

100

Domiz

K.38

Meixente

300

MARZAN

(Molino)

Xisto

1.000

Mouzós

Ortoá

Bar

K.37

K.36

MERCADO da Serra
△626
Mercado

Navás

Barreiros

RENTE

(Granja)

700 m.

San Silvestre

K.35

300 m.

BARBADELO
Iglesia Santiago
(Románica)

Colegio

150 m.

300 m.

VILEI

Arxemil

Bar

Maside

500

1.000 m.

K.34

Caserío "Paredes"

350

Fonte

SANCTI MICHAELIS
«Estación Prehistórica»

*

350 m.

Zanfoga

100

100

K.33

Madrid

70

100

Est. Eléctrica
La Coruña

Ferrocarril

50

Estación F.C.

Ponte áspera

RIO CELEIRO

San Miguel

300

Capilla de
San Lázaro

PP. Mer-
cedarios
△483

Cem.

PROVINCIA DE LUGO

100

Colegio

Sarria-Brea, 11 Km.

Portomarín

Vilamaior

Regato Paredes

Regato

LOIO

RIO

Monasterio de Loio. Vestigios.

Morgade. Amplio y llano Camino te conduce a Morgade. Una sola casa, a la izquierda, fuente a la derecha, y más adelante, ruinas de una capilla. Desciendes al pequeño arroyo Ferreiras, con prados a los lados y, luego, suave ascenso.

Ferreiros. A la entrada del pueblo tienes una fuente y, sobre el Camino, una viña, la primera que encuentras desde el Bierzo. Es pueblo de buenas casas. En el Itinerario de Manier se cita como «Ferrere».

En Ferreiros estuvo ubicado el templo parroquial, trasladado hacia el año 1790 a Mirallos, localidad más céntrica para los pueblos de la feligresía.

Cruceiro. A la salida de Ferreiros asciendes, a través de un pequeño robledal, a la colina denominada Cruceiro, por coincidir cruce de caminos, con una casita a la derecha. Tú cruzas el camino de vehículos y desciendes a Mirallos.

Mirallos. Forman este pueblecito dos humildes vecinos y el templo parroquial de la feligresía de Ferreiros. En medio discurre el arroyo Mirallos.

El templo, románico, conserva una interesante portada de tres finas arquivoltas, tímpano bilobulado, mochetas con cabezas de león.
A la salida del pueblo, una piedra con relieve de viril marca el itinerario de la procesión de Corpus.

Pena. Pronto llegas a Pena, zona de buena pradería.

Couto. Desde Pena, por camino de vehículos, llegas a la casa-vivienda de Couto, y, muy pronto, al poblado de Rozas.

Rozas. Pasado ya el poblado de Rozas tienes que abandonar el camino de vehículos y apartar a la derecha, remontando la colina denominada «Pena do Cervo», desde donde puedes contemplar, a la izquierda, la villa de Paradela, capitalidad del municipio. Desciendes por buen camino carretal,

teniendo a tu derecha el monte de Pena do Cervo y a la izquierda la depresión de la cuenca del río Loio.

Moimentos. A la entrada del pueblo cruzas un camino de vehículos. Desciendes entre las casas. Hallas otro camino de vehículos, luego apartas a la derecha y te diriges a la solitaria y humilde casa de Cotarelo.

Cotarelo. Pasas entre casa y pajar. A tu izquierda, a 150 metros, el templo parroquial de Laxe, dedicado a Santiago.

Mercadoiro. Desde Cotarelo tienes un corto y acentuado descenso a Mercadoiro por viejo Camino con vestigios de calzada.

Moutrás. En una fértil vega. Hallas buen camino de vehículos. A la salida del pueblo te vuelves a encontrar con otro camino de vehículos, tú sigues recto, por medio de un robledal, luego campo abierto.

A tu izquierda, en la otra ribera del río Loio, ves la iglesia y poblado de Castro, levantados sobre un prehistórico «castro».

Parrocha. Antes de llegar a Parrocha abandonas el camino de vehículos, que da una amplia curva para salvar el descenso. Tú bajas recto a las casas del pueblo, que abandonas, descendiendo siempre hasta Vilachá.

Vilachá. Pueblo rural, crecido, de acomodados campesinos, de la feligresía de Cortes.

Si das un pequeño rodeo puedes visitar el pueblo de Cortes. Cerca, al sur del templo parroquial, se halla el pequeño núcleo de Loio, donde hubo un antiguo monasterio, restaurado en el siglo IX por el monje Quintilla.
Este monasterio de Loio ha sido la cuna de los **Caballeros de la Orden Militar de Santiago,** hacia 1170. No quedan vestigios notorios de su primitivo emplazamiento. Una ermita, más próxima a las casas, evoca el recuerdo de este histó-

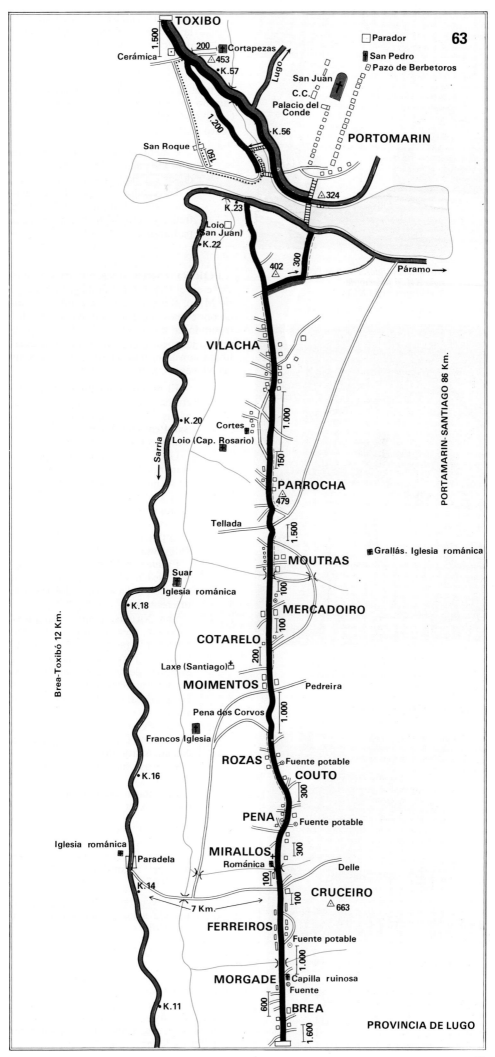

63

TOXIBO

Cerámica
Cortapezas
200
1.500
△453
K.57
K.56
1.200
150
San Roque

□ Parador
San Pedro
Pazo de Berbetoros

San Juan
C.C.
Palacio del Conde

PORTOMARIN

Lugo

△324

K.23
Loio (San Juan)
K.22
402 △
300
Páramo →

VILACHA

1.000

K.20
Cortes
Loio (Cap. Rosario)
150

PARROCHA
△479

Tellada
1.500

Grallás. Iglesia románica

MOUTRAS
100

Suar
Iglesia románica
K.18
MERCADOIRO
100

COTARELO
200
Laxe (Santiago)
MOIMENTOS
Pedreira
Pena dos Corvos
1.000
Francos Iglesia

ROZAS
Fuente potable
COUTO
K.16
300

PENA
Fuente potable

Iglesia románica
Paradela
MIRALLOS
Románica
Delle
300
100
K.14
CRUCEIRO
100
△663
← 7 Km. →

FERREIROS
Fuente potable
MORGADE
Capilla ruinosa
Fuente
1.000
K.11
BREA
600
1.600

PROVINCIA DE LUGO

Sarria ↓

Brea-Toxibó 12 Km.

PORTAMARIN-SANTIAGO 86 Km.

Portomarín. Iglesia de San Pedro, siglo XII, y palacio de Berbetoros, siglo XVII.

Portomarín. Iglesia de San Nicolás, siglo XII. Abside.

Portomarín. Iglesia de San Nicolás. Portada principal.

rico jalón jacobeo. En los muros de la ermita se perciben algunas piedras con relieves de tendencia visigótica.

El antiguo Camino descendía por medio del pueblo de Vilachá, hoy convertido en camino de vehículos. Ya, más adelante, tu Camino descendía recto al barrio de San Pedro de Portomarín.

El pantano de Belesar, con dique a 40 km., aguas abajo, ha modificado las vías de acceso a Portomarín.

Te recomiendo que, desde Vilachá, sigas el Camino que desciende frente al actual puente que cruza el pantano.

PORTOMARÍN. Estación muy interesante en el Camino de Santiago. Cruzas el río Miño, el mayor de Galicia, hoy absorbido por el pantano, por un largo puente, disfrutando de uno de los mejores paisajes de la ruta jacobea. Frente al puente, una escalinata con la ermita de Nuestra Señora de las Nieves te conduce al histórico poblado.

El primitivo pueblo de Portomarín ha quedado sumergido bajo las aguas. Lo formaban dos barrios: **San Pedro,** en la ribera izquierda, y **San Nicolás,** en la derecha.

Unía los dos poblados un puente romano, destruido por Doña Urraca en su lucha con Alfonso el Batallador, y restaurado por Pedro Peregrino, gran favorecedor de los peregrinos, 1120. En 1929 se construye otro puente y, sobre él, como base, se levanta el actual.

El nuevo poblado. Con sumo cuidado se han trasladado al nuevo núcleo de población los edificios más interesantes:

San Nicolás, templo románico, siglo XIII, pieza de singular interés. Presenta la peculiaridad de templo fortaleza. Perteneció a la Orden de San Juan de Jerusalén, que ha creado una gran encomienda y buen Hospital para atender a los peregrinos.

San Pedro, templo románico de 1182, con portada de tres grandes y elegantes arquivoltas.

La Casa del Conde, buen pazo del siglo XVI.

El palacio de Berbetoros, obra del siglo XVII.

Parador Nacional H***, 9 plazas. Teléfono 54 50 25. Peixe CH, 5 plazas. Teléfono 54 50 17. Posada del Camino F. Teléfono 54 50 07.

El Ayuntamiento facilita buena acogida a los peregrinos. Teléfono 54 50 70.

Tu Camino sigue por la carretera. Pronto hallas una pasarela, a la izquierda, para cruzar el brazo del pantano que se extiende por la cuenca del arroyo Torres. Más arriba tienes un puente de vehículos. A la sombra de un pinar asciendes a la proximidad del pueblo de Cortapezas, donde encuentras una fábrica de cerámica.

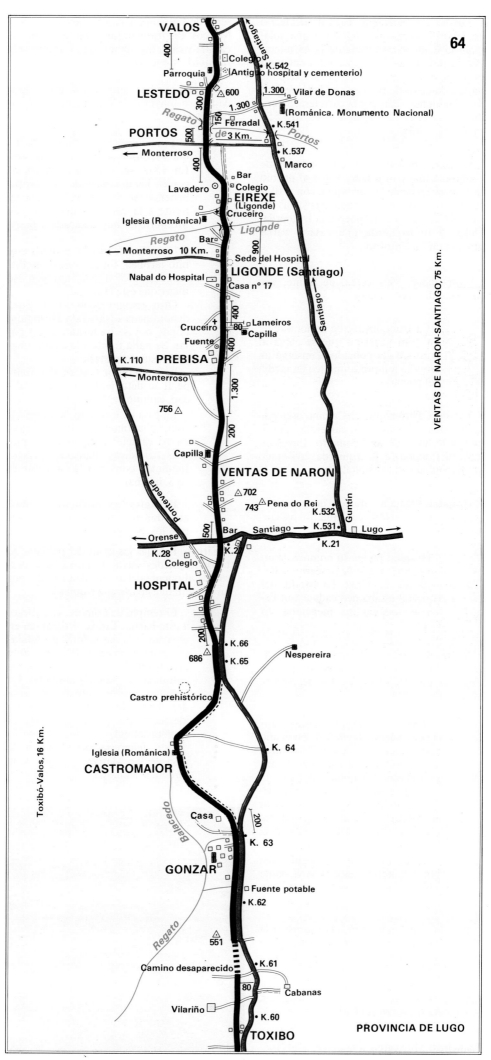

64

VENTAS DE NARON-SANTIAGO, 75 Km.

VALOS

400

□ Colegio
Parroquia ■ • K.542
⊙ (Antiguo hospital y cementerio)

LESTEDO △ 600
300

1.300 □ Vilar de Donas
1.300 □
■ (Románica. Monumento Nacional)

150
Ferradal
PORTOS 500 3 Km. • K.541

de Portos

400 ← Monterroso
• K.537

Marco

□ Bar
Lavadero ⊙ □ Colegio
EIREXE
(Ligonde)
Iglesia (Románica) ■ Cruceiro

Regato Ligonde
□ Bar
900
← Monterroso 10 Km.

Sede del Hospital
Nabal do Hospital □ **LIGONDE (Santiago)**
Casa n° 17

400
Cruceiro + □ Lameiros
80 ■ Capilla
Fuente

400
• K.110 **PREBISA**
← Monterroso

1.300

756 △

200
Capilla ■

VENTAS DE NARON
△ 702
743 △ Pena do Rei
• K.532

Santiago

Guntín

500 □ Bar Santiago → • K.531 □ Lugo →
← Orense
K.28 • • K.2 • K.21

Colegio

HOSPITAL

200
△ • K.66
686 • • K.65 ■ Nespereira

Castro prehistórico

Pontevedra

K. 64

Iglesia (Románica) ■
CASTROMAIOR

Balacedo

Casa
200

K. 63

GONZAR
□ Fuente potable
• K.62

Regato

△
551

Camino desaparecido • K.61

80
□ Cabanas
Vilariño □
• K.60

PROVINCIA DE LUGO

Toxibó-Valos, 16 Km.

TOXIBO

Toxibó. Por carretera llegas al pueblecito de Toxibó. Tres casas, habitada una sola. Aquí el Camino se desvía de la carretera. Por medio de las casas asciendes entre un pinar, paralelo y próximo a la carretera. Se halla semiciego de maleza por falta de uso. Te recomiendo sigas por la carretera, ascendiendo hasta el alto de monte Torros, 551 metros de altura.

Gonzar. Por carretera, con vestigios de Camino a uno y otro lado, llegas al pueblo de Gonzar, sede de la parroquia, con el titular de Santa María. Abandonadas ya las casas, el Camino gira un poco a la izquierda. Hallas a tu izquierda una casa y varias granjas en su entorno.

Castromaior. Muy cerca, de frente, ves las casas de Castromaior.

> Castromaior recibe su nombre de un gran «castro» que se eleva al noroeste del poblado. Conserva un sencillo templo románico en medio del pueblo.

Pasado Castromaior, el Camino asciende recto. Muy cerca tienes la carretera, que sigues a lo largo de un kilómetro. Luego sigues tu Camino, a la izquierda, avistando ya el poblado de Hospital.

Hospital. Pequeño núcleo de campesinos, algo diseminado, con abierto paisaje hacia el sur.

> Hospital recibe su nombre de un antiguo Hospital de peregrinos, llamado de La Cruz. La capilla del Hospital estaba dedicada a San Esteban; todavía se menciona en 1739.

Ventas de Narón. El Camino cruza la carretera Lugo-Orense. Llaneando, pronto llegas al pueblecito de Ventas de Narón, cinco hogares, pobre.

> Ventas de Narón tuvo importancia en la época medieval. En el año 820 es escenario de una encarnizada batalla entre las tropas cristianas y árabes. Probablemente sea la «Sala Regina» del «Codex Calixtinus». Su situación, antes de iniciar el paso de la sierra de Ligonde, era propicio para hacer un alto en el Camino.
>
> Ya en las afueras del pueblo, una humilde ermita dedicada a Santa María Magdalena y un pobre «cruceiro».

Pasado el poblado inicias el ascenso a la sierra, 756 metros de altura, remontándola por la vertiente norte.

Prebisa. En el descenso de la sierra hallas las dos casitas de Prebisa, lugar acogedor, con buen camino de vehículos.

Lameiros. Muy cerca, a la derecha, el caserío de Lameiros y capilla dedicada a San Marcos. Piedras heráldicas en los frontis de capilla y casa. Siguiendo en tu Camino, a la izquierda, tienes un buen «cruceiro».

Ligonde. Se hace mención de esta localidad en la mayoría de los itinerarios de los peregrinos.

> Tuvo importante Hospital, del que se conserva un libro de cuentas. En 1811 se practican diligencias contra los deudores de este centro benéfico. Se ubica en la finca que da frente a la carretera que viene de Monterroso, hoy dedicada a pastizal.
>
> Una cruz de piedra recuerda este hito jacobeo. En el catastro de Ensenada, 1752-1753, también se menciona este Hospital.
>
> Otro vestigio jacobeo es la finca denominada «Nabal do Hospital», donde hoy se ha levantado un pajar. Se halla frente a la casa número 17, sus propietarios.
>
> El emperador Carlos V y Felipe II se detuvieron en esta localidad, camino de Santiago.
>
> La casa de Carneiro, número 11, frente al antiguo Hospital, conserva cierto carácter antiguo y dos piedras heráldicas. Parecido carácter medieval conserva la casa número 3, hoy bar.
>
> **Refugio:** El edificio escolar, abandonado, es el refugio utilizado por los peregrinos.

Eirexe. Pasadas las casas del poblado de Ligonde puedes salvar la curva, que desciende al puente del arroyo de Ligonde, por un sendero que aparta a la izquierda.

> El templo da nombre, en gallego, a este barrio, Eirexe. Románico en un principio, ha sufrido profundas reformas. Conserva un importante arco triunfal, que descansa en semicolumnas adosadas y anilladas. En el exterior, muro lateral sur; cerca del suelo, relieve de figura humana alejando dos animales, quizá el profeta Daniel.
>
> Esta feligresía perteneció a la casa de San Marcos de León, de la Orden de Santiago.

Vilar de Donas. Iglesia de El Salvador. Detalle.

Vilar de Donas. Detalle de las pinturas murales.

Portos. Desde Eirexe el Camino se orienta un poco al sur. Suave ascenso hasta la carretera de Marco-Monterroso, lugar solitario. Luego el descenso a Portos, un solo caserío, frondosa vega.

Vilar de Donas. Pasado Portos, a la derecha, un camino te conduce a esta importante estación histórico-arqueológica. Monumento Nacional. Valioso templo románico. Pinturas de siglo XIV. En 1184 se instalan aquí los Caballeros de la Orden Militar de Santiago, como casa de profesos y enterramiento de los instalados en Galicia. Múltiples sarcófagos nos recuerdan a personajes que han luchado denodadamente por limpiar de bandoleros la ruta de los peregrinos. Es visita que no debes omitir en tu peregrinar a Compostela.

Lestedo. Pueblo muy cercano a Portos.

Tiene templo parroquial dedicado a Santiago en su modalidad de peregrino. Hubo en esta localidad «cementerio de peregrinos», y parece que también ha existido un Hospital para atender a las necesidades de los peregrinos, fundación de la noble familia de los «Ulloa».

Vilar de Donas. Iglesia de El Salvador.

Valos. Muy cerca, a la vista, tenemos las casas de Valos.

Mamurria. Caserío que hallamos en el descenso de Valos.

Cercana a esta casa se hallaba la fuente «Do Remollón» para lavarse los peregrinos. Hoy ciega, bajo el drenaje del moderno camino.

Brea. Muy próximas hallamos las localidades de Brea, de «vereda», y la casita Taberna.

Ave Nostre. Es el caserío que se halla a tu izquierda. Quizá del «Ave Nostre Jacobus...», himno jacobeo.

Lamelas. Pasado este barrio ya se fusionan Camino y carretera en el «Alto del Rosario».

Rosario. Es el nombre que reciben las casas que hallamos al iniciarse el descenso.

Ha sido un interesante hito de los peregrinos a Compostela. Estaban ya a las puertas de Palas do Rei, fin de etapa. Además, ya vislumbraban las lejanas cumbres del monte Pico Sacro, próximo a Compostela. Ya se siente el fin de la peregrinación. El gozo se acrecienta por momentos.

Se dice que finalizaban esta etapa con el rezo del santo rosario, dando así nombre a estas casas.

Casas Revoltas. Hoy se hallan fusionadas estas casas con las de Rosario. Pasado este poblado el Camino desciende directo al templo de Palas do Rei.

PALAS DO REI. Final de la 12 Etapa del «Codex Calixtinus», donde se cita esta localidad como «Pallatium Regis». La misma denominación se le da en otros itinerarios de peregrinos medievales.

El templo conserva portada románica. La comarca de Palas do Rei atesora múltiples y valiosos templos románicos, grandes «pazos» y «castillos» medievales.

Palas do Rei es la villa-capital de un extenso municipio, por el que caminarás hasta el límite de provincias Lugo-La Coruña.

Casa Curro F, habitaciones. Bar Guntiña F, habitaciones. Ponte Román, habitaciones. Ruta «Ultreya», habitaciones.

Refugio: La parroquia ofrece refugio a los peregrinos. Teléfono 38 00 21.

«Codex Calixtinus»
13.ª Etapa: Palas do Rei-Santiago, 63 km.

Los peregrinos, reunidos en «Campo dos Romeiros», en la parte baja de la villa, iniciaban su **final etapa** siguiendo la actual carretera.

Aldea de Riba. Pasado el río Roxán, dejas la carretera y asciendes a las casas de Aldea de Riba. Te aconsejo que sigas la carretera hasta hallar la desviación que va a San Xulián.

Gaiola de Riba. Es el nombre de la casa última de este poblado. Aquí tienes que abandonar tu Camino. Pronto hallas de nuevo, a la izquierda de la carretera, el primitivo Camino.

San Xulián do Camiño. Abandonada la carretera desciendes a un arroyo que forma una pequeña laguna, hoy casi ciega. Por Camino milenario asciendes a la sombra de robles a un alto, donde comienzas a dominar la cuenca del río Pambre. Pronto desciendes a San Xulián, pueblo de 25 vecinos. Buen camino carretal.

Templo parroquial, con ábside románico. Cerca, un «cruceiro».

Pallota. Tu Camino sigue recto. Pronto hallas una humilde casita, La Pallota, hoy se ha construido una nueva a su lado, en una bifurcación de caminos. Tú sigues recto e inicias un pronunciado descenso al río Pambre.

Outeiro da Ponte. Es el nombre de las dos casitas que hallas antes de llegar al puente del río Pambre.

Castillo de Pambre. Recibe el nombre del río que baña sus cimientos, aguas abajo. Es una de las fortalezas medievales más completas de Galicia. Su visita es interesante.

Todavía más cercano se halla el **Pazo de Ulloa,** también al sur, solar de los «Ulloa», una de las familias más prestigiosas de esta comarca. «Los Pazos de Ulloa» es el título de una interesante novela de la escritora gallega Emilia Pardo Bazán.

Pontecampaña. Es el barrio que hallas pasado el río Pambre, donde tú comienzas una prolongada y suave ascensión por camino hoy poco frecuentado, de viejo aspecto, bajo la sombra de añosos robles.

Casanova. Pasadas las casas de este pueblo pronto alcanzas la cumbre de la cuesta iniciada en el río Pambre. Aquí tienes que seguir a la derecha, luego, a 100 metros, apartas a la izquierda e inicias el descenso a la cuenca del arroyo de Porto de Bois.

Porto de Bois. Es el caserío que corona la colina que se halla a tu derecha. Las tierras limítrofes pertenecen a esta casa, blasonada con el emblema de los Varela.

Porto de Bois fue escenario de la batalla de los Trastamara y Fernando de Castro, conde de Lemos, que huye a Inglaterra, donde muere en 1376.

Campanilla. Desde la hondonada de Porto de Bois tienes un amplio Camino para ascender a Campanilla.

Desde Campanilla te aconsejo que sigas el Camino de Couto y Cornixa, ya en la carretera y en la provincia de La Coruña.

65

3 Km.

Castillo de Pambre

Sambreixo

PONTECAMPAÑA

Meixide
(Románica)

K.551

RIO

PAMBRE

Ponte

40

200

Fuente

**OUTEIRO
DA PONTE**

A Graña

PALLOTA

900

K.550

Lavadero

Iglesia. Románica

Cruceiro

Pazo de Ulloa

**SAN XULIAN
DO CAMIÑO**

Curbián
(Románica)

Monterroso

100

130

80

K.549

(ALTO)

515

80

90

Regato y Laguna

125

Poste
luz

Camino ciego

K.448

GAIOLA DE RIBA

Pambre 7 Km.

Poste luz

Carballal

Gaiola de Baixo

ALDEA DE RIBA

Fuente

RIO

ROXAN

Restaurante

K.447

Travesía del
Peregrino

Casa Consistorial

Travesía de
la Iglesia

**PALAS

DO REI**

565

Rectoral
Parroquia
románica)

K.546

(Portada

Santiago de Albá
(Románica)

Campo
de
fútbol

1.400

Gasolinera

Restaurante

Marzá
(Románica)

K.545

ROSARIO

ALTO DO ROSARIO

K.544

350

Lamelas

30

Ave Nostre

150

Taberna

400

Mamurria

Fonte do
Remollón

300

VALOS

K.542

Valos-Pontecampaña, 8 Km.

PROVINCIA DE LUGO

Melide. Iglesia de San Pedro. Portada, siglo XII.

EL CAMINO DE SANTIAGO EN LA PROVINCIA DE LA CORUÑA

Elías Valiña Sampedro

Las casas de Couto todavía pertenecen a la provincia de Lugo, pero las limítrofes de Cornixa ya se hallan en la provincia de La Coruña, por lo que a esta localidad se la denomina como **El Marco.**

Leboreiro. Pocos metros por carretera, y, a la izquierda, por buen camino, desciendes al poblado de Leboreiro, sobre trozos de calzada, a través del «Campus Leporarius» (Campos de liebres) del Codex Calixtinus.

El pueblo presenta buen aspecto medieval, bien cuidado, interesante.

Humilde templo románico, de transición. En la portada, escultura de Santa María, titular de la parroquia.

Frente a la iglesia, la casa antiguo Hospital de peregrinos, fundado por la noble familia de los Ulloa, cuyo blasón ostenta. En 1811 todavía tenemos noticias de este Hospital.

Disicabo. Desde Leboreiro desciendes al cercano río Seco, con vestigios de calzada. Salvas el río por un pintoresco puentecito de un solo arco, de aspecto medieval, restaurado en 1984.

Ya en las casas de Disicabo tienes que dirigirte hacia la carretera, cruzando un lugar descampado, llamado de la Magdalena.

Pasado el km. 558 abandonas la carretera, siguiendo recto, a tu izquierda.

Furelos. Desde la carretera tienes buen camino para llegar a Furelos. El recorrido es agradable, con abundantes sombras y profundo Camino gastado por las numerosas generaciones de peregrinos.

Abundante vegetación en torno al río Furelos. Un gran puente medieval, restaurado, de cuatro arcos de medio punto, te facilita el paso sobre el río.

El templo, a la derecha de tu Camino, no ofrece importancia.

Hubo Hospital de peregrinos. Se cree que se ubicó al norte, adjunto al actual atrio del templo.

Esta feligresía perteneció a la encomienda de Portomarín. La rectoral, en la parte alta del pueblo, todavía se la conoce por «La Encomienda».

Tu Camino, frente a la iglesia, gira a la izquierda, con buen aspecto medieval en su recorrido entre el caserío. Asciendes hacia Melide pisando sobre trozos de calzada. Esta zona es propicia a grandes transformaciones, dada su proximidad a la villa de Melide.

MELIDE. Es una villa que siempre ha tenido suma importancia en la historia de las peregrinaciones. Capital de municipio de una extensa y fértil comarca.

Conserva dos templos románicos: **San Pedro,** a la entrada de la población, que ha sufrido un traslado, y de la que sólo se conserva su primitiva portada románica, y **Santa María,** en las afueras, a la salida, como luego veremos.

La más importante institución

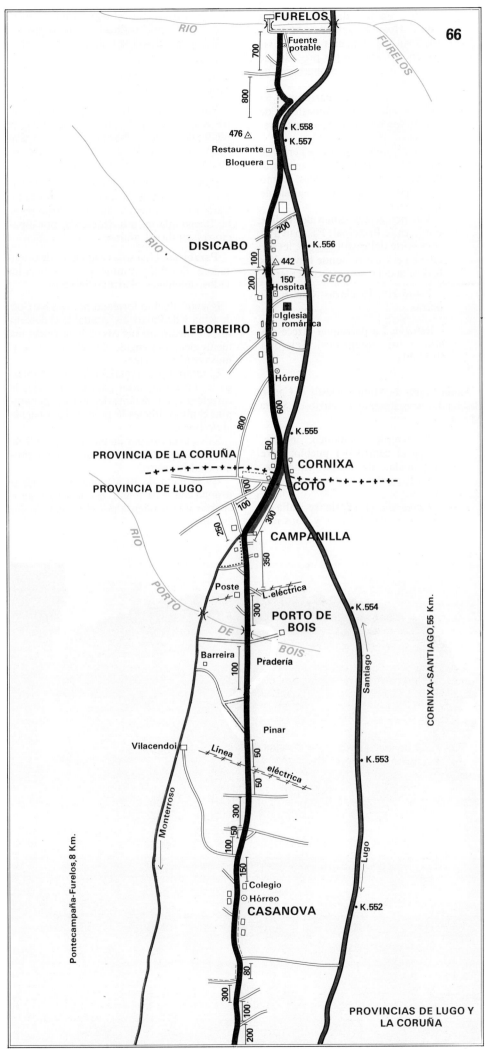

66

RÍO

RÍO FURELOS

Fuente potable

700

800

476 △   • K.558
           • K.557
Restaurante ▢
Bloquera ▢   ▢

▢

200

DISICABO

▢
• K.556

100   △ 442

200   150
Hospital

LEBOREIRO

▢ Iglesia
  románica

▢ Hórreo

600

800

• K.555

50

CORNIXA

PROVINCIA DE LA CORUÑA
— + — + — + — + — +

PROVINCIA DE LUGO   **COTO**   + — + — + — +

100

100

300

250

CAMPANILLA

350

Poste   L. eléctrica

300

• K.554

**PORTO DE
BOIS**

Santiago

Barreira   Pradería

100

Pinar

Vilacendoi   Línea   50

eléctrica   50

• K.553

Monterroso

300

100 50

Lugo

150

▢ Colegio
⊙ Hórreo
CASANOVA   • K.552

80

300   100

200

CORNIXA-SANTIAGO, 55 Km.

Pontecampaña-Furelos, 8 Km.

**PROVINCIAS DE LUGO Y
LA CORUÑA**

167

benéfica en pro del peregrino ha sido el Hospital de Sancti Spiritus, 1375. Situado a la entrada de la villa, en el Camino que procedía de Oviedo, frente al monasterio de Sancti Spiritus.

El actual templo parroquial ha sido la iglesia del monasterio de Sancti Spiritus, con posteriores reformas.

Un pequeño museo, «Terra de Melide», en la plaza del Convento, guarda piezas interesantes, como las verjas románicas de la iglesia de Santa María.

Los peregrinos salían de Melide por la calle Principal. Pasaban a la vera norte del castillo que se levantaba en el Castro, donde hoy hallas la capilla del Carmen y cementerio.

Estilo H*, 16 plazas; Osel F, 10 plazas.

Refugio: La parroquia ofrece cobijo a los peregrinos. Teléfono 50 51 20.

Santa María de Melide. Desde el Castro desciendes bruscamente al barrio de Santa María.

El templo, románico, íntegro, ocupa el centro del pueblo: nave rectangular, ábside con primer plano rectangular y testero semicircular.

Cerca de la iglesia se halla el arroyo de San Lázaro, y unos metros después el lugar donde se ubicó la capilla dedicada a este Santo, con vestigios de sus muros.

Carballal. Desde el arroyo de San Lázaro el Camino, amplio, asciende suavemente. Pasa por medio del pueblo de Carballal.

Ponte de Penas. Un solo caserío. Se continúa subiendo, pero pronto desciendes, en medio de un espeso bosque de pinos y eucaliptos, al río Raído, que salvas, a través de cuatro mojones. Lugar frondoso, solitario.

Raído. El ascenso a Raído también lo haces por medio de bosque. En el poblado, Camino y carretera se fusionan brevemente. Luego apartas a la izquierda, por espacioso y sombrío Camino.

Parabispo. Una sola casita hace de orientadora. Por buen camino, con bosque a los lados, desciendes al arroyo Peixerro.

Boente. Pueblo formado por dos barrios: de Riba y de Baixo. Es agradable el descenso por medio de sus casas. Una celebrada fuente ocupa el ángulo de fusión de tu Camino con la carretera.

El templo parroquial, dedicado a Santiago, es hito orientador para que tú dejes la carretera y, por delante del templo, por amplio camino, inicies la pronunciada bajada al río Boente.

Salvado el río, por un moderno puente de 1981, tienes que afrontar un largo y pronunciado ascenso.

En la meta de tu ascenso el Camino se fusiona con la carretera, la que sigues, hasta apartar a la izquierda por el primer camino asfáltico.

Melide. Iglesia de Santa María, románica, siglo XII. Ábside.

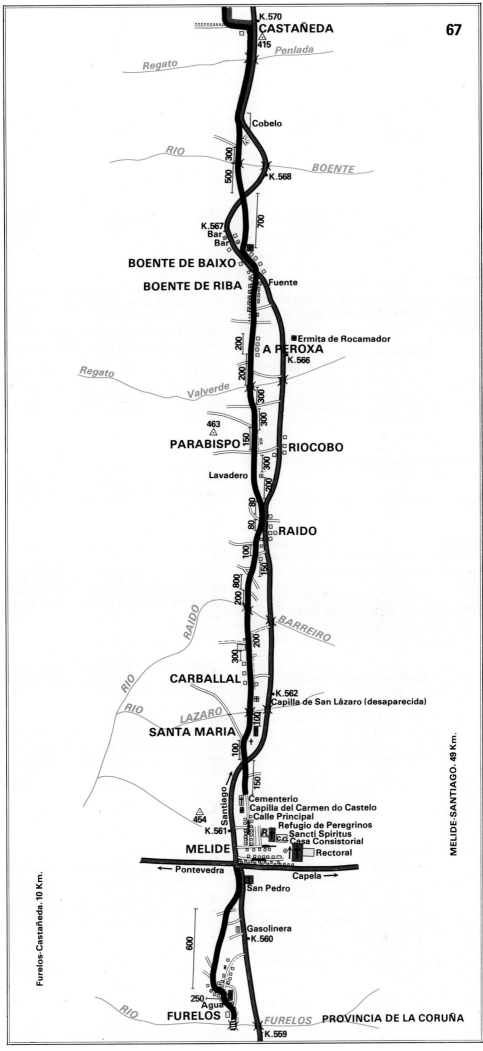

67

K.570
△ **CASTAÑEDA**
△ 415 *Penlada*

Regato

Cobelo

RIO

300
500 *BOENTE*

K.568

700

K.567
Bar
Bar

BOENTE DE BAIXO

BOENTE DE RIBA Fuente

■ Ermita de Rocamador

200 **A PEROXA**
K.566

200
Regato
Valverde 300

300
463
△ 150
PARABISPO **RIOCOBO**

300
Lavadero 200

80
80

80 **RAIDO**

100
150
200 800

RAIDO

BARREIRO

200

RIO

300

RIO **CARBALLAL**

LAZARO K.562
● Capilla de San Lázaro (desaparecida)

100
SANTA MARIA

100 ✝

150

Santiago
Cementerio
Capilla del Carmen do Castelo
454 Calle Principal
△ Refugio de Peregrinos
K.561 ● Sancti Spiritus
R Casa Consistorial
MELIDE C.C
Rectoral

← Pontevedra Capela →

San Pedro

600

Gasolinera
K.560

250 Agua
RIO **FURELOS** *FURELOS* **PROVINCIA DE LA CORUÑA**

K.559

Furelos-Castañeda. 10 Km.

MELIDE-SANTIAGO. 49 Km.

Pomariño. Núcleo formado por cuatro vecinos, sito en la parte alta, frente a las casas de Castañeda. A tu vista un extenso y fértil valle.

Castañeda es donde Aymeric Picaud ubica los hornos de cal para las obras de la iglesia del Apóstol, y que los peregrinos abastecían con piedras calizas transportadas desde las montañas de Cebreiro a Triacastela.

Pedrido. Pequeño pueblecito que hallas en el descenso al valle.

Río. Es el pueblecito que hallas ubicado en el valle. Un eucaliptal cubre la colina que hallas de frente. Es tu dirección. Su cúspide tiene de cota 453 metros de altura. Ahora, por bosque solitario, desciendes largamente, cruzando la carretera, hasta llegar al río Iso.

Ribadiso. Por los núcleos de Baixo, Riba y Carretera asciende tu Camino, fusionándose luego con la carretera hasta llegar a Arzúa.

Ribadiso de Baixo. Pasado el río Iso, la primera casa a la derecha, junto al mismo río, ha sido la sede del Hospital de Ribadiso, donde el hospitalero debía socorrer a los peregrinos con toda caridad, según reza un documento de 1523.

ARZÚA. Es el último pueblo grande que hallas en el Camino. Ya adentrado en la población, pasado el km. 573, sigues la calle que aparta a la izquierda.

En tu Camino hallas la iglesia de la Magdalena, a la izquierda. Era la iglesia del convento de los Agustinos, con Hospital para atención de los peregrinos, cuya fábrica se conserva en parte todavía, adjunta al itinerario jacobeo.

Cerca, hallas el templo parroquial, donde suele ofrecerse refugio a los peregrinos.

Casa Teodora F, 12 plazas. Casa Frade F, 12 plazas. Bar Carballeira, 12 plazas. A las afueras, en la entrada, El Retiro H*, 8 plazas.

Refugio: La parroquia ofrece refugio a los peregrinos.

Sales del pueblo siguiendo la misma calle que te ha conducido al templo parroquial, la calle del Carmen. Ya en las afueras, la calle gira a la derecha. Tú sigues recto por el viejo Camino. A los pocos metros encuentras la fuente de los Franceses, hoy semiciega y abandonada. Desciendes al arroyo.

As Barrosas. Desde Arzúa ya estás viendo este caserío en medio de un robledal. A la vera del Camino, la capilla de San Lázaro.

A los pocos metros encuentras una bifurcación de caminos y una casita. Tu Camino aquí está cortado unos 200 metros. Salvarás este corte partiendo a la derecha, a la carretera.

Ya en la carretera, en la próxima curva, km. 579, vuelves a ver tu Camino, recto, desciendes al arroyo Raído y subes al poblado.

Raído. Se halla en el punto en que el Camino cruza la carretera. Aquí tu Camino ha desaparecido unos 500 metros.

Descendía por detrás de la actual nave industrial al arroyo de Marrabaldos, donde todavía se conserva un pequeño molino, conocido por «molino de los franceses». Ascendía luego recto, como puedes percibir en la carta.

Te aconsejo que sigas el camino asfáltico a Cortobe. Allí decide. Volver al viejo Camino por Peroxa, o seguir recto por Pereiriña, para descender al arroyo de Ponteladrón.

Ponteladrón sugiere la existencia de un primitivo puente, que hoy no existe. Y que, por ser paraje solitario, lugar propicio para que los ladrones pudiesen atracar a los peregrinos.

Desde Ponteladrón, el Camino asciende entre un espeso bosque de eucaliptos, pinos y robles.

Llegas al camino asfáltico que va al próximo Fontelas, recto, lo cruzas, buen camino. Pronto inicias un suave descenso.

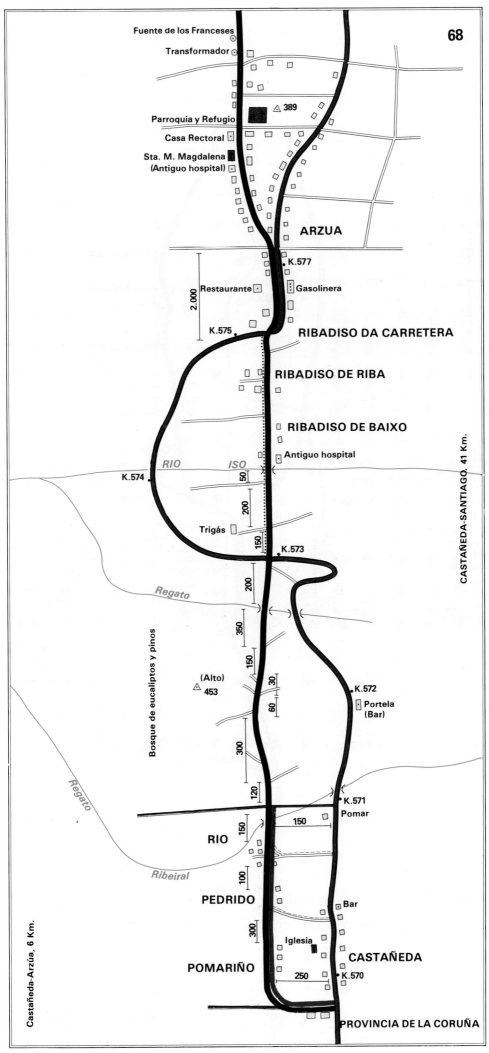

Fuente de los Franceses
Transformador
68
389
Parroquia y Refugio
Casa Rectoral
Sta. M. Magdalena
(Antiguo hospital)
ARZUA
K.577
2.000
Restaurante   Gasolinera
K.575
RIBADISO DA CARRETERA
RIBADISO DE RIBA
RIBADISO DE BAIXO
Antiguo hospital
RIO   ISO
K.574   50
200
Trigás   150
K.573
200
Regato
350
150
Bosque de eucaliptos y pinos
(Alto)
453
30
K.572
60
Portela
(Bar)
300
120
K.571
Pomar
150   150
RIO
100
PEDRIDO   Bar
300
Iglesia
POMARIÑO   CASTAÑEDA
250   K.570
Ribeiral
Regato
CASTAÑEDA-SANTIAGO, 41 Km.
Castañeda-Arzúa, 6 Km.
PROVINCIA DE LA CORUÑA

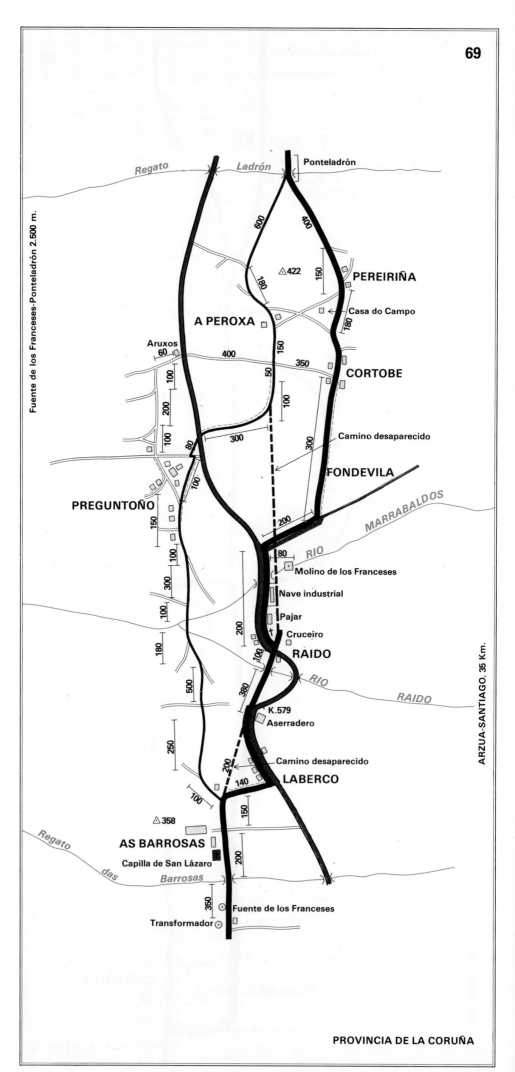

Fuente de los Franceses-Ponteladrón 2.500 m.

ARZUA-SANTIAGO, 35 Km.

Regato   Ladrón   Ponteladrón

600   400

△422   150   PEREIRIÑA

180

Casa do Campo

A PEROXA   180

Aruxos   60   400   150   350   CORTOBE

100   50

200   100

100   80   300   Camino desaparecido

300

PREGUNTOÑO   FONDEVILA

100   MARRABALDOS

150   200   80   RIO

Molino de los Franceses

100   Nave industrial

300   Pajar

100   † Cruceiro

200   100   RAIDO

180   RIO

500   380   RAIDO

K.579
Aserradero

250   200   Camino desaparecido

100   140   LABERCO

△358   150

AS BARROSAS   200

Capilla de San Lázaro

Regato

das   Barrosas

350   Fuente de los Franceses

Transformador

PROVINCIA DE LA CORUÑA

172

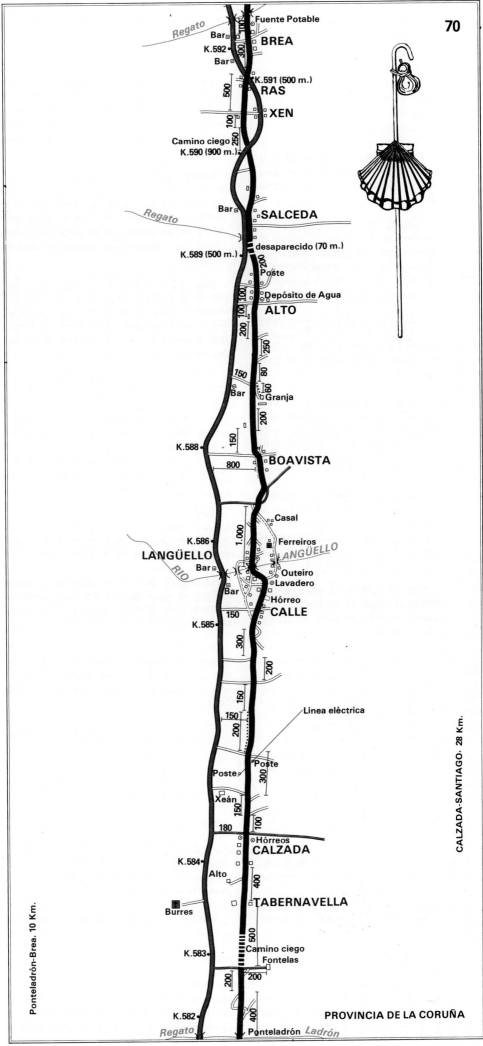

Fuente Potable

Bar
K.592
Bar
BREA

K.591 (500 m.)
500
RAS
100
XEN

Camino ciego 250
K.590 (900 m.)

Regato

Bar
SALCEDA

K.589 (500 m.) desaparecido (70 m.)
200
Poste
100 100
Depósito de Agua
ALTO
200
250
150 80
Bar 60
Granja
200
150
K.588
800
BOAVISTA

Casal
K.586 1.000
Ferreiros
LANGÜELLO LANGÜELLO
RIO
Bar
Outeiro
Lavadero
Bar
Hórreo
150
CALLE
K.585
300
200
150
150
200
Línea eléctrica
Poste
Poste
300
Xeán
150
180 100
Hórreos
CALZADA
K.584
Alto
400
Burres
TABERNAVELLA
500
K.583 Camino ciego
Fontelas
200 200
K.582
400
Regato Ponteladrón Ladrón

PROVINCIA DE LA CORUÑA

Ponteladrón-Brea. 10 Km.

CALZADA-SANTIAGO: 28 Km.

Tabernavella. Antes de llegar al poblado ya tienes expedito el Camino. Son dos casas. Una sola habitada.

Calzada. Por buen Camino, dejando a la izquierda la casita de Alto, llegas a Calzada. Pasas por medio del pueblo, cruzas el camino asfáltico, sigues recto. A tu izquierda, el caserío de Xeán.

Calle. Desde Calzada es un paseo agradable. A la vera de bosques y cercano a la carretera. Por medio del pueblo desciendes al río Langüello.

Langüello. Es un barrio de Calle, ubicado más allá del río Langüello, poblados de la parroquia de Ferreiros, cuyo templo hallamos muy cerca, a la derecha del Camino, entre los poblados de Outeiro y Casal.

Boavista. Al abandonar el término de Ferreiros cruzas el camino de vehículos, sigues de frente, a la izquierda, en medio de bosque, al pueblo de Boavista, lugar pintoresco, de aspecto eremítico.

Alto. Muy próximo a la carretera hallas el pequeño núcleo de Alto, que tú cruzas, avistando ya las casas de Salceda.

Salceda. Camino y carretera se fusionan en el km. 589,500. El pueblo se extiende a lo largo de la carretera, que pronto abandonarás, apartando a la derecha. De nuevo retornas, la vuelves a cruzar y asciendes al alto de Xen.

Xen. Pequeño poblado que corona una colina, a 403 metros de altura. Desde aquí, por buen Camino, desciendes a Ras.

Ras. En esta localidad vuelves a cruzar la carretera.

Brea. Es el pueblecito que hallas al abandonar Ras. En lugar descubierto, «en la vereda, en el camino».

Desciendes luego a un arroyo, y pasas al caserío de Rabina.

Rabina. Aquí tu Camino ha desaparecido, ocupado por unos pastizales. Más tarde vuelve a desaparecer. Te aconsejo que salgas a la limítrofe carretera y la sigas hasta el Empalme, en el alto de Santa Irene.

Empalme. Poblado moderno surgido en esta localidad, denominado Alto de Santa Irene. Aquí puedes volver a reencontrar tu Camino que, por lugar pintoresco, desciende a las casas de Santa Irene.

Santa Irene. El Camino pasa a la vera de la capilla dedicada a Santa Irene. Se fusiona con la carretera, pero a pocos metros, en el km. 595, sigue recto por medio de un pinar. Cruza otra vez la carretera, en un lugar que ocupa un taller de coches.

Rúa. El Camino, bajo sombras, desciende al poblado. Las casas, de aspecto medieval, se extienden a lo largo del Camino. El topónimo «Rúa» nos recuerda que estamos en el viejo Camino de los peregrinos.

El actual poblado da aspecto de nuevo resurgimiento. Quizá que pronto los peregrinos no podrán contemplar esta estampa medieval que todavía presenta hoy.

La moderna concentración de sus fincas les ha proporcionado buenas vías de comunicación.

Burgo. Desde Rúa, por camino de vehículos, desciendes a un arroyo y cruzas la carretera en un lugar de tres casas, llamado Burgo, al lado de la villa de Arca.

Asciendes por buen Camino, luego bosque de eucaliptos, por el que llegas a alcanzar un gran colegio nacional y el campo de fútbol del pueblo de Arca.

Tu Camino ha sido ocupado por el campo de fútbol, tendrás que bordearlo por el lateral del colegio, cruzar la carretera y seguir tu Camino por medio del bosque.

Arca es la pequeña capitalidad del municipio de El Pino.

Refugio: El Ayuntamiento proporciona refugio a los peregrinos. Teléfono 51 10 02.

San Antón. Desde el campo de deportes de Arca muy pronto llegas, por bosque, al pueblecito de San Antón, recogido en un ameno valle. Lo cruzas, y, una vez más, te vuelves a introducir bajo espeso arbolado.

Amenal. Ya en el descenso, y sin bosque, alcanzas el primer caserío del poblado de Amenal, «Casa Nova». Desciendes al pueblo por buen camino. Pasas un arroyo y asciendes a la carretera. El Camino hacia Cimadevila se halla semiciego. Pasado este poblado, pronto topas con la valla del aeropuerto de Lavacolla. Por ello te recomiendo que sigas la carretera desde Amenal hasta el aeropuerto.

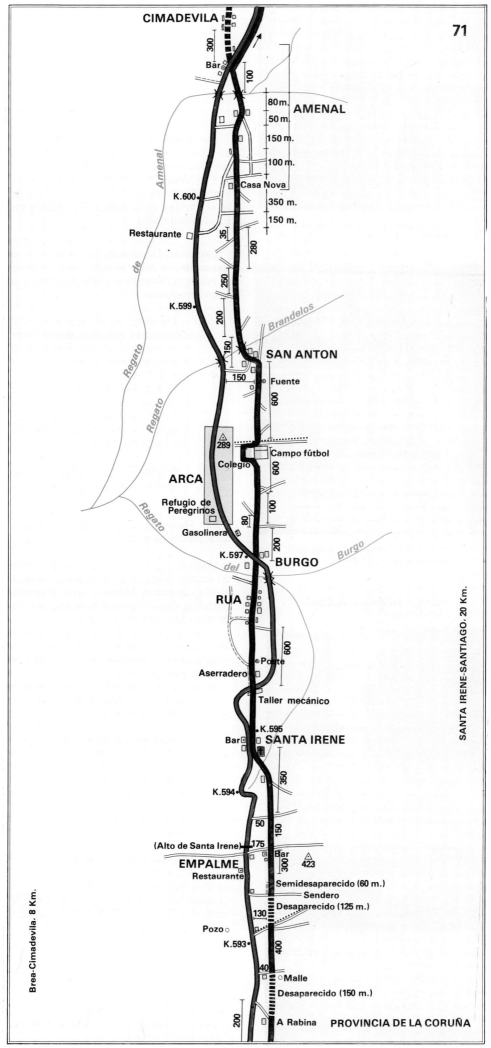

CIMADEVILA

300

Bar

100

80 m. **AMENAL**

50 m.

150 m.

100 m.

K.600

Casa Nova

350 m.

150 m.

Restaurante

35

280

250

K.599

200

150

Brandelos

SAN ANTON

150

Fuente

600

289

Campo fútbol

Colegio

600

ARCA

Refugio de Peregrinos

100

80

Gasolinera

200

K.597

del **BURGO**

Burgo

RUA

600

Poste

Aserradero

Taller mecánico

K.595

Bar **SANTA IRENE**

350

K.594

50

150

(Alto de Santa Irene) 175

Bar

423

EMPALME

300

Restaurante

Semidesaparecido (60 m.)

Sendero

Desaparecido (125 m.)

130

Pozo

K.593

400

40

Malle

Desaparecido (150 m.)

200

A Rabina **PROVINCIA DE LA CORUÑA**

Amenal

de

Regato

Regato

Regato

Brea-Cimadevila. 8 Km.

SANTA IRENE-SANTIAGO. 20 Km.

71

*Santiago de Compostela. Catedral.
Pórtico de la Gloria.*

*Santiago de Compostela. Catedral.
Detalle del Pórtico de la Gloria.*

*Santiago de Compostela. Catedral.
Botafumeiro.*

Aeropuerto. Por carretera llegas a la plaza de acceso al aeropuerto, donde tienes ya un restaurante y otras edificaciones.

Tu Camino pasaba por detrás del restaurante. Tú debes seguir la carretera y dirigirte al Camino en la primera desviación que hallas a la derecha.

Lavacolla. Desciendes por el poblado de Lavacolla, de casas aisladas unas de otras. Cerca de la carretera se halla el templo y un buen «cruceiro».

> **Lavacolla** es el «Lavamentula» del «Codex Calixtinus», donde Aymeric y sus compañeros se han lavado y adecentado para entrar en la ciudad de Compostela.
>
> El Camino, desaparecido en un trozo, pasaba por delante de la capilla de San Roque. Desde aquí, Camino y carretera siguen fusionados hasta San Marcos.
>
> **Refugio:** Los peregrinos utilizan la capilla de San Roque como refugio.

San Marcos. Es el poblado que ha surgido al pie del Monxoi.

Monxoi. Es la colina más alta del poblado de San Marcos. Es el «Mons Gaudii», monte del Gozo, Monxoi. Jalón de indescriptibles emociones. Contemplas, por vez primera, la gran Urbe Santa.

El peregrino veía colmados sus esfuerzos. Estaba, por fin, al lado de la tumba del tan «suspirado y gritado Santiago». Su emoción se traducía en sollozos.

Alegres y bañados en lágrimas, se dirigían a la ciudad tan añorada, de la que el peregrino Aymeric ha escrito:

> «Compostela, la excelentísima ciudad del Apóstol, que posee toda clase de encantos y tiene en su custodia los preciosos restos mortales de Santiago, por lo que se le considera justamente la más feliz y excelsa de todas las ciudades de España.»

De Monxoi a Compostela. Desciendes por solitario Camino de asfalto. Pronto se verá perturbada tu paz. Tienes que cruzar la autopista del Atlántico. Tú sigues la dirección a Santiago. En la bifurcación que hallas, seguirás a la izquierda, por la vieja ruta.

Cruzas una avenida de gran circulación y te introduces en la calle de los **Concheiros,** amplia, de casas modernas. Pasas luego a la **rúa de San Pedro,** estrecha, casas bajas, de dos a tres plantas, con cierto tipismo. A tu izquierda, capilla de San Lázaro, cruceiro y templo de San Pedro.

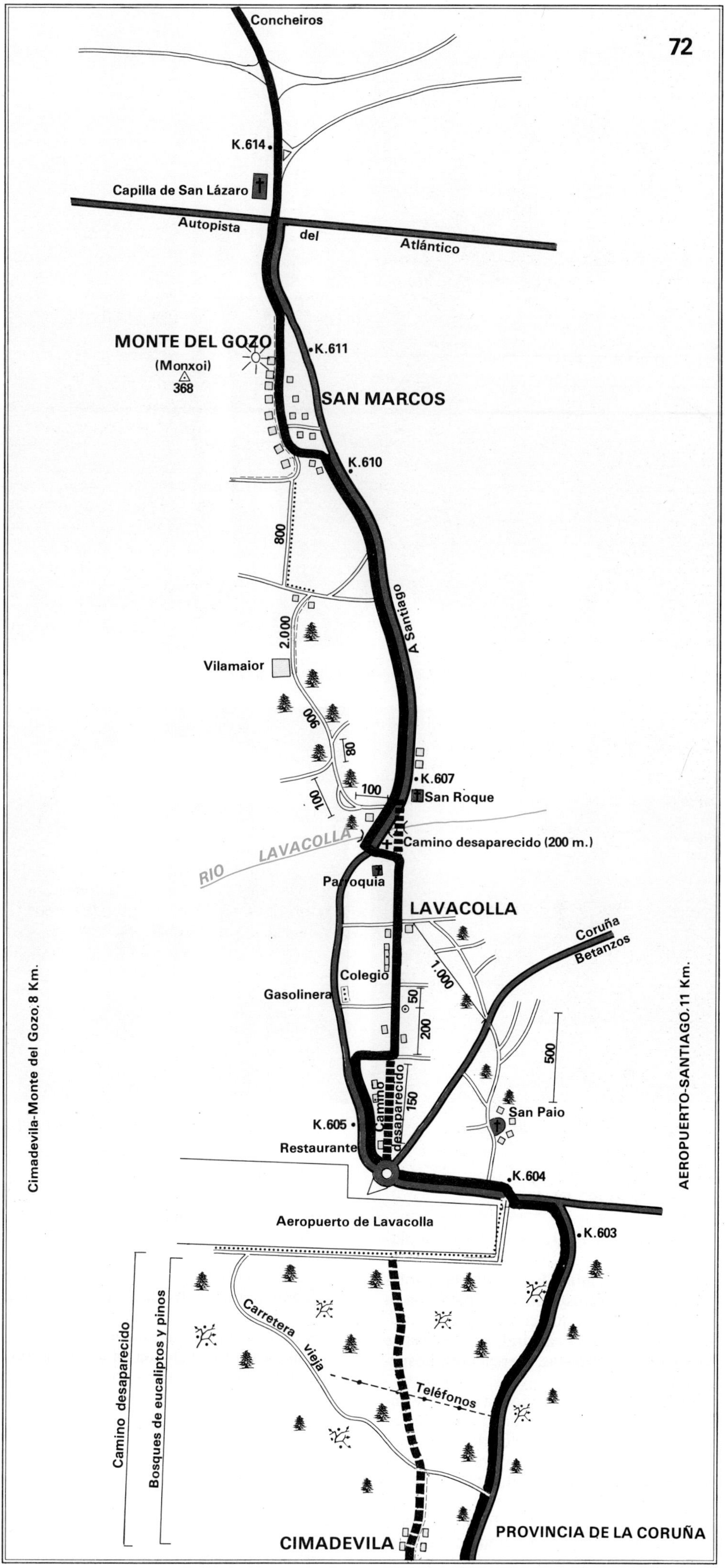

Concheiros

K.614

Capilla de San Lázaro ✝

Autopista del Atlántico

MONTE DEL GOZO • K.611

(Monxoi) △ 368

SAN MARCOS

K.610

800

2.000

Vilamaior

900

80

100

100

• K.607

San Roque

Camino desaparecido (200 m.)

RIO LAVACOLLA

A Santiago

Parroquia

LAVACOLLA

Coruña
Betanzos

Colegio

1.000

Gasolinera

50

200

Camino desaparecido

150

K.605 •

San Paio

500

Restaurante

• K.604

Aeropuerto de Lavacolla

• K.603

Cimadevila-Monte del Gozo,8 Km.

AEROPUERTO-SANTIAGO,11 Km.

Camino desaparecido

Bosques de eucaliptos y pinos

Carretera vieja

Teléfonos

CIMADEVILA

PROVINCIA DE LA CORUÑA

Santiago de Compostela. Pórtico de la Gloria.

Santiago de Compostela. Calle urbana.

Santiago de Compostela . Rúa del Villar.

EL ITINERARIO DE COMPOSTELA

La rúa de San Pedro te conduce a la plaza de:

Puerta del Camino. Era la «Porta Francígena», el «Introitus», donde comenzaba la «Vía Francígena» que conducía al «paraíso», la puerta de la catedral. En esta vía se hallaban los cambistas, mercaderes, hospederías, etc.

En la Puerta del Camino era donde se entregaban las llaves de la ciudad a los nuevos arzobispos como señores feudales.

Casas Reales. Esta calle viene a coincidir con la antigua calle de la Puerta del Camino.

Aquí se ha levantado el Hospital de San Miguel, dedicado a la atención de los peregrinos desde el siglo XVI.

Plaza de Salvador Parga.

Plaza de Animas. Con la capilla de Animas a la derecha, neoclásica.

Plaza de Cervantes. La antigua Fuente del Campo.

Azabachería. Calle que te conduce a la catedral, por la puerta de la Azabachería, la puerta norte, el «Paraíso» de Aymeric, que hoy da a la plaza de la Inmaculada.

Vía Sacra. Frecuentada en los Años Santos. Conduce directamente a la Puerta Santa.

> **Refugio:** Dirigirse a la secretaría de la Catedral y pedir la «Compostela».

Nuestro esfuerzo, nuestra misión, ha concluido:

¡Conducirte a la Casa del Apóstol!

73

SANTIAGO

DE

COMPOSTELA

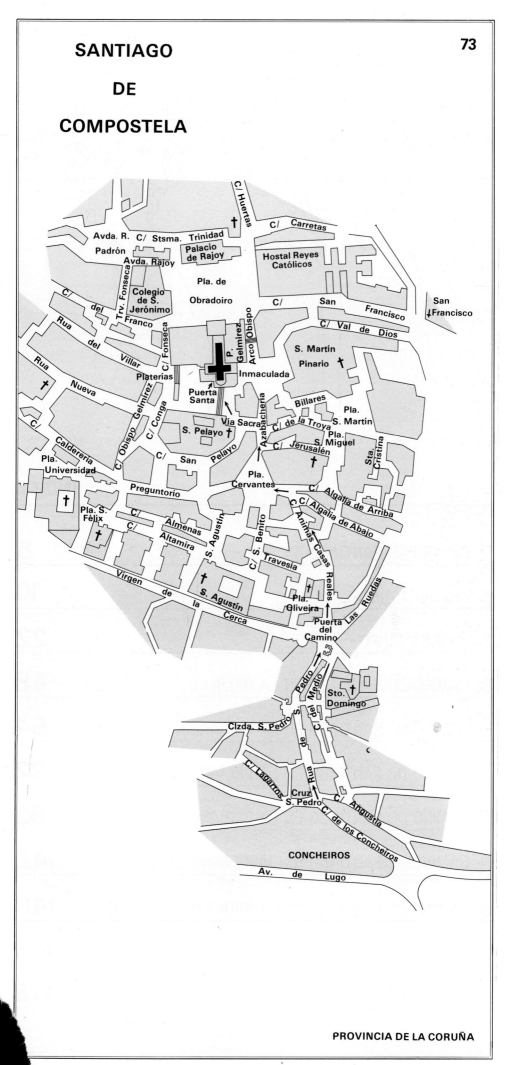

C/ Huertas
Avda. R. C/ Stsma. Trinidad
Padrón
Palacio
Avda. Rajoy
de Rajoy
C/ Carretas
Hostal Reyes
Católicos
Pla. de
Obradoiro
C/ San Francisco
C/ Val de Dios
San
↓Francisco
Colegio
de S.
Jerónimo
Trv. Fonseca
C/ del Franco
C/ Fonseca
P. Gelmírez
Arco Obispo
Gelmírez
S. Martín
Pinario †
C/ del Villar
Rua del
Platerías
Inmaculada
Rua Nueva
C/ Obispo Gelmírez
C/ Conga
Puerta
Santa
Vía Sacra
Azabachería
Billares
Pla.
S. Martín
Pla.
S. Miguel
Sta. Cristina
†
C/
Caldereria
S. Pelayo †
C/ de la Troya
C/ Jerusalén
†
Pla.
Universidad
C/ San Pelayo
Pla.
Cervantes
Pla. S.
Félix †
Preguntorio
C/ Algalia de Arriba
C/ Algalia de Abajo
†
C/
C/
Almenas
Altamira
S. Agustín
C/ S. Benito
Travesia
C/ Animas Casas Reales
Las Ruedas
Virgen de la Cerca
† S. Agustín
Pla.
Oliveira †
Puerta
del
Camino
Rua del Medio
C/ del Medio
Rua de S. Pedro
Sto. †
Domingo
Clzda. S. Pedro
Rua en
C/ Laóarros
Cruz
S. Pedro
C/ Angustia
C/ de los Concheiros

CONCHEIROS

Av. de Lugo

INDICE